デモクラシーの宿命

歴史に何を学ぶのか

Inoki Takenori
猪木武徳

中央公論新社

はじめに

現代の産業社会は、一部の国や地域を除き、デモクラシーと市場経済を中核とする体制（regime）のもとで動いている。市場と同じように、デモクラシーもいくつかの弱点とほころびを見せてはいるが、よりましな政体が見つからない以上、修正を加えながらなんとか使いこなしていくより他ないというのが実情であろう。

うまく補修していくためには歴史をよく学び、デモクラシーの美質だけでなく欠陥をも認識し、デモクラシーがいかなる人間類型と社会風土を生み出すのかを見極めねばならない。また、自由と平等というデモクラシーの価値理念を生かすには、どのような補完的な装置や制度を組み込むのが望ましいのかを検討する必要がある。

ボーダーレス（国境がなくなること）とグローバリゼーションが熱っぽく論じられたことがあ

った。しかし近年は、世界各地で国家間の紛争あるいは国家内での分離・独立、対立抗争が目立つようになってきた。極端な「一国主義」や共存の精神を欠いた「排外主義」が、先進的とみなされる国々でも勢いを得ている。国家とは一体何か。この難題を意識せずして、将来社会を考えることはますます難しくなってきた。

かつて福澤諭吉は、「立国は私なり、公に非《あら》ざるなり」と述べた。人間は私情をベースに国を立て、政府を設ける。人が隣国と競って利害を争うのは、すべて私情が背景にあると見たのである。しかし福澤はこうした私情を批判したわけではない。むしろ私情こそが「立国の公道にして、国民が国に報ずるの義務と称すべきもの」としたのである。デモクラシーは、その私情から生まれる自己利益を公共の利益といかに「知的に」調和させればよいのか、という自己統制（self-command）を必要としているのだ。本書第Ⅰ部ではこの難題をめぐる筆者の考えを述べた。

では、どのような知性が、健全なデモクラシーの統治にとって必要なのか。第Ⅱ部ではこの問いを、高等教育との関連で取り上げた。筆者の問題関心は、いかなる教育をうけた国民がデモクラシーを安定的な政治システムとして使いこなせるのかというところにある。教育と市場（経済活動）との関係には、様々な仮説がある。経済発展論の分野でも、教育が経済の成長・発展にどう貢献するのかという問題の研究蓄積は豊かだ。

しかし教育が政治的な安定といかなる関係にあるのかという問いには、探求されるべき論点がいまだ数多く存在する。したがって教育とデモクラシーの問題は、抽象的なレベルで一般命題を導きうるほどの段階に達したとは言い難い。例えば「より高い教育はより民主的な政治を可能にする」という直感的に受け入れやすい仮説はあるが、具体的な教育内容についての政策論議が出るまでには至っていない。その理論的なメカニズムが、実証研究の枠組みで論じられるかどうかも疑わしい段階なのだ。

ただし、高等教育の普及と政治体制という点について、現段階でも一般に理解しやすい次のようなおおまかな命題はある。（1）より教育程度の高い国民のデモクラシーは、そうでないデモクラシーに比べてより安定的であること、（2）より高い教育は、独裁からデモクラシーへの移行の予兆となるが、逆は起こりえないこと。これらを約言すれば、教育はデモクラシーの機能とその安定度を高めるということになる。

では近年のリベラル・デモクラシー体制が、先進諸国において政治的不安定性を見せ始めていることをどう理解すればいいのだろうか。ポピュリズムと呼ばれる現象は、経済が停滞し、「パイ」の分け前の争奪が激しくなる中で、政府や既成政党が何の打開策も示すことができない状況で発生することが多い。一九世紀末の米国、戦間期三〇年代のイタリアやドイツなどはその例であろう。

こうした議論で想定されているデモクラシーは、「多くの市民の間に便益が分配される制度」であり、その対極にある独裁制は、「受益者が少数である体制」ということになる。独裁制ではインサイダーが大きな政治的余剰（レント）を得るため、独裁制支持への強いインセンティブを持つ。それに対してデモクラシーは、政治的なレントが多くの人々に広く薄くシェアされるので、支持するインセンティブは弱くなる体制である。

ここで立ち現れるのが、体制に関わる問題、すなわち自由と平等という価値に関わる選択である。この難問と向き合うためには、「人間にとって善き生活とは何か」という人文学的な問いと、人間の織り成す社会の「文法」の冷静な分析と理解が必要になる。その作業には、知的誠実さと倫理的誠実さを区別できるだけの粘り強さと力量が求められる。第Ⅱ部では、こうした力量はいかなる鍛錬によって獲得されうるのかについて考えた。

第Ⅲ部には、「文明から野蛮へ？」というややセンセーショナルなタイトルがついている。歴史は繰り返しているように見えることもあるが、厳密な意味では歴史は一回生起的なものであるから、全く同じことが繰り返されることはない。さらに、一部の歴史主義者が主張するような「法則性」も「必然性」もなければ、進歩史観が示すように単線的な「発展」を遂げながら進むものでもない。むしろ、統合と収斂の傾向とは逆に、分離・離脱・排外主義へと強く傾斜する近年の国際政治を見ていると、「文明」から「野蛮」への逆行が起こっているのではないかと考えてしまう。第Ⅲ部を「文明から野蛮へ？」というタイトルでまとめたのはそのためである。

われわれが歴史を学ぶのは、「同じことが起こる」からではない。過去の事例を学び取り、それを現在の困難の解決策として用いようという単純な理由からでもない。歴史には似たことは起こりえても、全く同じことが起こるということはない。にもかかわらずわれわれが歴史を学ぶのは、「似たようなこと」の中に伏在する事柄を深く理解することによって、そこから智恵や勇気、反省点、時には諦観を引き出しうるためではなかろうか。歴史には自然科学におけるような「法則」はない。もし法則があれば「必然性」は意味を持ちうるかもしれない。しかし「歴史的必然」というものを（神ならぬ）人間は知ることはできないのだ。

歴史は法則に従って進歩するものでも、予測可能なものでもない。マルクス主義の歴史観やスペンサー流の社会進化論の危うさは、こうした「法則」や「必然」を軽く信じ込むところにある。文明は後退することなく絶えず進歩して、人類が野蛮から確実に「脱却」しているというわけではない。ひとつの時代が、その前の時代より（ある限定された側面についてならまだしも）あらゆる意味で「進歩」したと言うことはできない。ひとつの世代は、次の世代の単なる踏み台に過ぎないという見方を筆者は取らない。「おのおのの時代はどれも神に直結するものであり、時代の価値はそれから生まれてくるものにもとづくのではなく、時代の存在そのもの、そのもの自体のなかに存する」というランケの言葉に共感を覚えるからだ（『世界史の流れ』）。

しかし、人間社会が長い目で見れば総体として文明化してきたことを否定することはできない。この「文明の発達」と「進歩史観の否定」とをどう調和させて理解すればよいのだろうか。人間と人間社会には、われわれが完全には知ることのできない、ある確固たる不変の「自然（nature)」と、その変化があるのかもしれない。しかしわれわれが観察できる諸々の現象は、そうした「自然」があらゆる複雑な「制度」に絡めとられながら、表面に現れ出たものにすぎない。したがって、人間と社会を縛っているそうした「制度」が変容すると、それに応じて、立ち現れる人間と社会の姿も変わるのだ。時には「文明の度合いが高まるようなかたち」をとり、時には逆に「文明が退行して、野蛮な自然が一部姿を現す」ということが起こる。つまり進歩や進化が単線的に起こるのではなく、波のように寄せては引くという偶然性を含む動きを反復しながら、異なる勢いや波形を示しつつ歴史は動いていくのではなかろうか。

目次　デモクラシーの宿命

デモクラシーの宿命——歴史に何を学ぶのか

第Ⅰ部　デモクラシーと市場の選択

第1章　高齢社会のデモクラシー

1　デモクラシーの病とは何か

　近年の日本の政治と政局について考えると、国の舵取りがいかに難しいかを痛感させられる。自国の政治の現状への批判精神は重要だが、それだけでは不十分だ。問題は日本固有のものもあれば、議会制民主主義そのものが抱え持つ困難も大きいからだ。議会制民主主義の歴史が日本より長い英・仏や米国も、日本と似たり寄ったりの政治状況にある。日本はまだましだともいえる。財政問題（膨大な財政赤字と政府債務残高）の解決と中長期的な成長を可能にする戦略と政策を政治が見出せないまま行き詰まりを見せている点で、ほとんどの先進国は似たような混迷のさなかにあると言ってよい。主要国で財政赤字が政局の争点になっていないのは、ロシア、中国、韓国くらいであろうか。

あの東日本大震災が起こった直後、暗い見通ししか立たなかった日本の円が、外国為替市場で上昇したのを不思議に思った人は多かった。損害保険会社の保険料支払い準備のための円買いか、とも言われた。しかし今では、米国やEUの政治の混乱状態が、その経済の将来見通しを日本よりもさらに暗くしていたために、日本で大災害が起こっても相対的な円の信頼度には揺るぎがなく、日本円が上昇したというのが共通の理解となっている。

経済の診断は数字が基本だが、数字だけを見ていると、単一原因だけを誇張したり、同じような数字は同じ病の症状だと思い込みがちになる。しかし問題の性質は国によって少しずつ異なる。「財政危機」と言っても、例えばギリシャとイタリアではその性質は異なった。ギリシャの危機は、公務員給与と年金支払いの膨張で政府資金（フロー）が枯渇して予算が組めなくなり、国債が売りまくられるという問題であったが、イタリアはGDP比一二〇％の政府債務残高（ストック）を引きずり、イタリア国債を保有する外国の金融機関へ及ぼすリスクという中期的な問題を抱えているのだ。

こうした相違点を意識しながら、現代の政治システムがいかに共通の「病める経済」を生み出しているか、重要と思われる論点を書き出してみたい。

金融市場の不安定性

二〇〇八年九月の金融危機の引き金となったのは、流動性の不足だけではなく、米国の低所得者の住宅購入への無担保貸し付けが焦げ付いたことによって、商業銀行の支払い不能（insolvency）が金融システム全体に伝播したことにあったと診断された。そうした分析を受けて、一〇年七月、オバマ大統領は、健全な金融市場の再構築のための法的枠組みとして、長大な条文からなるDodd＝Frankウォール街改革・消費者保護法（通称ドッド＝フランク法）に署名した。

しかしこの金融取引の再規制を規定する法律が、どの程度の実効性を持つのか疑問視する向きも多かった。オバマ氏は、超党派の医療改革のプランを実現するための取引として、実効性のある金融システム改革の機会を失ったとも批判された。ただ、仮に米国の金融取引規制法が銀行を思慮深い行動へと転換させうるとしても、英国やその他のEUメンバー国が歩調を合わせない限り、世界の金融市場の不安定性は払拭できない。一国の立法だけで問題が解決されるわけではないのだ。

金融市場の不安定性は、財政赤字で生み出される巨額の国債の市場を揺さぶる可能性がある。金融と財政は、国債管理政策などによって証券市場で完全につながっている。金融市場の不安定性が、「財政リスク」を生み出すメカニズムも無視できない。銀行に問題が起こると、株主や貸し手を保護するために、中央銀行や政府から救援資金が投入されるケースが多かった。大きければ大きいほど倒産させることができない（too big to fail）という社会通念は、銀行をますますリスクに対して大胆にさせた。その結果、いわゆる「破滅のループ（doom loop）」に落ち込む危険性が生まれるのだ。

近年の米国でも、トランプ大統領が金融規制の緩和に走っているため、このリスクは高まっている。そして経済全体にとって最も深刻なコストは、こうした金融危機で実体経済が傷つくことによって生じる「雇用の喪失」なのである。

政局の混乱が将来を不透明に

不安定なのは金融市場だけではない。政治の混乱が将来の不透明感を強めている面に注目すべきだろう。中東政治の不安定性、東アジアの国際関係の悪化も、世界経済の健全化にとってマイナス要因にこそなれ、プラス材料にはならない。しかし国際関係の不安定性は今に始まったことではない。深刻なのは先進国それぞれの国内政治だ。

政局が混迷し、不確実性が増大してくると、経済に与える影響は大きい。消費や投資、そして生産といった基本的な経済活動は「予想可能性」「計算可能性」のもとに行われる。投資はギャンブルではない。リスクはあっても、そこに何らかの明るい見通しが立つから、投資が行われ、雇用と生産の拡大につながる。リーマン・ショック以降、各国の政治が確固たる姿勢を打ち出さなかったため、根本的な金融市場改革は実現していない。

米国の二大政党は、財政に関して過去三〇年近く、短期的な応急措置として混乱した政策を発動してきた。Medicare Part D（処方箋薬剤給付保険）によって連邦議会は「新たな支出には新しい税源を」というルールを反故にした。さらにオバマ大統領は、連邦政府支出の四兆ドル削減を見送る一方、税収の確保には根本的な対策を打たなかった。トランプ大統領に至っては、二〇一二〇一七年末に大きな減税に踏み切っている。これでは「大衆迎合」と言われても仕方がなかろう。医療と社会保障のための将来支出の総額を計算すると、早く「破産」宣告を出したほうがよいというシニカルな意見も出るほどだった。

政府閉鎖（government shutdown）は、連邦議会で予算案の成立が遅れ、期限切れになるときに取られる措置であるが、こうした異常な措置は、緊縮財政や福祉支出削減をめぐって民主・共和両党で対立が長引いたときに起こる。政府閉鎖は、米国では連邦政府でも州政府でも過去何度か断行された。二〇一三年秋には、政府債務の法定上限を引き上げることに下院の共和党右派が強硬に反対したために政府は閉鎖された。「オバマケア」と呼ばれる医療保険制度改革が政府支出の途方もない増大を招くとして頑強に抵抗したのだ。米連邦政府が一部業務を停止する一方、米国債のデフォルト（債務不履行）危機に直面し、翌年二月七日まで政府借り入れ（国債発行）を認めるという妥協が議会で成立し、危機は一応回避された。政府債務の上限を引き上げられないと国債発行ができない。したがって支出を抑えるしか道はない。閉鎖中、連邦政府の省庁および公的機関で総計約八〇万人の職員が無給の一時帰休を強いられたと報道された。

米国は連邦国家であり、（軍事、外交、通貨、州際通商、出入国管理などは連邦政府の所管だが）

各州はそれぞれの憲法と法律制度を持つ、徹底した地方分権の統治構造の国であるから、連邦政府機関の閉鎖は、中央集権の強い日本で霞が関が一部閉鎖するような事態ではない。米国では連邦政府の予算執行が不能な場合、独自の徴税力と財政制度を持つ州政府やその下の地方自治体が、経費を一部肩代わりして切り抜けることはそれほど困難ではない。例えば国立の文化施設や観光地関連の場所が多く、都市化の度合いの高い州（ニューヨーク、ニュージャージー、ペンシルベニアなど）では、過去、州政府の閉鎖が断行されたものの、州政府の業務を一時的に地方自治体が一部補完して急場をしのぐという対策がとられたこともあった。

政府債務の上限額を法律で設定するというのは、他の主要国には見られない米国独自の財政制度であるが、この上限は第二次大戦後も財政赤字が起こると幾度か引き上げられてきた。「政府閉鎖」は、デフォルトとは問題の性格と深刻度が大きく異なる。デフォルトは、連邦政府の赤字を国内でやりくりして事が解決できるという問題ではない。国債発行の上限を引き上げないと、国防費を含む連邦政府の総支出の約四割を削減しない限り米国債のデフォルトは回避できなかった。それほど二〇一三年秋の政府の台所は火の車だったのだ。デフォルトになれば、米国の国際的威信と信用に傷がつくだけでなく、世界経済をリーマン・ショックを上回る混乱に陥れかねない。

ただ、長い目で見れば政府閉鎖は米国債の格付けを下げ、国債価格の下落をまねく。日本は米国債を一兆ドル以上保有しているため、日本の金融資産は大きく目減りする。米国債を最も多く保有している中国が受ける打撃はさらに大きい。米ドルの信認は揺らぎ、米ドルの価値低下は日本円の上昇となり、日本の輸出は不振に陥るはずだ。

当時、ケリー国務長官は「これこそ米国のデモクラシーの頑健さの証しなのだ」とＡＰＥＣの会議で弁明した。政府閉鎖は、米国という巨大な国家がいかなる業務とメカニズムで動いているかを知るための「意図せぬ実験」であるとも言える。何が重要業務で、何にプライオリティーを置くべきかという政府事業の「棚卸し」の機会ともなっているのだ。

この種の「荒療治」によって活性化の道を探ることが米国の得意技であることは間違いない。デモクラシーの核心である「条件の平等化」が、オバマケアで懸念されるように財政の膨張を招き、財政危機が国家機能を麻痺《まひ》させかねないというジレンマに直面しているのは独り米国だけではない。このジレンマから抜け出せるか否かは、「荒療治」に堪える国民の知的強さと、多数決原則と公共利益を調整する能力にかかっていると言えよう。

ちなみに、日本の財政赤字をめぐる議論も首尾一貫しない。筆者は緊縮論者ではないが、二〇一一年の大震災の復興財源について、「復興国債だけではなく（臨時）消費税の増税でも」と発言したら、「この景気の悪いときに」と批判を受けた。二〇兆円を優に超えると試算される復興財源を、復興国債だけでは調達できない。復興を全日本国民が支援するという考えに立って、国民すべてが何らかの貢献をするという精神こそ、日本に必要なのだと主張した。危機にあっては国民の「一体感」を醸成するのが政治の役割なのではないのか。

「景気がますます悪くなる」という反論は二つの点で誤っている。復興のための民間投資・公共投資が、個人消費の減退を補うだけ現れるはずだ。大事なのは有効需要だ。また、消費税以外の税は、所得層や年齢層による不平等をもたらし、法人税増税は外国との競争力を殺ぐ点でマイナス効果がある。

デモクラシーの宿痾を認識する

なぜ、かくも多くのリベラル・デモクラシーの国家が財政問題に苦しむのか。理由は明らかだ。政治家は選挙で勝たねばならない。落選すれば「失業者」同然になってしまう。そのリスクを冒してまで、政治に打って出ようとする人は多くない。しかし「選挙で票を獲得する」という原理は、「両刃の剣」ともなりうる。政治家は当選するために多くの経済的便益を選挙民に約束する。したがってデモクラシーは、財政拡大への強いドライブを持つ。ある集団に集中的に利益をもたらす法案は、議会を通過しても国民一人当たりのコストは薄められ、ほとんど無視できるほど小さい。利益は集中するが、コストは薄く広がるからだ。こうしたメカニズムが財政を拡張させるような法案を乱発させる。

日本だけではなく、米国をはじめ多くの国の人々は「金のなる木」に取りすがって、借り入れによって所得以上の生活をしてきたことになる。その結果、リーマン・ショックの引き金になった米国の住宅ローンのような私的な債務はもちろん、多くの国において「人気取りのための」財政支出によって、公的債務はどんどん膨らんだ。国民全体として、所得以上に消費し続けることができるという「大いなる錯覚」の犠牲者が、先に述べた「雇用の喪失」による失業者、特に若年失業者なのである。

二〇〇九年のギリシャ危機の場合、困った要因はEUが「半国家」のような性格を持つという点にあった。単に「憲法がない」という意味ではない。EUには財務省がないのだ。加えて、EUは労働費用や生産性で格差の大きなステートの寄合い所帯となっている。そこに単一通貨(euro)を導入して金融政策の自由度を縛ってしまったため、財政危機が起こっても政策的な動きが取れなくなった。日本でも、「東アジア共同体構想」が軽々に語られることがあったが、カール大帝以来、千年を超す共同体運動の歴史を持つヨーロッパの苦悩を、われわれはもっと知るべきであろう。

経済政策が直ちに経済の窮状を救うことはできない。経済は人間の身体と似たところがある。一服の薬で消え去る苦痛もあれば、耐え忍ばなければならない不幸な病もある。経済政策は万能ではない。万能であるという期待を国民が持ち、政府や中央銀行に過大な依頼心を抱くこと自体、モラルハザードの原因となりうる。

さらに自覚すべきは、世界経済の状況は悪いが、いずれの国を見ても、八〇年以上前の大不況期と比べればましだと考えたほうがよいことだ。米国にしても、一九三〇年代の完全失業率は二五%を超えていた。最近の米国は、先進国の中では調子が決して悪くないということもあり、失業率は四％程度を上下している。したがって、経済政策が万能薬であるかのごとく錯覚するのは、政治への批判と要求ばかりを強め、ますます安易な政策を乱発させる。

ただし、八〇年前と比べて、世界経済における米国の位置と役割が大きく変化したことの歴史的意味は大きい。一九二〇年代の米国は、国際資本市場の「貸し手」であり、ドイツ・マルクの減価を防ぎ、ドイツの賠償支払いが可能になるように、大量の資本を輸出した。ドイツに消費ブームが起こり、その結果ドイツも米国も住宅や株式市場で暴落が起こった。世界経済の覇権が英国から米国へ移らんとする時期に起こった世界経済の大破綻であった。

それに対して、冷戦の終結以後進行した「危機」は、同じく米国が主役であったが、リーマン・ショックの折には米国は「借り手」となり、中国や日本からの資本流入によって消費ブームに踊り狂っていた。その消費ブームの代表格が、米国の低所得者向けの住宅購入ローンであったことは言うまでもない。米国は人騒がせな「困った巨人」だったわけだ。

米国のような巨大で活発な経済は、しばしば過熱と収縮の循環を繰り返し、規制の少ない市場への飽くなき欲求が常に伏在する。危機が起こるとその直後は大人しい「そぶり」を見せるものの、しばらく経つと再び野性味を取り戻す。再野性化（rebarbarization——Max Lerner の言葉）が米国社会と米国経済の力であり特徴なのだ。

2　世代間対立はデモクラシーの宿命か

一方、日本は少子高齢化によって、人口減少を経験しているだけでなく、人口構造が半世紀前とは全く変わってしまった。医学の進歩と医療技術の向上、生活の質の改善で大幅に寿命が延び、加えて出生率が低迷する状況では、外国から大量の若者が移住してこないかぎり、人口の減少と老齢化がもたらす問題は解決できないという危機感がある。こうした高齢化現象は程度の差こそあれ、日本だけでなく世界のいたるところで進行中だ。一〇年ほど前に行われた共同研究「人口が変えるアジア」の成果が、『超長期予測　老いるアジア』（小峰隆夫／日本経済研究センター編）として刊行されたが、そこでも少子高齢化という人口の大変動が東アジアだけでなく東南アジア諸国に共通の現象であることが示され、「アジアの時代」はいつまで続くのかと疑問が投げかけられている。

例えば中国の場合、一九七九年に始まった「一人っ子政策」は、短期的には「人口抑制」に劇的な効果をもたらした。従属人口（年少人口と老年人口の和）の負担の軽さが、短期的には経済成長にかなりの程度貢献してきたのだ。しかし中国社会は伝統的に男児選好が強いため出生性比のバランスが崩れ、加えて政策の導入があまりに急激であったため、今後「人口高齢化」が加速して、中国経済にとって大きなマイナス要因となることは避けられない。実際、中国の中央政府は、人口高齢化と若年労働力不足のため、二〇一六年一月から「一人っ子政策」を撤廃、「人口・計画出産法」が改正され、すべての夫婦に二人目の子供を持つことが認められるようになった（「二人っ子政策」）。

欧米の状況はどうか。米国は（不法も含めて）移民によって労働力の若さを維持してきた国だ。したがって少子高齢化や政治の老人支配（gerontocracy）が緊要な課題とはならなかった。世界の主要国の中で、高齢化と老人支配という二つの問題が政治と経済の重いテーマとなっているのはイタリアであろう。イタリアでは、銘柄企業の最高経営責任者たちがかなり高齢化している。またイタリア人の一八歳から三四歳の年齢層は、その約六〇％が経済的自立を図れず両親と同居しているという（イタリア国立統計研究所の調査）。若年層の失業率の高さは日本の比ではない。最も活力がある若年層が経済活動の中心部分から遠ざけられていることは、経済成長にとってマイナスとなるだけでなく、将来を担うべき若者の政治的不満を強める可能性が高い。

ちなみに、老人支配と経済成長との関係をイタリアの研究者が分析している。支配的地位にある人物の平均年齢と長期的な経済成長率との関係をEU主要七ヵ国を中心に実証的に研究したものである。長期的には経済成長率は教育と公共投資への公的支出に大きく影響を受けると考えられる。この研究は、「老人支配が進行している国ほど、教育と公共投資への支出の割合が低い」という結果を得ているから、老人支配の進んだ国ほど経済成長率が低くなるという命題を支持する（棄却できない）ことになる。実際、イタリアの経済成長率は日本同様低迷したままだ（Atella and Carbonari, "Is Gerontocracy Harmful for Growth? A Comparative Study of Seven European Countries", CEIS Working Paper No. 263, 2017)。

もっとも、高齢化と老人支配は相関する現象ではあるが、もちろん区別されるべき性格の問題である。ただ「社長が、高齢の会長さんの意向を気にして『中間管理職』のような板挟みに遭っている」という笑い話は、高齢化社会だからこそ現実味を帯びて聞こえる。戦後結成された「経済同友会」草創期の参加メンバーの過半が三〇、四〇代の経営者たちであったことを考えると、「財界追放」後の日本のビジネスリーダーたちの若々しい活力には驚かざるをえない。

高齢化で人事が停滞すると、経済成長への基幹的なエンジンとなるべき次世代の若い労働力を育てにくくなる。長期的な視野で作り上げられた人材を育成するシステムが機能しにくくなるのだ。人材の内部養成の重要性が見過ごされ、「即戦力」「流動化」といった近視眼的な政策に走る近年の傾向も、その原因の一つは高齢化にあると考えられる。

人口の高齢化は、経済だけでなく政治にも甚大な影響を及ぼす。有権者に占める高齢者の割合が上昇すると、議会や政治が高齢者の声に強く支配されているとの不満が出てもおかしくない。多数の高齢者から票を得ようとする政治家は、何かにつけ高齢者優先の政策を打つようになる。「シルバー民主主義」の弊害が出てくるのだ。世代間の公正という視点からのバランス回復を求める直截な方法は、選挙権の年齢引き下げという選挙制度の改正であろう。しかしそれだけで「老いる日本」を救うことはできない。

若者に反乱を起こすエネルギーはあるか？

人口の高齢化現象は、日本のマクロ経済の状況に照らして見るとどのような意味を持つのか。最大の問題の一つは、年金、医療、介護など高齢者向けの社会保障関連の政府支出が増大することが、若い勤労者の経済面での負担を過重にしていることだ。特に高齢者医療の政府支出は、その将来を考えると、ますます財政にとっての重い負担となることは必至である。GDPの二倍半にならんとする公的債務（世界一！）は、将来のこうした社会保障関連支出の伸びに強力な制約を加えており、今後、高齢者を喜ばせるバラマキ政策で選挙を有利に戦うことはできない。公的債務の一部は年金財源の収支ギャップから生まれており、有権者が合理的かつ賢明であれば、若い世代が定年までの厳しい勤労のあとにやってくる年金生活の見通しが立たないことに気付くのは当然であろう。

では将来への明るい見通しを持ち得ない若年層は、今後どのような政治意識へと傾斜していくのか。一つは、活気ある若者は高齢者の政治的支配の程度の低い国へ流出するという選択、いま一つは、ただ個人主義的・利那的な生活に終始し、「支持政党なし」のバラバラの個人を生み出す方向である。これらいずれのシナリオも、「経済活性化」には強い負の効果をもたらす。若年層が連帯して「反乱」を起こすようなエネルギーがあれば、事態は少し変わるかもしれない。しかし社会にとってプラスになるような「反乱」が起こるためには、強力で優れた若いリーダーが必要であろう。

いずれにせよ日本の場合、老人は「こんな低額の年金だけでどう生活していけばいいのか」と悲観的になる一方、若い人は「こんなに多くの老人を支えなければならない」と不満をあらわにするような「世代間の対立」は避けがたい。

少子高齢化のもたらす有権者の年齢構造の変化が、世代間対立として現実味を持ちうるようになったのは、「家族の変容」による世代間の分断が進行した影響も大きい。高齢者と若者が家族という共同体を媒介することなく、相互に無縁の孤立したグループを形成するようになってきたのだ。世代間の対立がはっきりと浮き彫りになってきた背景に、家族形態の根本的な変容があったことは無視できない。

世代の問題を経済学的な視点から論じるとき、世代間の格差に関心が集中する。世代という概念を、年齢層を区切って水平に並べ、その間での比較や有利不利を問題にする。こうした比較は、年齢層ごとの経済状況を把握するためには必要であっても、各々の世代が独立した世帯を営むという仮定に立ってデータを見ることになる。世代は水平にではなく、本来は垂直に、「ちょうどサーカスの曲芸師が人間やぐらをつくるときのように、肩車で上へ上へと重なっている」（オルテガ）状態だったのである。

「世代論」が「世代間対立論」へと変質した背後には、われわれの政治社会制度であるデモクラシーの持つ宿命ともいうべき力が働いている。近代デモクラシーの理論家トクヴィルが「デモクラシーは人をして祖先を忘却させるのみならず、子孫をもその目から隠し、同時代人から人を切り離す」と述べたように、社会の基本構造が本来は垂直的な関係から築かれていたにもかかわらず、水平に置き換えることを当然と思うようになったのだ。加えて、デモクラシーが市場経済と相携えつつもたらした経済的な豊かさの力も大きい。豊かさが人々の独立心を強め、あらゆる年齢層内の、そして年齢層間の連携の精神を衰弱させたのである。

世代固有の問題の解決法――ハイエクの代議制改革案

これらを解決するには、こうした「水平な世代」観を受け入れながら、世代間の利益対立の問題、あるいは各世代がそれぞれに抱える問題を、いかにフェアに考慮しつつ議論できるのかが重要なポイントになる。この種の世代間の問題意識をいかに的確かつ公正に汲み取るのかを論じた重要な論考として、ハイエクの「代議制改革案」がある。多数決であれば何でも法律になる、という代議制における「多数者の専制（tyranny of majority）」をいかに回避するかがデモクラシーの永遠の課題だ、というトクヴィルの認識をハイエクも共有しているのだ。

だが「多数者の専制」の危険を立法府だけで回避することには限界がある。それゆえ近代デモクラシーは、立法府における代表合議制以外の民主的な（そして国民の政治的意思を共同の福祉〈common good〉になじむようにするための）装置を社会の中に組み込んできた。国民が身近な問題について的確に判断できるための強い地方分権、あるいは個人としては弱い市民が互いに連携することによって力を発揮できるような「結社」の働きは、その重要な例であろう。

また元来は、二院制における上院（senatus、つまり元老院）も、政府の政策が多数の「時の勢いに流されない」ための防御装置としての役割を期待されていた。日本の参議院が「良識の府」と呼ばれ、「解散」がないことにはそうした期待が反映されているのだ。

立法府の現状に不満を抱いたハイエクは、一九七三年にロンドンの王立学芸協会で行った講演「経済的自由と代議政体」で、三権分立の現代国家において立法府をいかに再構成すべきかという問題に言及している。その問題意識は、民主的に選挙された立法府は「多数者の専制」へと逸脱する危険性を持つという点にあった。ハイエクは無制約な立法権力をいかに制限することができるのかを考察したのである。

彼の提案全体の詳細な説明はここでは省くが、概略は以下のようなものである。二院制を取り、中高年で構成される上院に相当する合議体の議員について次の三つの制約を課す。（１）議員の任期を長くすること。（２）任期終了後の再選は禁止すること。（３）メンバーを常に新しく柔軟な考え方に向かわせるため、毎年その一部だけ入れ替えていくこと。例えば任期を一五年とすると、メンバーの一五分の一だけを毎年入れ替える。さらに代表メンバーの選出方法は、ある年度の選挙では、一つの年齢層が選挙権と被選挙権を持つようにし、すべての国民はこの「上院」の選挙には一生に一度だけ関わることにする。例えば、四五歳時に同年齢層の人を選出する選挙に一度だけ関わるというように。

政府内にポストを持つ者や政党員は選挙権・被選挙権がないこと、任期終了後は（例えば）裁判所の調停委員などの名誉職ポストと十分な年金を与えられることなどが配慮される。任期を一五年に設定した場合、この合議体は、すでにその市民生活と職業生活において十分な見識と能力を示した四五歳から六〇歳までの年齢層のメンバーから構成される（ハイエクの提案から四〇年以上経ち、その間の平均寿命の延びもあるので、六〇歳を七五歳としてもよい）。

この選挙制度の特徴は、同年齢層の投票者が候補者の性格や能力の一番確かな判定者であることに注目していること、選挙が比較的小さな規模で実施されるため、候補者についてその識見や能力を十分知りうることがあげられる。同一年齢層の抱える問題が明らかになるだけではなく、それぞれがいかなる解決を望んでいるのかについても、その核心が浮かび上がると考えられる。

ハイエクの提案は、若者に選挙権を押し広めるという単純な発想ではない。しかし老人だけに限った合議体を作って年寄りの良識や知恵に頼るというものでもない。人間はその年齢ごとに抱える悩みや問題が異なる。だからこそ、同世代同士で「公共の事柄」を議論する場所や機会を設ける必要がある。その点でも、現実の社会生活の中で公共精神を醸成する装置として、ハイエクの構想は一考に値する代議制改革案だ。

現代の老人は賢明か

ハイエクは「老人ゆえに賢明だ」「若者ゆえに軽佻だ」という先入観にとらわれてはいない。

筆者自身は、長らく、老人は若者より賢明だと思い込んでいた。しかし実際、自分自身が正真正銘の老人となると、必ずしも老人が常に賢明なわけではないと痛感するようになった。筆者の思い込みにはキケロ（『老年について』）の影響もあった。

ただキケロをよく読むと、「老い」が必ずしも惨めではないことを論じているのであって、老人が常に的確に政治的・道徳的判断を下しうるとは言っていない。キケロの論旨は次のようなものだ。老年がなぜ惨めだと思われがちなのか。老年になると、公的活動から退くから、肉体的な衰弱を感知するから、ほとんどすべての快楽を奪い去られるから、死が近いことを実感するから、の四点を挙げて、それぞれ「惨めではない」と次のように反論を加えているに過ぎないのだ。

反論の根拠はすべてもっともなものだ。深慮は老いゆく世代の持ち前であり、肉体の力ではなく様々な事柄を考える楽しみがある。また老年は酒に溺れるのではなく、節度ある酒席を楽しめる。そして死の接近についても、老年の実りは以前味わった善きことの豊かな想い出であり、死もまた、成熟の結果としてよく熟れた果実が木から落ちるように自然なことだと。

記憶と判断力の衰退した人間が人格的なまとまりを持って生きるためには、自我を支える「誇り」や「自尊心」に敬意を払わねばならない、と昔の人は考えていたのだ。だが人類の平均寿命は驚くほど延びた。認知能力の衰えた人が安心できる環境を整えることは、「自立性の尊重」だけでは実現できないことがわかってきた。高齢化そのものが多種多様な老人を生み出し、高齢者と一言で括っても、その「意思能力」には大きな個人差があることも明らかになってきた。

つまり高齢者が政治的意思を示すとき、その動機と結果を認識し、正常な意思決定をなしうる能力を持っているのかということが問われている。さらに、責任能力、行為能力の有無も問題となろう。われわれは、周辺の状況を観察してすぐ一般化してしまうことが多い。八〇歳を過ぎても、立派に若者をリードし、的確な判断力を示す「スーパー老人」は確かにいる。問題はそれが多数なのか例外的ケースなのかという点だ。

しかし、筆者の尊敬する老弁護士の話では、事務所で担当する案件のかなりの部分が、意思能力の衰弱・喪失に陥った老人が「社会的な弱者」となり、その財産と公民としての権利を不逞の輩から奪われる事件（例えば振り込め詐欺）だという。その、目を覆いたくなるほどの悲惨さは十分世間に知れ渡っていない。問題の難しさは、判断力の不十分さや欠如をどの段階で本人が認識し、成年後見制度などの利用に踏み切るのかという点にある。そうした現実を十分考慮しなければ、「シルバー民主主義」や年齢別選挙制度についての議論も画餅に帰することになる。

高齢の極限としての「不死」

老人は愚かでも賢明でもない。若者や中年層と同じように、実に様々なのだ。老人が格別に賢明だと考えてはならない。そして平均寿命の延びが、健康な高齢者すべてに幸せをもたらすとは限らない。そのことを認識するためには高齢者の極限形としての「不死人間」を考えることが有益だろう。不死人間がどのような行動をとりがちになるのかは、ジョナサン・スウィフトが『ガリバー旅行記』で描くラグナグ王国の不死人間、「ストラルドブラグ」のケースが参考になる。ガリバーは、はじめのうちはストラルドブラグを絶賛し、自分が不死人間であれば、まずあらゆる手段を講じて金儲けをして、幾多の学術的な成果をあげて国中で第一の学者になれるはずだと夢想する。自由な心で思考し、死の不安が醸し出す憂鬱な気分とも無縁だと考えながら、不老不死、現世の幸福という、人間本性の願望から容易に考えつく問題をうらやまし気に想像するのだ。

しかし、ラグナグ人はそうしたガリバーの不死人間への羨望を嗤う。実際のストラルドブラグは、一般の老人が持つ愚かさや弱点だけではなく、「不死」であることからくる、さらに多くの欠点を持っているというのだ。それをスウィフトは次のように巧みに要約する。

「頑固で、依怙地で、貪欲で、気難しやで、自惚れで、お喋舌になるばかりでなく、友人と親しむこともできなくなれば、自然の愛情というようなものにも不感症となり、それはせいぜい孫以下に及ぶことはない。ただ嫉妬と無力な欲望ばかりが燃えさかる。しかもその嫉妬というものが、もっぱら青年たちの放埒さと、そして老人の死であるらしいのだ」（中野好夫訳）

青年への嫉妬は、自分自身がもはやあらゆる快楽から締め出されているためであり、死にゆく老人への嫉妬は、彼らが（不死人間には到達できない）「憩いの港」に到着したためである。筆者のような高齢者には思い当たるところが多い。それは高齢者の精神が政治に向かうとき、その気持ちは必ずしも正義と慈愛に満ちたものではないということなのだ。

老人と意思能力

老いの問題は、現実には議論の俎上には載せにくい。年齢差別（age discrimination）という言葉が示すように、老人という弱者を政治的・経済的に不利な状況に追い込むのではないかということへの躊躇や警戒心が生まれるからだ。

しかし実は老人は、「弱い」とも「強い」とも言い難い。ごく少数の強い老人が存在する一方、多くの弱い老人を社会的強者が政治的・経済的に自分のビジネス目的に利用しようと狙っているのも現実なのだ。老人ホームで認知症に苦しむ老人を投票所の記載台まで連れていき、投票してもらうことを、高齢者の選挙権の行使だと単純に喜ぶわけにはいかない。医療技術の進歩によって入院生活を続けている老人のどれほどの割合が、正常な意思能力を持って自分の生命の最終段階に自らの意思で関わることができているのか。こうした問題は、正常な意思能力を持つ高齢者をどう定義し、公民としてどう保護するのかという問いに向き合うことなしに「シルバー民主主義」を云々することはできないことを示している。

医療技術の進歩と、次節で述べる「人間の合理的な経済選択」が生み出した高齢社会は、老いと死を念頭におきつつ、社会における人間の「つながり」を意識し、見つめ直す機会を与えてくれた。「つながり」や家族の問題をどう考えるかに配慮し、ハイエクの提案する「年齢別に選出された中高年合議体」を実験的に組織してみるのも決して馬鹿げた試みとは言えまい。そうした実験を経た立法府においてはじめて、「世代間対立」の内実が明らかになり、その対立調整の過程において各々の世代が抱える問題が的確に把握されるであろう。それらを踏まえてこそ世代を超えた共感（compassion）が生まれるのではなかろうか。

3　個人の経済合理性が招いた少子高齢化社会

こうして見ただけでも、現在の日本社会が抱える難問は、政治がすべて解決できるというよりも、個々の人々の意識が変わらないかぎり弥縫策《びほうさく》に終始しかねない性質のものが多い。多くの難問は、個人が自己の利益を大きくするような選択をし、その選択を国全体で足し合わせた結果が公益や共同の福祉（common good）と両立しない、という古典的なジレンマとして現れる。いわゆる「少子高齢化」も、結婚・出産という私生活上の個人の自由な選択と判断が、国全体として様々な問題を引き起こしているのだ。仮に政治と行政がもっともな制度をデザインできたとしても、人々の意識、あるいは社会的雰囲気が変わらない限り、問題の根本的な解決にはならない。法律だけでわれわれの生活上の問題がすべて解決するというのはフィクションに過ぎない。

年金や医療といった社会政策上の重要課題は、いずれも人口の高齢化と少子社会の急激な進展によって生じている。人口の高齢化は社会保障費を上昇させる。子供の数を減少させる大きなファクターは、晩婚化や非婚化、あるいは夫婦出生力の低下といった、結婚や家族に対する国民の考え方の変化である。年金や医療の問題が、単に制度の変更で解決できないのは、長寿や生命、あるいは家族の価値といったわれわれの生の根本にかかわる難問と関係しているからだ。

二〇一七年七月、国立社会保障・人口問題研究所が「日本の将来推計人口」（二〇一七年推計）を刊行した。将来の出生や死亡などについていくつかの仮定を置いた推計であって、確実にこうなるという「運命の予告」ではないものの、推計結果は、われわれの子孫について必ずしも明るい将来像を描く数値ではない。

出生や死亡について中位（ほどほど）の仮定を置くと、二〇一五年の国勢調査で一億二七〇九万人であった日本の総人口は長期の人口減少の過程に入り、五〇年後の六五年には八八〇八万人まで減少するという。老年（六五歳以上）人口と年少（〇～一四歳）人口を足し合わせた「従属人口」と生産年齢（一五～六四歳）人口の比率は、五〇年後に一対一・三になる。これが、テレビや新聞にしばしば登場する「一人の若者が一人の老人を肩車している」姿なのだ。

近年の日本の非婚化の数字もドラマチックだ。二〇一五年の国勢調査では、三五～三九歳の男子の未婚率が三五・〇％（離別・死別・不明なものを除く）になっている。この割合が、五〇年前の高度経済成長期の一九六五年にはわずか四・二％であったことを考えると、日本人の結婚観、家庭観の急激な変化には驚かざるをえない。

「個」と「全体」のジレンマ

もちろんこうした人口減少と高齢化社会がもたらす経済問題の深刻さは、必ずしも一般化できるわけではない。その社会ではいかに資本蓄積が進んでいるのか、一人当たりの資本量は増加しているのか、技術革新がどの程度進んでいるのかによって、労働生産性と生活水準は異なってくるからだ。ただし、労働節約的な技術進歩が人口減少社会の問題をすべて解決してくれるという楽観論は鵜呑《うの》みにできない。楽観論・悲観論のいずれに与《くみ》するにしても、いくつかの基本的な視点は押さえておく必要がある。

第一は、人口と国力の関係である。現代世界では国力の指標として国内総生産（GDP）が用いられることが多い。国民の生活の豊かさの指標は、原則として「一人当たりGDP」になる。一人当たりどれだけの分配があるのかを見ないと、生活の豊かさはわからないからだ。しかし「一人当たりGDP」は一国の対外的な力を示す尺度とはなりえない。実際、アダム・スミスの考えた「国民の富」の概念には「一人当たり」という視点はなかった。スミスは分業こそが国の富を増大させる最大の原因だと見ていた。分業の度合いは市場の広さに制約され、市場の広さは端的には人口の成長が規定し、人口の成長は逆に分業と市場の広さによって決まると考えていた。

歴史的に見ると、スミスの時代に経済的に発展していたほとんどの国は人口が少しずつ増加していた。労働の報酬が豊かになると、人口の増加を刺激し、国民を勤勉にする。したがって国力の源泉は人口であり、GDPの（一人当たりではなく）総量ということになる。このGDPの総量を規定する大きな要素が総人口なのだ。

国際的な分業の進んだ複雑な産業社会を対象とする現代の経済学が、この人口と市場と経済発展の関係について確定的な答えを見出しているわけではない。成長途上にある国では、生産年齢人口の割合が上昇していることは確かであるが、経済的資源としての労働力人口は、学校教育などで培われた「質」が重要な役割を演じる。したがって、教育の普及、人口、そしてGDPの間にはかなり複雑な相互依存関係が予想されることになる。

第二に、豊かな報酬が人口の増加を必ずしも刺激しないような社会に日本が変貌したという点も見逃せない。それは子供を一人前に育て上げるためのコストが現代社会では格段に高まったためだ。機会が平等に開かれた社会では、親が子供に将来豊かな生活を準備するための確かな手段は教育への投資であるから、民主的な国家で「教育熱」がヒートアップするのは当然のこととなる。日本では、高等教育を子供に受けさせるための親の経済的負担が、国際的に見ても極めて大きい。この高等教育の私的費用の高さが、子供を多く産むことへの阻害要因の一つになっていることは十分推測できる。子供に良い教育を授け、将来豊かな社会生活を送らせたいというのは良識ある親の気持ちであろう。そのためには子供の数は制限せざるをえない。だが子供を少なく産むというこの個人の合理性が、国全体で見た場合、「少子化」や「人口減少」を生み出す大きな要因となっているのだ。

また、世界相場から見て、日本では婚外子の出生割合が目立って低い。この事実と少子化がいかなる関係にあるのかは今後の研究にまたねばならないが、日本では婚外子が法律で十分その地位を保護されていないため、出産を思いとどまるのではないかという推論もある。

国が家族計画に直接関与することには慎重でなければならないし、そもそも国の関与にそれほど実効性があるとも思えない。出産後仕事に復帰しやすい職場環境を作る、働きながら子供を育てられるような条件を整備する、などの施策は望ましいとしても、最終的には、個々の人間が結婚や家庭にいかなる価値を見出すのかという「意識」の問題となるから、この「個と全体のジレンマ」から抜け出すことは容易ではない。

第2節で述べたように、中国の場合、人口の数や構成に関して、一九七八年憲法で「国家が計画出産を提唱し、推進する」ことが定められ、翌年から「一人っ子政策」がスタートした。しかし中国の生産年齢人口（一五～五九歳）が二〇一一年から減少に転じ、少子高齢化の進行が明らかになると、「二人っ子政策」への転換が立法化された。しかし、「生活の質を落としたくない」という若い夫婦たちが、子供を二人持とうとしない傾向が見られるとの調査も報道されている。政府権力の強い中国のような社会主義国家でも、政策による出生数のコントロールは容易ではない。中国が人口政策を一八〇度転換させて、子育て世帯に補助金を出す方向へと舵を切る日も遠くないと考える。

第2章　ナショナリズムと経済政策

1　「国家とは何か」を問い直す

二一世紀に入ってから、国の分離や統合、統治構造をめぐる問題、あるいは過激派集団の「建国」宣言など、問題の核心がわれわれ日本人には実感できないような事態が次々と出来した。日本には、領土問題で隣国が理不尽な主張を押し付けようとする現実はあるものの、国内で「関西共和国」が離脱・独立しようとする運動もなければ、本州と異なる政治経済体制を北海道に持ち込もうという動きもない。せいぜい「経済特区」の是非が論じられる程度である。二〇〇八年の民主党の「沖縄ビジョン」は実現することはなかったが、この経済優先の「経済特区」構想に対しても、概して一般には抵抗感が強かったのではなかろうか。また、一つの地域で生活保護や雇用保険の給付支出が目立って多くても、他地域から当該地域の分離を望む声が聞かれるわけではない。二〇〇九年のユーロ危機の際、ドイツ人がギリシャ人に向けたような強い不満の表明は見られないのだ。日本は極めて強い sense of community のある独立国家と言えよう。

英国の植民地であった香港が一九九七年七月一日、中華人民共和国の特別行政区として発足した。続いて一九九九年一二月一二日、ポルトガル領であったマカオも同じく中国の特別行政区となり、「一国二制度」が生まれた。この特殊な統治形態が様々な政治的・社会的不安定を生み出していることは報道の通りである。こうした統合あるいは分離をめぐる政治的緊張はアジアだけに起こっているわけではない。二〇一四年九月一八日にスコットランド独立の是非を問う住民投票が惹き起こした緊張感も完全に収まったとは言い難い。さらに突如として「イスラム国」なるものが「実力（force）」によって国家としての存在を主張しただけでなく、世界の若者の中に戦闘員としてその集団へと飛び込む者が現れたという現象は、何を意味するのであろうか。いずれのケースも、「国家とは何か」という古典的な問いを改めて突き付けつつ、「グローバリゼーション」や「国境の消失」を語り、「祖国愛」をアナクロニズムとみなす夢想家たちに反省を迫るところがある。

EUという「半国家」と単一通貨ユーロ

スコットランド独立問題は、政治的経済的に成熟した国家においても、「国家」とみなされるために何が必要とされるのかを示したと言える。言い換えれば、スコットランド独立にイエスという答えが出ていたとすれば、いかなる問題が立ち現れたのかを振り返ることが重要になる。

人口五〇〇万強のスコットランドは連合王国総人口六六〇〇万の一割に満たないから、その分離・独立の影響は一見小さそうに見える。しかし夫婦の離婚が結婚よりもはるかに面倒なように、国の場合も分離・独立には幾多の困難が伴う。

まず当事国間の問題として、現在の英国政府の持つ資産と負債を二国間でいかに分割するかという点だ。常識的な解決方法は、土地・建物などの固定資産は場所によって分けるという原則によるが、北海油田や核を含む軍事基地のことを考えただけでも、この単純なルールの適用が容易でないことは明らかだ。固定資産以外の資産は、人口比で分けるのか、GDP比なのか。税収や歳出はどうシェアされるのか。いずれにしても、機械的な分割では済まない様々な事情が存在する。

さらに、独立スコットランドのEU加盟国としての地位はどうなるのかという難問がある。EU条約第六篇「最終規定」の第四八条によって、「EU内」の国家として、条約の簡易な改定手続きを適用して加盟が議論されるのか、あるいは同条約第四九条によって新規の独立国家として「EU外」からEU加盟を申請するのか、それによって取るべき手続きは異なってくる。

ところが、二〇一五年欧州連合国民投票法が成立し、英国でEU離脱の是非を問う国民投票が二〇一六年六月に実施されると、離脱賛成の投票数がわずかではあるが「ＥＵ残留」票を上回るという事態が生じた。この予想外の結果を受けて、ＥＵ側と英国との間で離脱の進め方を含め、その対応と対策をめぐって厳しい交渉が行われている。したがってスコットランド独立問題の論点は性格を変えてしまったことになる。もし英国のＥＵ離脱が実現すると、スコットランドや北アイルランドのＥＵとの関係はどうなるのか。特にアイルランド国境問題は大きい。現状では英領北アイルランドとアイルランドの国境では人も物も往来自由だ。しかし英国がＥＵからの完全離脱を果たした場合、アイルランドはＥＵに残留しているため、国境に検問所や税関ができる可能性が大きい。そこで生まれる政治的緊張を避けるために、「英国全体がしばらく関税同盟に残る」という方針が打ち出されている。しかしそれを英国議会が「いつまで」認めるのかという問題がある。この難問を、離脱賛成に投票したもののどれほどが認識していただろうか。ＥＵのメンバー国、欧州議会、欧州委員会、欧州理事会が、英国議会とそうした手続きをいかにクリアしていくのか。意外にも容易な解は存在していないのだ。

一般にＥＵに多くの国が加盟することの問題点は、経済的な側面に限っても、経済構造が異なる経済格差の大きい国を、ユーロという共通通貨を用いながら一つの金融政策で運営することの難しさとして、以前から指摘されてきたのでここでは立ち入らない。そうした経済的な無理があることをＥＵ内の「先進メンバー国」は知悉しているため、ＥＵ拡大に対して消極的であり、新規加盟が（ＥＵ加盟各国議会の批准が必要なため）一筋縄ではいかなかったのである。

また旧社会主義圏にもEU加盟を望む国は存在する。やや旧聞に属するが、筆者は、二〇一一年六月末、クロアチアで投資会社を経営する元クロアチア政府高官にインタビューする機会があった。その折、〇三年にEUへ加盟申請して、翌年公式の「候補国」となったものの、加盟交渉はさらにその一年後に始まり、ようやく交渉が終結したのは（そのインタビューの）「つい数日前だった」という話を聞いた。実際クロアチアがEUの正式メンバーの地位を獲得したのはさらにその二年後の二〇一三年七月であるから、加盟申請から実に一〇年の歳月を要したことになる。クロアチアが旧社会主義国であったため、EU条約第二条の「人間の尊厳、自由、民主主義、平等、法の支配、マイノリティに属する人の権利を含む人権の尊重」の原則が保障されているか否かについて、「精査」が必要だったのだろう。

立憲君主制という知恵

スコットランド独立の場合、英連合王国から離脱したあと、どの通貨を使用するのかという問題も議論されねばならなかった。スコットランドには現在も発券銀行があるが、英国ポンドを使わない（オズボーン英財務相は「使わせない」と言っていた）とすれば、通貨は何にするのか、ユーロを選ぶのか、あるいは新しい通貨（例えばスコティッシュ・ポンド）を作りだすのか、イングランドと通貨同盟を結ぶのか。ただし、一方的に英ポンドを流通させてしまうような政策に打って出ると、スコットランドは金融政策の独立性を失う。「最後の貸し手」としての中央銀行が機能しなくなるからだ。

いずれにしても、通貨の選択はスコットランド経済の行く末を左右するだけでなく、英国経済にも大きな影響を及ぼす。北海油田の所有権の帰趨はその収益だけでなく、英国の輸出にも大きく影響して、英国の貿易収支を悪化させる可能性がある。そうすれば英ポンドの下落が始まり、英国からの資本流出も避けられなくなる。

こうした経済体制の枠組みだけではなく、「独立国家」としてのスコットランドを検討する際興味深いのは、スコットランドが独立後も「英国（女）王を元首とする」としていた点だ。これまでスコットランドの発券銀行の紙幣には英女王の肖像が印刷されてこなかったように、英国に「付かず離れず」というスコットランド人の複雑な姿勢は、もともと別の王国であったという歴史的経緯が影響している。にもかかわらずこうした決定を下したことの意味を考えてみるべきだろう。

「権威（authority）」として同じ君主を戴くということは、もちろん「権力（power）」が同一だということを意味しない。後に述べるように主権の最終的な「根拠」を同じ君主に求めるとすれば、スコットランド独立に対してイエスの答えが出ていたとしても、連合王国と完全に袂を分かった国家となるわけではなかった。

「権威」と「権力」を区別しつつ、「独立ノー」の住民投票結果を受け入れたスコットランド国民党党首、サモンド自治政府首相の、「スコットランドの人々は現時点で独立をしない決定をした。それを受け入れる」という潔い演説は、英国のデモクラシーの成熟度を示したと言える。この点を香港での民主化デモと比べると、スコットランドにはデモクラシーにとって必要な「国民主権」と「権威」双方へのリスペクトが見て取れる。

一国二制度という変則

香港では特別行政区長官の選び方に端を発して、二〇一四年九月末から三か月近く、民主化を求める学生の激しいデモと座り込みが続いた（いわゆる「雨傘革命」）。一九九七年に香港が英国から中華人民共和国へ返還された際、「返還後五〇年間は政治体制を変更しない」ということが確約されていた。香港特別行政区の「基本法」によって、香港の自治権は基本的に認められてきたのだ。「行政」の分権化と「統治」の集権化は矛盾するものではない。米国のような連邦国家がすでにそれを歴史的に示してきた。地方自治が浸透している米国でも、外交と軍事、出入国管理、通貨発行などの一国としての「共同利益」に関しては、中央集権的な統治機構（連邦政府）が決定権を持つ。一方、地方固有の特殊利益については、地方自治が尊重されるのだ。遥か一八〇年以上前に米国を旅したフランス人トクヴィルがこの点を的確に指摘している。

ただ中国の場合、中国共産党の一党独裁であるため、主権を分割して地方自治体（例えば香港）の自治権を完全に認めることにはそもそも無理があった。香港は「基本法」によって行政長官が置かれている。その長官の次席ポストである「司長」や政策決定を行う決策局の「局長」は、公務員としての内部昇進ではなく、行政長官の政治任用（公務員としての身分保障がない）によって選ばれるため、「司長」や「局長」の権限は著しく弱い。それゆえ強い権限を有する「行政長官」がいかに自由で公正な選挙で選ばれるかは、民主政治か否かを決定付ける重要なリトマス試験紙となる。香港の学生たちは、中国の考える香港の統治構造が、統治と行政の双方の集権化（共産党一党独裁の専制政治）を加速させることに強い抵抗を示したのだ。

「一国二制度」によって、香港では五〇年間、英国植民地時代の自由が守られるとの印象を持ちがちだが、統治においても行政においても徐々に中央集権化が強まっている。そこには北京の「権力」の静かなる浸潤があり、北京の「権力」の背後に「軍事・警察力（force）」が控えていることを学生たちは感知しているのだ。香港やマカオは「特別行政区」として一国二制度の中に位置付けられたが、元来、一国二制度は「経済制度」を意味していた。経済面で香港の中国依存は強まり、大量の中国人の香港流入によって本土色を強めざるをえなくなっているのが現状だ。「基本法」は一国の憲法ではない。この点からも、香港の一国二制度には「権力」の恣意性が含まれ、「権威」の裏打ちはないのだ。

「権威」と「権力」をどう区別するのかは政治理論の基本問題としていろいろ学説はあろう。しかし現実には「権威」が「権力」や「軍事・警察力」だけから生まれないことは確かである。この問題を「イスラム国」の出現は具体的に示している。

「実力（force）」だけで正義と秩序は維持できない

「イスラム国」には国という言葉が含まれているため、「国家」だと思われがちだ。アラビア語を知らない筆者は、その語義を云々できないが、英語ではIslamic State of Iraq and Syria（ISIS）あるいはIslamic State in Iraq and the Levant（ISIL）と訳されており、このスンニ派の過激武装集団が国家を僭称していることは確かだ。ただ同じスンニ派の穏健派は、この「国」という名称を使わないことを外国メディアに申し入れたと聞く。

二〇一四年に入ってから、この武装集団は兵器を高度化させ、イラクの諸都市を攻撃し始めた。六月二九日に同組織の指導者アブー・バクル・アル＝バグダーディーが「カリフ（預言者の代理人）」を名乗り出て、カリフ統治領（シリアとイラクのISISが制圧した地域）を「イスラム国（Islamic State）」として建国宣言を行った。それ以降のこの集団の蛮行については報道された通りである。領土的基盤を持つだけでなく、強力な兵器と一定の兵力を備えており、ヨーロッパをはじめ世界から新しい戦闘員が参集した。サダム・フセイン政府時代の残党を含むこの集団には、「統治（government）」と「行政（administration）」の機能が少なくとも形式的には存在しているようだ。

この「イスラム国」は国家なのか。米国のヘーゲル国防長官は「単なるテロ組織ではない」とコメントしている。では「国家」か、と問われれば首肯はできない。国家となるには他国からの国家としての承認が必要なだけではない。国際コミュニティーで交際ができるような法と秩序の存否が問われねばならない。さらに「軍事・警察力」を備えた政治権力が宗教を利用しているのか、あるいは宗教的権威をベースにして政治権力が成り立っているのかが問題とされよう。「イスラム国」の場合、スルタン（君主、権威者）ではなくカリフ（預言者の代理人）がいかなる宗教的な意味を持つのか、その実質的な違いが不明だ。

グローバリゼーションでも国家はなくならない

以上のように、近年世界各地で起こっている国家間あるいは国家内の分離・独立、対立抗争や戦闘に関する報道に接すると、「国家とは何か」という問いに立ち戻らざるをえない。「国家」の意味を考えるための接近方法として、かつてダントレーヴは「実力」「権力」「権威」という三つの側面を概念的に区別した（『国家とは何か』）。この三つの側面は、国家の意味へのアプローチとしてだけでなく、国家の成熟度合や安定性を計る尺度としても有効と思われる。国家は人間が生み出したものであり、人間は国家より先にあった。群生動物としての人間の「社会」は人間誕生と同時に存在したとしても、国家はその遥か後に生まれ出た。「個人」という概念はさらにそれに遅れる。個人の尊厳や自由が国家によって押し殺されてはならないという思想は、「国家」が官僚と常備軍を備えるようになった近代社会以降の産物なのだ。

国家は現実に存在する一つの「実力（force）」であり、一定の規則に従って行使される「権力（power）」であり、承認され正当化された「権威（authority）」である。しかし重要なことは、その「実力」が「限定された実力」であり、公認の様式に従って行使される「実力」である点だ。言い換えれば「法の名において」行使されねばならないということである。

ところが「国家」であるか否かの判別で厄介なのは、その「法」は人間が作ったという点に存する。「法の支配」は、「実力」と「権力」から恣意性をとりのぞくことができるが、「法」自体が恣意的なものになる可能性がある。そこでダントレーヴは、秩序、正義、善といった理念を求め、さらに単なる「合法性」を超えてその支配が正当化されるためには、実力や権力が権威にまで変容するプロセスが必要だと説く。国家の権威についての標準は、「共同の福祉（common good）」を目指しているか否かにあり、「共同の福祉」こそが人々を国家へと結合させる連帯と忠誠の紐帯なのである。

このような枠組みで考えると、本節で触れたスコットランド、香港、そして「イスラム国」の国家としての成熟度がどのように区別されるべきかが少しはっきりしてくる。スコットランドの場合は、国教会の首長である国王という権威が紐帯となってきた。そこには、法と、尊厳と、自由の淵源となる「権威」が存在しているのだ。中国と香港には、「法の支配」と「人の支配」の相克があり、いまだ権力が不安定なケースと見ることができよう。一方、「イスラム国」では実力、恐怖、強制による支配があり、「権威」と「実力」の倒錯があるのではないか。

二〇一四年に始まったエボラ出血熱の未曽有の感染拡大が示すように、保健・衛生をはじめ環境問題など、国際協力が地球的規模で必要とされる分野は厳として存在する。そして人の移動、貿易、直接投資など経済面での国境の障壁は確かに低くなってきた。しかし、こうしたグローバリゼーションには重要な負の側面がある。いかなる危機・リスクも急速に広く伝播するということだ。そのリスクは、「国家」の成熟度により深刻さや規模は異なる。それゆえ「国家」がその意味を失い始めたと論ずることは軽率のそしりを免れないだろう。英国という「自由の祖国」においても、依然、国家の意味は問われ続けているのである。こうした厳しい現実が、楽観的な「グローバリゼーション」の掛け声にかき消されることがあってはならない。国家概念の不確定性と国家権力の不安定性を充分認識することなく、国家の果たす役割を軽視することがいかに国際秩序にとって危険かを、近年の国際情勢はわれわれに教えているのである。

2　ナショナリズムは宿痾か

前節で質した「国家とは何か」という問いを考える場合、必然的に付いて回るのが民族、宗教、言語といった国民国家（nation-states）を構成する中核的な要素の位置付けと、それへの対応の問題だ。これらにはすべてナショナリズムと呼ばれる情念（passion）を刺激し、そのナショナリズムを燃え上がらせる感情的なエネルギーが潜んでいる。ナショナリズムの基本要素は人間の情念と直結しているのだ。そうしたナショナリズムについて身近なところから考えてみたい。

例えば、オリンピックが始まると、誰しも自分が意外に愛国者であることに驚く。筆者もその一人だ。日本の選手が国内で競技していても、その種目に特に関心は持たないのに、国際試合となると急に日本の選手を応援する気持ちが沸々と湧いてくる。この感情はグローバリゼーションという言葉が飛び交う時代に不似合いではないかと考えてしまう。

かつて福澤諭吉は、「立国は私なり、公に非《あら》ざるなり」と述べた。人間は私情をベースに国を立て、政府を設ける。人が隣国と競って利害を争うのは、すべて私情が背景にあると見たのである。それゆえに、たんに私情に基づく自国利益を際限なく主張し続ける者に、「忠君愛国」の名をもって国民の美徳と称するのは不思議なことだと述べた。福澤はこうした私情を批判したのではない。むしろ私情こそが「立国の公道にして、国民が国に報ずるの義務と称すべきもの」とし、そうした考えがベルギーやオランダといった小国であっても、独仏等の大国に呑《の》み込まれまいとする「痩せ我慢」の精神だと論じた。冷静な論理から考えると、この精神は児戯に等しいと言われても仕方がないと断った上で、この立国の「痩せ我慢」を重んじ、これの精神を培養することが大事だと述べたのである。

思えば、オリンピックのような国際イベントのときのみ、わたしは愛国者になるわけではない。外国で生活していると、自分が日本を代表しているかのような錯覚に陥り、何かにつけ日本を弁護したくなる。これは何とも合理的には説明できない私情なのだ。

国家の誕生を、こうした非合理的な私情に求める考えは西洋思想の中にもある。国家の成り立ちを合理的な契約としては捉えず、外部世界との「戦いを決意した若者」たちの組織体として生まれたとする考えである。スペインの哲学者オルテガは、国家の起源はスポーツと祝祭にあるとの理論を巧みに語っている。古代社会において、特に美女を勝ち取るために他部族と戦う若者のスポーツ集団が、国家の原型を造ったと見るのである。国家の生成過程に参与するのは、聖職者でも知識人でも労働者でもない。他部族と争う戦士たちの組織体、あるいは勇敢にして百戦錬磨のスポーツマン集団だったというのである。オリンピックが人間のなかの自然な感情と国家の原初的な姿をよみがえらせる一大イベントだと解釈すれば、にわか仕立てのわたしの愛国心にも説明がつく。

秩序とバランス感覚が求められる

だが国家の起源がスポーツにあったとしても、現代ではこの愛国の精神と、国際関係をグローバルに見つめる姿勢とのバランスをどう取るのかが問われる。愛国を説くだけでは狭量なナショナリズムに終わってしまい、「愛国心が無頼漢の最後の逃げ場だ」というサミュエル・ジョンソンの言葉を裏書きしてしまう。そうならないために、日本も世界の一部にすぎないという広い視野が求められるのだ。ちなみに、このジョンソン博士の言葉にはもう少し解説が必要であろう。

ジョンソンは、ある酒亭で大勢の仲間と一緒に昼食をとっていた折、話題が愛国心（patriotism）に及ぶと、突然大勢がびっくりするような断固たる強い口調で先の名言を吐いたのである。もちろんこの場合、彼が批判した愛国心は、「我々の故国に対する真正かつ寛厚な愛情ではなく、従来あらゆる時期と国土で大勢の者が自己の利益の隠れ蓑にしてきた偽りの愛国心に他ならない」（ボズウェル『サミュエル・ジョンソン伝』〔一七七五年四月七日〕中野好之訳）。それは福澤の言葉、即ち、私情に基づく自国利益を際限なく主張し続ける者に、「忠君愛国」の名をもって国民の美徳と称するのは不思議なことだ、と同じことを意味する。

「国境がなくなりつつある」「グローバリゼーションだ」と言われても、本源的な情念としての愛国心がなくなることはない。自分と似たものに親近感を感じるという気持ちを完全に拭い去ることはできないのだ。こうした情念としての自己愛に絡めとられないためには、人間の関心を他者へ、未来へと向けさせる何らかの強い信条が必要になるという論が出てくるのは自然なことなのであろう。

自己愛と他者への配慮をどう調和させるのか。この問いは、個人の意識レベルだけにとどまるわけではない。国際社会での共存を考える場合にも、国家として二種類の利益を調和させなければならないからだ（G・ケナン『二十世紀を生きて』）。一つは狭い、単独の国家としての利益。いま一つは、国際社会の一員としての自国に関わる利益である。

これら二つの利益を考慮するには順序がある。第一は自国に固有の利益を確認し、第二は国際社会の一員としての自国の利益を考えるという順序だ。グローバリゼーションが強調される世界でも、国民国家は現に存在し、まずその領土と国民を守る責務が政府にあるとの自覚は必須だ。しかし国家的利己主義に固執し、他国を無視することはできない。

では、この順序づけられた第一と第二の利益をどう追求していけばよいのか。一言で言えば、それは「バランス感覚を失うな」ということに尽きる。日本の利益は最重要だが、利益そのものの実現は、全体の利益に依存する部分があるという認識だ。自己の利益だけに突進すれば、全体の一部としてのバランスが崩れ、自己の利益自体も実現できなくなる。

そのバランスを失った極端な例がテロであろう。二〇一四年のソチ冬季五輪で欧米のメディアの強い関心をひいたのはテロへの警戒体制の厳しさであった。五輪史上最大の人的・経済的な費用を必要としたと報道された。半世紀前の東京五輪の時代にはとても想像もできなかったような厳重なセキュリティー・チェックだったという。

テロは、むき出しの愛国心などが引き金になることがある一方、愛国心を否定してグローバリゼーションと人類愛を強調する姿勢からも生まれうる。この二つに共通するのは「正論は極論にまで至らねば貫けない」という考えだ。

これまでのテロ関連の膨大なデータを世界各地域から収集し、テロリストを統計的に分析した研究（A. Abadie、あるいはA. B. Kruegerなどの米国の研究）によると、多くのテロリストは生きる目的を失った貧しい人々ではなく、むしろ、そのためなら命を投げ出してもよいと考えるほど極端な理想を持ち、その実現へ強烈な熱意を燃やしている人間である。テロリストはその母国の人口全体からみると教育水準が高く、貧困家庭の出身者は少ないという。国際テロリストは、市民的自由が抑圧され政治的権利が十分与えられていない国の出身者が多く、普通の人から見れば達成できないような理想に燃える極論の主張者なのである。

これまで、テロリストの攻撃対象は、市民的自由と政治的権利を享受している裕福な国の可能性が高いといわれてきたが、ソチ・オリンピックのときにロシアがテロの標的になったとみなされたのは、ロシア政府のイスラム系民族への対応問題が深く関係していたと推測される。

オリンピックの競技自体、極度のテンションを伴う。しかしそのバトルにも秩序が不可欠であり、参加国すべての協力なしには実現されない。競争（concours）の語源は「一緒に走ること」であり、競争相手の協力が無ければ成り立たない。その点で競争と協力とは不可分の関係にある。この競争と協力の関係をバランスを取りながら政治の場でいかに実現するのかが、いま対外政策や外交を論ずる際にも求められる姿勢なのだ。

3　なぜ多国間（multilateral）ではなく二国間（bilateral）か

だが現実には、この競争と協力の関係をバランスを取りながら実現し、維持していくことは難しい。個人がまず「自己の利益」を考えるように、国家も「自国の利益」をまず知らなければならないからだ。さらに、多くの個人が共通の利益を目指すのが難しいように、多くの国家が共通の利益を確認し合い、信頼関係の下でその利益の実現に共同して努力することには大変な粘り強さが必要とされる。そのわかりやすい例が、多国間での貿易協定であろう。二国間の交渉も難しいが、多国間の交渉はさらに、そしてはるかに難しい。

環太平洋経済連携協定（TPP）は、日本国内でも他の参加国内部でも、様々な対立ときしみを孕《はら》みながら、中国を「封鎖」するような形で合意に向けた交渉が進んでいた。しかし二〇一七年一月、米国はトランプ大統領の選挙公約通りにTPPを離脱した。その結果、米国抜きではTPP協定はそのまま発効できないため、すでに合意していた市場開放や貿易・投資ルールを適用するための新協定「TPP11」への見直しが必要になった。二〇一八年三月八日、チリのサンティアゴで、米国を除く一一か国の署名式が行われ、人口五億人のやや小ぶりな自由貿易圏が誕生した。

TPPから離脱した米国は、二国間交渉によって自由貿易協定（FTA）を結ぶ方向へと舵をはっきりと切り替えている。実際、世界には多くのFTAが結ばれている。なぜこうした参加国の組み合わせの錯綜《さくそう》した「地域貿易協定」が雨後の竹の子のごとく生まれているのか。世界貿易機関（WTO）があるではないか。WTOが関税一括引き下げによって貿易自由化を促進する国際機関として存在するではないか、という素朴な疑問がわいてくる。

「地域貿易協定」が近年多く結ばれる背景には、自由貿易の促進機関としてのWTOが、「決められない」機関と化したことが影響している。それは二〇〇に近い国家が加盟する国連が、国際紛争の実効力ある調停機関とはなりえていないことと似ている。WTOの前身のGATT時代は、多難ではあったが、強い先進国がラウンド（多角的貿易交渉）という形で関税の一括引き下げのための<ruby>リーダーシップをなんとか発揮しえた。

　しかし、今やWTOには一五〇か国以上の国が加盟している。それぞれが、自国の重要産業を保護しつつ強い産業の輸出を振興するという「自国に都合のよい」要求を掲げるわけであるから、合意に達するのは容易ではない。利害は錯綜し、合従連衡の可能性がより高まる。急増している「地域貿易協定」は、国際的な合従連衡が生み出したものであり、「決められない」WTOの意図せざる副産物なのである。「決められない」症候群が示すように、国際的な公共価値に関する確たる共通理解が存在しなければ、合意形成が極めて難しいことは明らかであろう。

　構成員が共通価値について基本的に合意している「国家」という共同体内部でも、物事を決めていくことの難しさは、最近の日本の国内政治の実情を振り返れば納得できよう。日本の政治は「決められない」政治だとしばしば指摘される。そしてリーダーシップの欠如や不在を嘆く声も大きい。しかしこうした現象は日本国内だけに限らない。

　国際的にも、決定に関わる国が多くなり、さらに基軸的役割を担ってきた米国と一部諸国との政治力・経済力の差が縮まったことも影響して、物事を「決める」ことが困難になってきているのだ。

錯綜招く地域貿易協定

　この「決められない」症候群は、デモクラシー国家が持つ共通の悩みであり、国際交渉においても「平等原則」を尊重する限り発症しやすい病なのだ。そして強力なリーダーが存在しないまま、様々な国家群が貿易協定でも都合の良いグループを形成しながら漂流しているのである。

リーダーシップが強い政治と言われてきた米国でも、国内では類似の現象が観察されるようになった。二〇〇九年の「大きな政府」へのプロテスト、ティー・パーティー運動にも、二〇一一年秋の「ウォールストリートを占拠せよ」運動（Occupy Wall Street）にも、顔となる「リーダー」が存在するわけではない。一つの共通価値を体現する指導者が、その理念のために多数を（あたかも奴隷となっていたヘブライ人をエジプトから連れ出したモーゼのように）引っ張るという形にはならなかった。その結果、草の根運動も恒常的な力を持続させることはできないのだ。

国内の様々な中間的な組織も、参加メンバーが増え発言力が平等に与えられると合意形成が難しくなる。デモクラシーの下では、人は似たような条件で、似たようなことをしている。したがって、自分とさして変わらないように見えるリーダーへの畏敬や恭順の気持ちは一般に薄い。「自分と大して違わない人間が、自分に指示することに我慢がならない」と感じる者が増えるのだ。したがって、デモクラシー下の国民は一般に「リードされる」ことは不得手になる。

「決められない」症候群には、もう一つの、現代市場社会固有の原因が存在する。かつてアダム・スミスは、市場社会の一つの不都合は、軍事を重んじる「尚武の精神」が衰退することにあると指摘した（『グラスゴウ大学講義』）。商業社会では分業が極端に進むため、人々はただ一つの技能を学ぶ時間しか持てない。国防も一定の階級に委ねられるようになり、結果として国民の間の「尚武の精神」は減退するとスミスは見たのだ。産業が発達して経済的な成功が社会的地位を高めることを知り、富める者は貪欲になり、戦争を好まなくなるためだ。

かつて社会的地位の高かった軍人が、その地位を商人に譲ったため、国民の「尚武の精神」は薄れ、公徳としての名誉心は弱くなるとスミスは説く。自分の経済活動で利益を得ることができる商人が、戦争で武勲を得ようと思わなくなるのは当然であろう。

国民主権のデモクラシーが個人主義を生み出し、人々を私的世界に閉じ込め、「公共精神」を弱めること。市場経済が人々を私的経済利益の追求に駆り立て、「尚武の精神」を衰弱させること。この二つは本質において同じ現象なのだ。「尚武の精神」の衰退はリーダーシップの弱体化と無関係ではない。集団の中での合意形成を成し遂げるリーダーには、メンバーを説得する知性と徳義だけでなく、衝突を恐れないで戦う精神が不可欠だ。現在の国際機関にこの指導性を期待することは困難であろう。公的債務残高の累積で破産してしまった国家に、債権国が軍隊を送って関税収入を差し押さえるようなことは、国際的に許されないということを皆了解しているからだ。

異なる経済水準と経済構造を持つ国々が、国際貿易に関して平和裡《り》に合意に達することは難しい。国際機関が国際的な公共価値の実現に向けて強靭《きょうじん》な力を発揮できないとき、何が起こるのか。その最も具体的な形が、自由貿易をめざして急増し始めた「地域貿易協定」なのである。それは国際社会の統合という「文明化」の動きではなく、むしろ世界を分断し、様々な経済連携の組み合わせを生み出す離合集散の動きだと見ることもできよう。

「決められない」症候群の中で、世界経済の勢力地図がどのように変化していくのか。精神的な強靭さと強権的な統治力を持った国家が世界経済の中で重きをなすのか。強権政治と市場経済が両立しつつ持続しうるのか。この難問に、社会科学はいまだ確たる答えを見出していない。しかし、数百年単位で見ていくと、中国はもちろん、イスラム諸国、ロシアなどの国々が、市場システムと「尚武の精神」をベースにした強い統治力の「両刀」を使い分けながら、強い経済国家として成長を続けることは十分予想されることなのである。

4　強者の論理としての自由貿易論

前節では、デモクラシーが国家間ではめぐりめぐって地域貿易協定を急増させていることを論じたが、一国主義、排外主義、保護主義、と世界は分断と分裂の様相を強めている。「文明」が統合と共存の精神から生まれるとすれば、分断と分裂による対立抗争は、「野蛮」への回帰を示すと言える。米中の報復関税合戦はその最たるものであろう。

習近平・中国国家主席は、二〇一七年一月の「世界経済フォーラム」年次総会の基調講演で、「保護主義は自らを暗い部屋に閉じこめるようなもので、風雨に打たれるのを避けることができるようだが、部屋から光や空気を奪うようなものだ」と述べた。この考えは一般論としては妥当なものだ。自由貿易は基本的には世界の富を増やし、保護主義は生産と雇用を増加させることはなく、経済的な損失を生む。自由貿易は双方の国家に利益をもたらすという命題は、経済学の理論としては正しい。

しかし現実には、無制約の競争が所得や富の集中を生み、「公共の利益」に必ずしも合致しないのと同様、関税や数量制限のない自由貿易が続けば、世界市場は経済的に強い国家の支配が不可避となる。その点で自由貿易論は「強者の論理」となりうる。実際、自由貿易が強く唱えられた一九世紀には、経済発展の遅れた国にとって産業の育成に致命的な打撃となりかねないとして、自由貿易に反対する論も強かった。

論理的に正しいことが、必ずしも経験的・歴史的に正しいとは限らない。したがって、自由貿易と保護主義の問題を考える場合、経済理論と歴史的現実を区別し、両者の間の距離を強く意識することが必要になる。そして何を判断基準にして自由貿易を擁護しようとするのかを確認しなければならない。そのためには、自由貿易論の「出自」を確認し、どのような社会的グループが自由貿易論を展開しているのかを知る必要がある。

貿易をめぐる国家間の対立について、一八世紀のスコットランドの哲学者、D・ヒュームは、経済的に先進の地位にある国家が、近隣国家の進歩と発展を嫉妬と猜疑心の眼で眺め、それらの国の繁栄がすべて自国の犠牲の上に成り立っていると思い込むのはごく普通に見られる現象だと述べている（「貿易をめぐる嫉妬について」一七五八年）。このヒュームの言葉は、二六〇年後のトランプ大統領の考えをすでに見事に要約している。

この貿易から生まれる悪意と嫉妬心に対して、ヒュームは次のようにその重大欠陥を指摘している。いかなる国であれ、その国の富と商業活動の増大は、あらゆる隣国の富と商業活動を阻害するどころか、それを増進する。周辺諸国が怠惰と野蛮に陥れば、いかなる国といえどもその貿易と生産は伸長しないのだと。

この政策思想は、第二次大戦後発足したGATT（関税・貿易に関する一般協定）への日本の加盟を英国、オーストラリア、ニュージーランドなどが反対したとき、米国が日本の加盟を後押しした姿勢を思い起こさせる。英連邦諸国が反対したのは、戦前日本がダンピングや為替切り下げで世界市場を混乱させたことへの不信感からであった。当時文字通り世界の大国であった米国には、隣国日本が貿易で成長し大きな市場になることこそが米国と世界経済の長期的利益に適うという、「啓発された自己利益（enlightened self-interest）」の思想があったのだ。決して単なる「好意」から日本のGATT加盟をサポートしたのではない。二〇〇年前のヒュームの共存共栄の思想を理解するだけの余裕が米国にはあったのだ。

トランプ大統領が経常収支赤字を通商政策上の最重要課題と考える姿勢は、貿易収支黒字を最重要の政策目標と定め、黒字によって自国に流入する貴金属を貯めこむことで国が豊かになると錯覚する一八世紀の「重商主義」の思想と同根のものだ。アダム・スミスが痛烈に批判したのはこの「重商主義」であり、トランプ氏の通商政策は「重商主義」への「先祖がえり」とも言うべきものなのだ。

相互理解の手段としての貿易

アダム・スミスは、貿易こそは国家間の信頼関係を醸成する重要な道であると説いた。一八世紀の西ヨーロッパは、全土に荒廃をもたらした宗教戦争が一応終焉していたとはいえ、植民地獲得のための戦争も多発、英仏間の対立は厳しく、国際秩序をいかに打ち立てるのかが一大重要事項となっていた。しかし秩序は軍事と外交だけでもたらされるわけではない。秩序ある国際関係は、相互に物を交換すること（貿易）によって国家同士が互いに理解を高めながら生まれるとスミスは考えていた。貿易は双方に共通感情を生み出し、人も国家をも温和にする力があるのだ。

こうしたスミスの自由貿易の理念は、一九世紀に入って経済競争が激化し、世界における英国の経済力が高まるにつれ、次第に強者の論理としての色彩を強める。一八四六年に英国が「穀物法」（大陸からの安価な小麦の流入を防ぎとめる法律）の廃止に踏み切ったのは、安価な小麦で英国の工場労働者の生活費を抑え、低賃金・低価格の工業製品で国際競争を勝ち抜けるとの見通しを得たからであった。習近平氏の自由貿易論も、これからの国際競争で中国が覇権を握りうることへの自信のあらわれなのである。

歴史的に見ると、近代保護主義の砦《とりで》であった米国はもちろん、世界の貿易政策の主調は保護主義であった。確かに自由貿易が文字通り隆盛を極めた時期は、英仏通商条約が締結された一八六〇年からわずか二〇年足らずの期間に過ぎない。第一次世界大戦後の一九二〇年代には、関税率は低下傾向を示し、自由貿易への回帰の兆しを示し始めていた。しかしその二〇年代末に大不況は始まった。一九三〇年六月の米国の高関税法「スムート・ホーリー法」は、この不況を劇的に悪化させたという点で「歴史の転換点」となったのであって、この法律が不況の原因であったわけではない。

歴史は自由貿易を常に正しいとしたわけでも、保護主義を常に擁護できると主張してきたわけでもない。いずれを主張するにも、そのための目的と護るべき理念が求められる。トランプ氏は「一国主義」以外にいかなる理念を持つのか不明確なまま、国内の「味方」を喜ばせる政策を打つことに熱心だ。しかし問題は、彼の好戦的な保護主義的通商政策が、国内の経済政策とかみ合わず、自家撞着を起こしている点にある。

仮に保護主義自体に経常収支の赤字を改善する力が働いたとしても、彼の減税政策、あるいは金融や自動車の燃費基準の規制緩和策が、米国の国内生産以上に消費支出・投資支出を増やし、経常収支の赤字を増大させる可能性は高い。加えて、連邦準備制度理事会（FRB）の金利上昇があればドル高になり、経常収支はさらに悪化するはずである。トランプの自己矛盾は、「裸の自己利益」だけを求める理念なき政策が、早晩遭遇せざるをえない運命ではなかろうか。

5　経済政策は実践知を必要とする

対外政策（特に通商政策）と国内政策をいかに両立させるのかという問題に加えて、経済政策自体が目標とするところの政策効果を確実に達成することができるのかという問題も存在する。そこには経済学の理論と経済政策の関係という難題が伏在している。この点について近年のケースを例としながら考える。

財政の制約が厳しい折、経済政策の決定が近年ますます難しくなってきた。経済問題自体に国内・国外双方の要因が複雑に絡み合い、相互依存関係が強まっていることにも大きな原因がある。経済の専門家の間でも、どの要因を重視するかによって意見が分かれてくる。為替レート一つをとっても、国民経済における位置づけは論者によって異なる。企業の海外生産比率が高まると、為替が貿易収支に与える影響は低下する。したがって、円安が進んでも貿易収支が目に見えて改善することはない。

欧州中央銀行（ECB）はユーロ安を期待して金融緩和を行ったが、ユーロ圏の輸出は共通通貨参加国同士の割合が高いため、米国や中国への輸出が劇的に伸びて国内総生産（GDP）を増加させるということもなかった。英国のEU離脱に伴う株式・為替市場の動揺で、ECBは今、一段と難しい舵取りを迫られているのだ。

経済政策の専門家が、こうした事情を普通の人よりよく知っていることは確かであろう。しかし専門家といえども、現実の経済のメカニズムをすべて完全に知っているわけではないから、知的誠実さにこだわる人は「御託宣的」な断定を避ける。経済専門家の知識と理解は、気象変動や自然災害について地球物理学者が有している知識や情報よりも確度が高いとは言えないのだ。経済現象は、想定外のファクターだけでなく、期待や予想といった人々の心理に大きく左右されるからである。

したがって、経済理論と現実の経済政策との間にはそのまま適用できるような一対一の対応関係はなく、「ゆるい関係」しかない。専門家が各々《おのおの》自分の頭の中でいかなる経済モデルを描いているのか、そのモデルの中でどの変数を重視しているのかによって、提案される政策は異なってくる。

このことは、同じ政策でも国や時代によってその効果の現れ方が一様ではないことからもうかがえる。一九三〇年代の大恐慌期のドイツや日本のように、拡張的な財政政策と為替政策が早い段階で功を奏した国もあった。一方で、米国のように第二次世界大戦参戦まで本格的な景気回復が見られなかった国もある。当時は、世界各国がいかにして金本位制に復帰するのか、そのタイミングと平価の水準が重要な政策選択のポイントとなっていた。一本の方程式を解けば正解が得られるような状況ではなかったのだ。

リーマン・ショックから一〇年以上の歳月が過ぎた。この間に米国、ＥＵ、日本の採ってきた経済政策を振り返ると、そこから何が学べるだろうか。議会で審議される財政政策とは異なり、一般に金融政策は、いかなる状況判断をベースに、誰がどのような論理で採択したのかは特定しにくい。

誰が、どう判断したのかを明確に

二〇〇八年のリーマン・ショック後の短期的対応は、八〇年前の大恐慌期に比べると主要国間の政策協調に進歩がみられ、政策の基本線にそれほど隔たりはなかった。おしなべて従来の財政金融政策の伝統からは外れるものの、緊急対応の「妙手」として長期国債の大量買い入れや、短期金利をゼロ水準近くに押し下げるという緩和策を主要国は採用した。

ただ、効果は一様ではなかった。米国の場合、オバマ大統領が就任一年目に打ち出した財政拡大と減税の組み合わせでは力強い景気回復が見られなかった。このため、バーナンキFRB議長の主導で大規模な量的・質的緩和とゼロ金利政策が展開された。その結果、雇用指数でみる限り、「妙手」の効き目は現れたといえるだろう。

しかし、少し遅れて同様の政策を発動した欧州中央銀行（ECB）の場合、量的緩和とゼロ金利（実質的にはマイナス金利）は状況改善に寄与していない。EUはこの間、ギリシャ危機をはじめ様々な試練に見舞われた。量的緩和によるユーロ安は貿易収支の改善をもたらさず、ゼロ金利も肝心の個人消費や民間設備投資の拡大にはつながっていない。米国と類似の政策は、EUでは成功していないのだ。英国のEU離脱も新たな不安定要素になってきた。

日本の場合も、似たような診断となろう。というより、日本経済の場合、そもそもEUのような高い失業率に苦しんでいないという状況がある。雇用の質には問題があったとしても、完全失業率三％程度の日本と、一〇％の高失業率に苦しむEU加盟国に同一の「処方箋」を書くことに、どれほどの意味があったのだろうか。

この点について、政治家や経済の専門家の間に、日本経済の現状把握に根本的な不一致があるようだ。「誰が」「いかなる事実認識をベースにして」次のステップの経済政策を打ち出そうとしているのかという点をしっかり確認しておかない限り、どのような政策論も責任ある主張とはなりえない。国際相場に追随するだけでは、思わぬ混乱を招きかねないからだ。

近年では、日本のGDPの二・五倍にも達した公的債務の一部を表立って「マネタイゼーション（財政ファイナンス）」する、いわゆる「ヘリコプターマネー」政策が一部の政策家の口の端に上ることがあった。中央銀行が紙幣を増発することでベースマネー（現金と準備預金）を増やし、過去と将来の財政赤字をファイナンスするというのである。ベースマネーは国債のように償還の必要もなく、利払いの義務も発生しない。いわば「打ち出の小槌《こづち》」のようなものだ。前例がないわけではないが、こうした「奇手」を希望的観測だけで論ずる前に、誰がどのように現状を診断し、その診断結果にどんな処方箋を書くのか、政策にはどのようなリスクが伴うのかを説明しなければならない。「なし崩し」的に突き進むのではなく、停止や退却も含む政策選択の責任の所在を明らかにしておくことが必要だ。

経済活動はいわば平和裡の戦争であり、市場は戦場である。戦争が「最後の議論」と呼ばれてきたように、利害対立の調整装置という意味では経済活動と戦争には類似の機能が見出せる。違いは武器が用いられるか否かだ。市場取引は略奪ではなく平和的に行われるが、利害対立の調整には変わりがない。その市場（戦場）に、司令官として政府と中央銀行が一体となって登場すれば、物価や生産、所得分配に与える効果と衝撃は甚大であろう。その際、司令官が何を知っており、戦略が何をもたらしうるのか。伏在するリスクを認識して、「打ち出の小槌」を責任を持ってコントロールできるのか。そうした「科学的分析」をないがしろにして、ただ突撃だけを考えることほど危険なことはない。

今、日本が最も必要とするのは、論理的に不透明な政策決定過程をわかりやすくし、誰がどのような根拠で政策判断を下したのかを明らかにする体制であろう。そうした体制が整って初めて、結果に責任を持つリーダーの「説得の技術」の質が向上する。リーダーにとって一番重要なのは、「責任を引き受ける」という精神ではなかろうか。

一党独裁国家・中国というリスクファクター

一党独裁の下で、政治においても経済政策においても強いリーダーシップが発揮されている中国の場合はどうだろうか。中国における金融の不安定性の一つの大きな要因は、中央集権下で地方財政が直面する問題と強く関係している。一九九四年の「分税制改革」から中央の財政管理権が格段と強くなったことは、しばしば指摘される通りである。この中央のコントロールの強化によって地方財政は苦境に立っている。地方政府によって賄われている教育、衛生などの公共事業費がそのほかの地方政府の支出を圧迫するようになった。

県、郷の地方財政が陥っている問題点は地方財政で扶養している人口が多過ぎるということである。しかしこの問題の解決には教育費などの固定費的な性格から考えると自ずと限界がある。こうした困難な状況を解決するためには、地方政府の財政支出を削減するか、収入を何らかの方法で増加させるかの二つに一つしか方法はない。増税が困難な状況では、最も容易な方法は、地方債の発行ということになる。地方でも都市化と工業化が急速に進行している現段階では、地方債の発行によってインフラ施設建設を融資するというスタイルを取らざるをえないという事情がある。

そもそもリーマン・ショック後の中国経済が、世界のいかなる国よりも高い成長率を示してきたことは、先にふれた通りである。そしてこの高成長は、大変な信用拡張（Credit Booms）を伴ってきた。しかしこの信用拡張がこのまま無事に続くとは考えにくい。いつかは破裂が起こり成長率の劇的低下をもたらすのではないかとのリスクを指摘する専門家もいる。特に中国は貯蓄率が高く、経常収支も黒字であり、対外債務も少ない。こうした通貨量の増大が、信用の膨張を支えていることも「破裂」のリスクを高めている。

実際、IMF（国際通貨基金）の研究者たちも、中国の緩和的な金融政策が近年の急速な信用拡張の基本的な動因であると指摘している（Sally Chen and Joong Shik Kang, "Credit Booms — Is China Different?", IMF Working Paper WP/18/2, January, 2018）。そして信用拡張の程度が地域（省）によって大きく異なり、その差は地域の経済構造の違いを強く反映している点も明らかにされている。より多くの固定資本投資——特にインフラ投資——が行われている地域への信用供与が大きいのだ。そして鉱業部門のウェイトが高い五つの地域（黒竜江省、吉林省、遼寧省、山西省、内モンゴル自治区）の平均的な銀行貸し出しの増加率は、これらの地域では預金残高やGDPは全国平均より低いにもかかわらず、二〇一五年段階では全国平均より約三%ポイント高い。これらの地域では、GDPに占める固定資本投資の割合も他地域より高く、固定資本投資の中でインフラ投資が占める割合が高い。言い換えれば、全体的な需要と預金量を上回る投資が、特に固定資本投資に依存する産業構造ゆえにより多くの信用の供与を生み出したという事実がはっきりしている。

こうした中国の信用拡張は、歴史的にも規模が大きいだけでなく、継続期間も長い。敢然とした政策がとられない限り、このリスクファクターを世界経済は引きずり続けることになる。「影の銀行」が深く根を張った中国の場合、パニックが起こるのか起こらないのか、起こるとすればいつなのか。それは誰も正確に予想できない。こうしたシナリオの再来を食い止められないところに、人間社会の、いや、われわれ人間の矯正しがたい愚かさがあるのだ。歴史から得た知恵を生かしてわれわれが行動を修正することはできないようだ。

崩壊が起こらないような制度をデザインすることはできないのか、と問うことはできよう。しかし、その答えも専門家の間で一致を見ているわけではない。一九九七年夏に始まるアジア通貨危機とその前後の国際資本移動の自由化をめぐる議論が、ことの難しさを示している。

一九八〇年代後半からIMFは、国際資本市場の自由化を支持し、九七年九月、香港で開かれたIMF年次総会で、カムドシュ専務理事の主導により、資本移動の全面的な自由化の方針を打ち出した。これにより、新興諸国も国際的な資本の流出入規制をはずし、それまで資本市場を不安定化させるとして規制を受けてきた短期資本について、取引の完全自由化を実現したのである。その背景にある論理は、グローバル化した世界経済における資本移動の自由化は、効率的な国際金融システムの中核をなす原理であるというものであった。当時の優れた国際マクロ経済学の理論家たちは、自由化にはリスクがあるが、自由化の便益はそのコストを上回るとして、IMFの動きを支持した。規制論者から自由化論者に転向した経済学者もいた。確かに、一般の市場の自由化や貿易自由化の利益を考えると、自由化の論理は「理論的には」説得力を持った。

しかし、自由化論が圧倒的な支持を受ける中、九六年から九七年秋にかけて、インドネシア、マレーシア、フィリピン、韓国、タイは、巨額の資本の流入を経験した後、これまた巨額の資本流出の大波に襲われ、通貨が大暴落し、国家破綻の危機にさらされたのである。

理論と実際は別なのだ。時に自由は想像以上のリスクを持つことを、ケインズをはじめとするブレトンウッズ体制＝戦後国際通貨体制の構築者たちはよく知っていた。自由が限度を超すと、「熱狂、恐慌、崩壊」のシナリオが現実となる。われわれはこのシナリオを何度も経験しながら、そこから実践知を学び取っては来なかったことになる。

われわれは多少賢明になった

とは言え、恐慌が起こってしまった後、いかに対処すべきかに関しては、われわれは幾ばくかを学び、多少賢明になったと言えよう。この点は一九三〇年代の大恐慌とリーマン・ショック後の世界各国の政策的対応を見れば納得できる。

三〇年代の大恐慌への対応では、金本位制をベースとした市場の自動調整メカニズムへの強い信仰が、当時の世界の政策当局者の頭に深く染みついていた。日本の場合、緊縮政策を打ち出した井上準之助蔵相もその例であろう。金本位制は固定相場制であるため、自国通貨の切り下げができなかっただけでなく、ＩＭＦのような国際的な「最後の貸し手」となりうる機関が当時は存在しなかった。市場が「理論通りに」うまく調整し解決してくれるだろうという、強い楽観主義が支配していたのだ。

自国通貨の切り下げができなかった英国やドイツなどの貿易赤字国は、不況による賃金下落で輸入需要が減り、それによって貿易収支を改善させるというデフレ策しか採れなかった。当時の多くの政策担当者は、賃金が下がれば、市場の自動調整機能によって世界経済は回復すると信じており、金本位制ゆえに採用せざるをえなかったデフレ政策そのものが大不況を長引かせているとは考えなかったのである。こうした歴史を踏まえ、戦後、ＩＭＦを中心とした国際的な流動性（国際通貨）供給機関・調整機関は誕生した。このブレトンウッズ体制は歴史の教訓が生みだした知的産物であったと言える。バブルが崩壊した局面で何をなすべきか、何をしてはならないかを、歴史から学んだのである。

しかし、金融取引や国際資本移動にいかなる規制をかけても、「影の銀行」のような存在を人間社会からなくすことはできない。それは、リーマン・ショック後に成立した米国のドッド＝フランク法（通称）が、国内法ゆえに、英国やＥＵなど外国金融機関には大した効果をもたらしていないと言われていることからもうかがえる。

人間社会はバブルのリスクを回避することはできない。ただバブルの後始末の技術を改良することができるに過ぎない。それは、病はなくならないが、治療技術や薬剤には進歩があることと似ている。

中国人民銀行は、現在のところ少しばかり引き締めの方向に動いているようだ。「影の銀行」をできるだけ破綻させずに、バブルを封じ込めることができるのか。もし、「影の銀行」の多くが破綻した場合、中国政府と中央銀行はいかに回復への対応策を打ち出すのか。中国という巨大国家のガバナンスが改めて問われることになろう。

第3章　メディアの役割と読者の責任

1　「切り口」によって印象は変わる

一つの社会現象をメディアが取り上げる場合、いかなる側面に注目するか、それをどのように語るかによって読者に与える印象は大きく異なってくる。コップ一杯に注がれた酒を半分飲んで、「もう半分も飲んでしまった」と惜しむか、「まだ半分残っている」と喜ぶか。最近の「不平等化論」にもこれと似た悲観論と楽観論が交差しているように見える。

フランスの経済学者ピケティ氏の力作『21世紀の資本』は、所得と富の不平等が一九八〇年代から拡大しているというこれまでの悲観論をさらに刺激したようだ（この大著については本書第Ⅲ

部第8章で論ずる)。ピケティ氏は、経済的不平等度を測る指標として、「高額所得者(例えばトップ一%)の所得がGDP(国内総生産)に占める割合」を用いている。その数字を見る限り、ほとんどの英語圏の国々では彼の推論を裏打ちするような動きが観察される。金融界のスーパーマネジャーの高所得を考え合わせると、「不平等化論」は否定できないように見えるのだ。

しかしこうした数字だけから、資本主義国では不平等が際限なく進行していると一般化するのは性急に過ぎる。指標を変えて見た場合に、同じ結論が得られるのかが明らかにされなければならないからだ。例えば、世界銀行が示す「一日一・二五ドル以下で生活する人々の人口に占める割合」を見ると、八〇年代初頭から二〇一〇年までの約三〇年間で、こうした貧困層の割合は(ジョージアなどの例外はあるものの)多くの国や地域で飛躍的に減少していることがわかる。

だがピケティ氏と世界銀行が示す数字は決して矛盾するものではない。ピケティ氏は一部の富裕層がより多くの割合の富と所得を得ていると言うが、中間層や貧困層の状態には注目していない。他方、世界銀行のデータはこの三〇年間で貧困層が大幅に減少したと指摘しているにすぎない。こうした数字のどちらが強調されるのかで、読者は悲観的にも楽観的にもなりうるのだ。情報には常に「偏り」がある。そもそも何を発信するかを取捨選択する段階で、すでにその情報に対する価値判断が働いている。まして主張が先にあり、その主張を裏打ちする証拠がなかったり、間違っていたりするような報道は、公共の利益を大きく損なうだけだ。不正確な記事で読者を誤った方向へ誘導することは難しくはない。その点で「言論の自由」についてわれわれは常に反省を迫られている。

長期展望を示す媒体

確かに「言論の自由」は、人間の品位を傷つけない限り、最も大切にされるべき精神的価値の一つではある。その価値を守るために、国家権力の弾圧からの自由という側面がこれまで強調されてきた。しかし「言論の自由」は、国家は悪だという前提から、国家権力の不当な圧迫を警戒すれば事足れり、といった性質のものではない。同じく用心すべきは、はっきり意識されないまま、社会が醸し出す「空気」によってこの種の自由が侵されてしまう危険だ。異論を唱えにくい雰囲気が、「正義」の装いをまといつつ国民を知らず知らずのうちに思わぬ方向へと誘い込んでしまうことがある。

すでに一九三〇年代の半ば、英国の小説家、E・M・フォースターがこの点を鋭く指摘している（「イギリスにおける自由」）。「ファシズム」には警戒しなければならないのだが、われわれを脅かしているのは、「持久的ファシズム（Fabio-Fascism）」とでも呼ぶべき圧力だと言う。合法的な仮面をかぶった専制精神とでも言おうか。「世論」とそれに迎合するメディアがいつの間にか王様となりプレッシャーをかける。不都合なニュースをもたらす伝令を、王様は殺しかねないのだ。それを予想する書き手や話し手が、進んで「自己検閲」をしてしまうことこそが恐ろしいのだと。こうした事態を回避するためには、新聞だけでなく、少し長期的な視野に立つ議論の場が必要になろう。

一つの方策は、月刊の論壇誌や週刊新聞の持つ役割を見直すことだ。新聞は迅速なニュースの伝達が本来の使命であるから、どうしても咄嗟《とっさ》の感情的な反応や関心に傾きやすくなる。テレビの場合は尚更《なおさら》だろう。「改めて考えてみると」というレベルまで、反省的、批判的に、核心に迫る時間は与えられていない。情報の受け手側は、短絡的な正義感から生まれる感情をメディアによって裏書きしてほしいと望んでいる。一方、メディアのほうも、こうした無意識の欲求に応えなければ、多くの視聴者や購読者の期待にそえないと考えても不思議ではない。

しかし残念なことに、ここ四半世紀で、中長期的な視野に立つ時論を掲載する論壇誌が日本でも外国でもいくつか姿を消した。日本の場合は改めて例を挙げる必要はないだろう。英国の月刊誌 ***Encounter*** は一九九一年に、米国の季刊誌 ***The Public Interest*** は二〇〇五年にそれぞれ廃刊になった。論壇誌減少の原因の一つとして、政治や経済の論考自体が、一昔前より一層専門的知識が必要とされる時代になったにもかかわらず、書き手も少なくなり、専門的な議論に関心を示す読者も増えないという事情があるのだろう。言論界を取り巻く状況が「短期決戦型」に変わってしまったのだ。

それでも欧米諸国には、時論の場として週刊新聞が刊行されている国は多い。日本にも類似のメディアが存在するものの、読者層の照準が定まらず、経済的にもその存続が難しいのが現状ではなかろうか。ほとんどのニュース媒体の経済基盤は広告収入に大きく依存しているから、メディアがその独立性を維持するのが難しい局面も生じうる。

多くの先進国で若者の一部が新聞やテレビから離れ始めているのは、インターネットの普及のためだけではなかろう。画一的な意見や好み、自前の正義感を伝えようとするメディアに魅力を感じなくなったという事情があるのではないか。堅実な読者が求めるのは、根拠のない楽観論でもなければ、ただ「権力は悪だ」と言いつのる「正義」を装う悲観論でもない。その双方を越えた長期的なヴィジョン（展望）を意識した議論なのだ。そのためにも、バランスのとれた良質な週刊新聞や月刊の論壇誌の活性化が今ほど必要な時代はない。新聞はデモクラシーに欠かせない言論媒体である。しかし週単位、月単位でわれわれの長期的ヴィジョンを磨き上げるメディアも同じく不可欠なのだ。

冒頭に例として挙げた「不平等化」をめぐる議論も、富裕階級に対する反発心を煽《あお》るだけで終わってはならない。いまだ一日一・二五ドル以下の生活を送っている人々が、貧困の罠《わな》から抜け出るための社会的条件をいかに整えるのかをも合わせて考えるようなヴィジョンを示しあう場が求められている。長期的な視野に立つ論議の場があってはじめて、悲観論や楽観論の歪《ゆが》みを克服した確かな時論の展開が可能となるのだ。

2　新聞に期待される役割

ではメディア、特に新聞は、デモクラシーのもとでいかなる役割を持つのか。そしていかなる問題を引き起こしてきたのか。この問いについて歴史的に振り返りつつ、日本の現状を考えてみたい。

実は、重要な問題点はすでに二〇〇年近く前に指摘されている。トクヴィルは名著『アメリカのデモクラシー』において、米国の新聞を（特にフランスの新聞との比較で）分析している。トクヴィルは、自由と平等に最大の価値をおくデモクラシーという政治体制には、将来的な進路として二つの可能性があることを指摘した。一つはデモクラシーをうまく運用して、一定の制限を加えつつも自由と平等をなんとか守っていくという道。もう一つの可能性は、「多数者の専制（tyranny of majority）」によって自由が完全に抑圧されるという危険な道である。デモクラシーが専制につながる危険性があるということは、例えばロシア革命後のソ連がどうなったかを考えれば、現代のわれわれには合点がいくが、それを一九世紀前半ですでに見通していたというのはまさに慧眼というより他はない。

トクヴィルは、米国社会には「多数者の専制」に陥らないためにいくつかの政治的・社会的装置がビルトインされていると指摘する。その一つは地方自治の徹底である。米国には、すべての州政府が「条約」によって打ち立てた連邦政府（Federal Government）が存在し、国防や外交、通貨、出入国管理、通商といった国全体の利益にかかわる問題に対する主権を持つ。しかし、例えば教育などの身近な問題であれば各州（State）内の地方政府、タウンあるいはスクール・ディストリクトのレベルの所管になる。したがって日本のように、中央政府の「文部科学省」が教科書の検定にまで関与するような連邦の組織はない。つまり行政（administration）が分権化されているのだ。トクヴィルは統治（government）と行政（administration）の関係如何という観点から、米国のみならず各国の政治体制の特質を考察し、地方自治の成熟、つまり行政の分権化によって、専制への道は回避しうるのだと見ていた。

実際、旧社会主義国や現在の中国のような行政の中央集権の度合いの強い国家の場合、個々の地域の利害や関心に沿った行政はどうしても後回しになる。すると人々が享受しうる自由は極度に制約され、人々の独立心も弱まり、何事につけ中央政府の言うことを従順に受け入れる姿勢が強まる。つまり政治も行政も中央集権化した国家の国民には、法制度上の「民権」が保障されたからといって、そのまま直ちに自由が保障されるということにはならないのだ。福澤諭吉が言ったような「一身独立して一国独立す」という関係が成り立つためには、一身と一国との中間に「二次的な権力」を持つ組織が存在し、いくつかの周辺的な条件も満たされなければならない。個人が独立して、それによってまず地方自治が成熟し、その上で中央政府が各々の地方の利害を考慮しつつ、その処理についての権限の配分を考える。そうした地方と中央の権限の健全な配分関係は、近代国家において主権をいかに分割するのかという重要な問題にかかわってくる。この、個人、地方政府、中央政府という関係が健全に機能して初めて独立した外交が展開できると考えるのだ。「地方自治は外交の訓練だ」という意味はこの点にある。

発行部数が示すもの

新聞は、この地方自治と中間団体（「結社」）と深い関係がある。新聞はその誕生の経緯からしても、地域社会に住む人々や考えを共にする同志たち、つまり利害や関心を共有する者たちの中間的な（国家と個人との中間）媒介物としての存在という性格を持っていた。中間団体は、しばしば「圧力団体」という負の側面が強調されることがある。しかし個人がバラバラで何もなしえない状況では、利害関係をともにする者たちが集まり、啓発しあい、自分たちの政治的な目標を達成しようと連携することによって初めて何かを実現しうる。特に巨大な大衆社会における「個人」は孤立し無力だ。「結合」することによって力を得る団体、結社（association）が必要になる。

結社には色々なタイプがあり、大きなものは政党、労働組合、経営者団体、小さなものでは芸能人のファンクラブも結社である。結社は必ずしも政治的、経済的な目標を持つわけではない。米国の結社の「名鑑（Encyclopedia of Associations）」を見ると、米国には大小様々な結社が万単位で存在することがわかる。その「名鑑」の統計によれば、米国人の七割はそうした結社に入っており、さらに四人に一人は四つ以上の結社に所属しているという。

公共の事柄に関心を失い、バラバラになってしまった人々がデモクラシーを危険な道へと進ませないために、実は地方自治の徹底以外に、「結社」として発生したメディアも重要な役割を担っている点に注目すべきであろう。メディアは政治的利害に関する情報を広く多くの人に伝えるという機能がある。その情報によって多数の人間をある一定の方向、目的、行動に向かわせるからだ。

ニュースを伝える現代のメディアには、新聞以外にもテレビやラジオ、インターネット、SNSがある。いずれも社会の人々に同時に共通の情報を提供し、人々の結合を促すという役割や意義は非常に大きい。ここでは問題を新聞の特徴に限ることにしよう。

わたしの限られた経験ではあるが、いくつかの外国の有力紙と比べれば、日本の新聞のレベルは決して低くない。しかし、発行部数が多いために、多くの読者を満足させる必要があって、主張の弱い平板な情報が多くなる嫌いがある。日本の大新聞の発行部数は世界相場から見ると驚くほど多い。発行部数は広告の掲載料と関係するので、やや多めに報告される傾向にあり、正確にその数を把握することは難しい。電子版を除いた紙媒体の参考程度の数字だが、世界の新聞発行部数（公称・概数）を見ると、読売（八〇〇万）、朝日（六〇〇万）が突出しており、ついでインドのDainik Jagran（ヒンドゥー語）、Dainik Bhaskar（ヒンドゥー語）、The Times of India（英語）、そして日本の毎日新聞、中国の参考消息（Reference News）、USA Todayなどが三〇〇万前後で続く。米国の場合、The Wall Street Journal、The New York Timesが二〇〇万前後、Washington

Post は四〇万程度と推計されている（*Editor & Publisher Newspaper Data Book 2017* による二〇一六年九月末の数字）。この日本の新聞の発行部数の多さについては、その社会的、政治的な意味を考える必要がある。

一つのカギは新聞と地方自治との関係にあるようだ。地方分権が重要なのは、地域ごとに固有の利害が存在し、地域の人々はその地域の具体的な利害を良く知り、強い関心を持っているからだ。そのような状況では地域の関心に応えるメディアが自ずと発達する。つまり、成熟した地方分権の下では地域ごとに新聞社の数が増えるが、それぞれの発行部数はそれほど多くはならない。逆に行政権が中央集権的な国では、新聞社の数は少なく、その発行部数は多くなる。さらに、均一で加工された公式情報を国民に提示する新聞社が力を持つようになる。

先に見た *Editor & Publisher* の統計によると、現在米国には日刊紙が一三〇〇ほどある。国土の広さを考えると、これが多いのか少ないのかは判断が難しい。ただ一九〇〇年前後の米国には三〇〇〇近く、つまり今の倍以上の数の日刊紙があったことに注目したい。一九〇〇年あたりから現在までの一〇〇年間で、中央政府による政府支出のＧＤＰに占める割合が増えているという事実は、それだけ連邦政府の力が強くなっていることを示している。つまり米国も中央集権化の傾向があって、その傾向と新聞の数の減少には相関関係が推測できる。ちなみに旧ソ連では、一九九〇年時点で『プラウダ』は二一五〇万部も発行されていた。

一八三〇年代の米国とフランスの新聞

トクヴィルが一八三〇年代の米国の新聞を見てまず驚いていたのは、広告が多いことであった。現在でも米国のクオリティ・ペーパー『ニューヨーク・タイムズ』を買うと、驚くほどたくさんの広告面がついている。日曜版などは全体のうち記事の分量のほうがはるかに少ないと言っても過言ではない。フランスのクオリティ・ペーパーは政論中心の新聞で広告はほとんどない。

トクヴィルがさらに驚くのは、米国の新聞には政治家など公人のスキャンダルに関する記事が多いことだ。新聞の数が増えると個々の新聞社の利益率は下がる。記者と編集者の人材も集まりにくくなる。トクヴィルは、彼の訪れた当時の米国のジャーナリズムはフランスよりも質が低いと見たのだ。

トクヴィルによれば、一般にデモクラシーのもとでは、「何事であれ、多数派が法を作る。人は誰しも、多数派の歩調に後から合わせる」ようになる。この「多数派の歩調に後から合わせる」という人々の習慣の総体をトクヴィルはデモクラシーの「社会風土（mores）」と見るのだ。トクヴィルは、一九世紀フランスの新聞記者の精神と彼らを取り巻く「社会風土」は、国家の重大利害について激しく、そして雄弁に議論することにあったとする。ところが米国の新聞記者の「社会風土」は、「対立する相手の感情を遠慮会釈なく単刀直入に挑発し、主義主張は放置して人に襲いかかり、私生活を暴きたて、その弱みと欠点をさらしてしまう」ものだと述べる。米国の新聞で政治家のスキャンダルの報道が多くなるのは、こうした新聞記者の質と、新聞が多数派に歩調を合わせるという社会風土の必然的帰結だと見るのだ。

日本でも政治家の私的な面に関心が集まる傾向はある。金銭について清廉潔白か、異性関係で問題はないか、といった私徳に関わる事柄だ。組閣が行われる際には「身体検査」が必要だなどと言われ、入閣後に私的な事柄で問題が発覚すると大騒ぎになる。その政治家の政治信条や実行力、またはこの国がどこへ向かうべきなのかといったヴィジョンへの関心は二の次になる。重要な政治課題が選挙の争点にならないこともまれではない。

明治の知識人は新聞をどう紹介したか

ここで近代日本の新聞の場合を振り返っておきたい。日本に西洋の新聞をはじめて紹介した人物として福澤諭吉が知られる。福澤は『西洋事情　初編巻之一』（一八六六年）で西洋の新聞の機能と実態を紹介して、「新聞紙は、会社ありて、新らしき事情を探索し、之を記して世間に布告するもの」であり、「其国朝廷の評議、官命の公告、吏人の進退、市街の風説、外国の形勢、学芸日新の景況、交易の盛衰、耕作の豊凶、物価の高低、民間の苦楽、死生存亡、異事珍談、総て人の耳目に新らしきことは、逐一記載して図画を附し、明詳ならざるはなし」と書いている。人々は新聞を読むことによって、「一室に閉居して戸外を見ず、万里の絶域に居て郷信を得ざるものと雖ども、一と度び新聞紙を見れば、世間の情実を摸写して一目瞭然、恰も現に其事物に接する」ことができると言う。

実際には、明治初期・中期の新聞は、政府系の新聞や政党系列の新聞が主なものであった。政党も結社であるから、新聞が特定の政党によって自身の政策や理念を国民に知らせるために作られた場合、政治色が鮮明になるのは当然であった。そうした中で、福澤は『時事新報』という日刊新聞を一八八二年（明治一五）に創刊する。なぜ福澤は新たに新聞を作ったのか。それは福澤の言葉によれば、「独立不羈」の新聞が必要だからだという。「羈」は馬がつながれている状態を意味する字で、「独立不羈」とは何ものにも縛られないということだ。政府や特定の政党の主張を伝えるのではなく、正確な情報を提供し、それを前提に国民が議論する場となりうるような新聞を福澤は目指した。つまり「独立不羈」が彼の「結社」としての新聞の理想だったのだ。

ちなみに、福澤が作ったもう一つの結社として興味深いのは、人々が集まって交際するサロンだ。福澤は「交詢社」というサロンを一八八〇年（明治一三）に結社として作っている。その設立目的は次のようなものだとしている。

「元来本社ハ一科ヲ修メ一利ヲ興スノ旨趣ニ非ス、広ク知識ヲ交換シ世務ヲ諮詢スルヲ目的トスルヲ以テ（中略）今ヨリ後社員同心協力シテ近キ者ハ屢相往来会合シ、遠キ者ハ互ニ書信ヲ通シテ其知ル所ヲ伝ヘ其知ラサル所ヲ聞キ、人ヲ利シ亦己ヲ利スルノ方法ヲ求メ、啻ニ本社ノ目的ヲ達スルノミナラス、併セテ人間結合ノ利益ヲ示スノ挙ニ於テ先鞭ヲ着スルヲ得ハ豈愉快ナラスヤ」

この「人間結合の利益」にこそ、結社の重要な役割があると強調しているのだ。さらに福澤は喩えて、「交詢社は診察医であって、開業医ではない。政党は開業医であって、メスを執っての手術、投薬をするのは開業医の仕事である」「交詢社は、病理学、薬理学、生命科学の知識を持つ者が集まって知識を交換し、医療制度のあり方を諮詢する結社である」と言う。要するに人が集まって語り合うことが大事なのだ。そのことによって問題が浮かび上がり、それについて異なる考えを持つ人々が議論する。そして新しい答えや考えを見つけていくというのだ。「俗塵を避ける隠者のような生活」を良しとする人がいるが、福澤はそれは「人と接する勇気のない臆病者だ」と見ていた。とにかく人と接して、話をする。そのための場として福澤は「交詢社」という結社を作ったのだ。

言論・出版の自由の「両面性」

ところが大正から昭和期に入ると、新聞社は企業として大きくなり、経済構造上——それは政治構造上ということにもなる——一つのジレンマを抱えるようになる。新聞社を企業体として継続していくためには、それ相応の経済的地盤が不可欠になるからだ。広告料と購読料が収入の主要部分になる新聞社の場合、自ずと多くの読者と広告主を獲得する必要性を無視できなくなる。それはともすれば、多くの読者が満足するような内容にしなければならないという傾向を生む。

世の中には天邪鬼もいるが、それでも世論（popular sentiment）とも呼ぶべき考え方の一般的な傾向というのがあり、それに沿った内容の記事であれば読者は安心し、満足する。しかしこの傾向は、論説家が熟慮した公論（public opinion）を書くことを難しくする可能性を生む。広告についても同様で、広告料は発行部数によって決まるため、発行部数の多さは新聞社にとっては無視できない数字だ。つまり継続可能な企業体として経営すること自体に、言論を制約しかねない力が潜んでいることになる。経営原理と言論の自由の原理が、常に両立するような配慮が不可欠になるのだ。

先に見たように、リベラル・デモクラシーの政治体制の国としては、日本の新聞は世界相場から見ると発行部数が極めて多い。発行部数を増やそうとすれば、自ずと多方面への配慮が必要になる。もちろんこれは新聞の問題というよりも、自分と同じ意見を言ってもらえると安心するという読者側の社会心理に問題があるためだ。

このように新聞や論壇誌が個性や特徴を失い、均質化傾向を生む背後には、企業体としての新聞社や出版社が多くの読者を得なければならないという現実がある。多くの読者を得るためには、読んで不愉快になるような記事は避け、多くの人に満足してもらわねばならない。公論としての議論や専門性を避ける読者側の感情（popular sentiment）に逆らうことはできないということになる。その結果、メディアが公論の形成に寄与する余地はどうしても狭くなるのだ。

もう一つ考慮の必要があるのは言論の自由が含み持つジレンマだ。発言したい、表現したいという自由は、人間としての自然な精神的欲求である。公序良俗に反すること、名誉棄損、プライバシーの侵害といった理由で言論の自由は制限されるが、権力の側から理不尽に自由が制約されることは防がねばならない。ところがこの言論の自由というものも、人間の政治的信念がどのように形成されるかという問題とかかわっているため、一つのジレンマに直面することがある。それはトクヴィルが指摘したように、思想信条が権力からの制約を受ければ受けるほど広がるという特徴を持っていることだ。

例えば、古代ローマでキリスト教は厳しい弾圧を受けたが、弾圧によって信仰なり思想がむしろ広がりを見せるという事態が生まれた。戦前の日本における言論と思想の弾圧も過酷であった。社会科学や経済学の観点から見ると、戦前の弾圧があったからこそマルクス主義は強い力を持ち、その影響力は戦後にも及んだという側面は無視できない。つまり思想とは、弾圧を受けたとしても、弾圧する側の意図とは裏腹に、かえって広がるという性質を持っている。昨今の「イスラム過激派」と呼ばれるような宗教的、政治的信条の広がりにもこうした現象が影響している部分もあるのではなかろうか。

また逆に、言論の自由が広がり、言論の「流通」が激しくなると、言論の力はかえって弱まるという現象が生じうる。新聞・雑誌の数や種類の増加は、個々のメディアの質と影響力の低下という現象を招く。百家争鳴のような状態は、かえって批判される側を利する場合がある。言論の自由とは、弾圧すればかえって広がり、また無制限な自由化はその影響力を低下させるという複雑な性格を含み持っているのだ。

3　読み手側の自覚と責任

新聞は常に正しいという最終的な権威を持つ存在ではないが、デモクラシーのもとでは公論の形成にとって重要な役割を担うメディアである。加えて地方と中央をつなぐパイプとして不可欠な存在だ。前節で述べたように、「地方自治の確立によってバランスのとれた中央の政治を実現する」というプロセスなくして一国の政治は決して成熟しない。この点は明治時代から多くの知識人が認識してきたことであった。いかなる権力や風説からも独立して、自由に考え、意見を表明する、その積み重ねによって地方自治が健全に機能し、それが中央の政治の質を高めていく。そのための地方新聞の役割は大きい。中央が「編集権」を持つ全国紙に書いてあるからといって、すべて無条件に信じて受け入れるということでは本末転倒になりかねない。読み手の側にも自覚と責任が求められているのだ。

例えば、「従軍慰安婦問題」に関する捏造と虚偽報道が問題となったが、あの種の問題は過去いくつかの国の大新聞でも起きている。『ニューヨーク・タイムズ』でも虚偽報道が問題となったことがある。例えば、若いころのウォルター・リップマンも『ニューヨーク・タイムズ』の捏造記事を取り上げて、実証的にそれらの記事を検討しつつ痛烈に批判したことがあった。

リップマンは一九一七年から一九二〇年までの『ニューヨーク・タイムズ』のロシア革命につ

いての記事を丹念にチェックして、事実と異なる報道があったことを指摘している。政治的大事件に関する記事を検証し、その虚偽を明らかにしたわけだから、様々な圧力があっても不思議はなかった。しかしリップマンの場合、逆にジャーナリストとして大変な尊敬を集めることになった。つまりジャーナリズムに自浄作用が働いているということだ。それはある意味で米国のジャーナリズムの健全なところだとも言える。最近では二〇〇三年にも捏造記事が発覚する事件があったが、そのときも『ニューヨーク・タイムズ』は潔く疑惑を認めている。

こうした過ちは、その誤りにどう対処したかが、その組織や当事者の精神の健全さを明らかにする。この種の問題はどのような組織でも起こりうる。問題が露見したとき、その組織全体がいつもそうであるかのように見られることがある。だがすべてを無条件に信じることが問題であるのと同様に、すべてを否定してかかることはない。読者は距離を保ちながら新聞を読むことが大切で、それが読み手の側の「独立不羈」の態度として求められているのだ。

日本人は概して外国からどう見られているかについて敏感だ。例えば『ニューヨーク・タイムズ』にそう書いてあるからといって、米国で日本はそのように見られているらしいと考えることがある。しかし、『ニューヨーク・タイムズ』の日本関係の記事には、ある一部の日本人から情報提供を受けて、それを記事にしたものもあろう。どの新聞を読んでいても、これは良い記事だと啓発されることもあり、これは少し違うだろうと思う記事もある。批判的に見る姿勢が常に必要だということだ。

清沢洌の指摘

外国の新聞だから、権威ある新聞だから、と考えることはない。個人に関してと同様に、いかに立派な新聞でも不可謬ではありえないから、あらゆる問題について常に正しいことはありえない。誤りを犯しても、それを潔く認めることによって信用が生まれるということもある。リスペクトすることは大事だが、すべてを信じることはない。批判精神を持って新聞を読むことが求められるのだ。

ここで紹介したいのは、昭和戦前期に活躍したジャーナリスト清沢洌の姿勢だ。清沢は吉野作造の著作を読んで感銘を受けていたので、自ら「昭和の吉野作造博士」を標榜するほどの信念と自信を持っていた。日本の有名大学を出たわけでもなく、米国の小さな大学で働きながら苦学し、日本の学閥や門閥とは全く無縁の人であった。文字通り自力で優れたジャーナリストとしての信用を築いたので、そうした強い自負が生まれたのは当然であろう。『暗黒日記』という著作が──「暗黒日記」という表題は彼が付けたものではない──『清沢洌評論集』（岩波文庫）、『外政家としての大久保利通』（中公文庫）とともに文庫版で刊行されている。

彼のジャーナリストとしての姿勢について、清沢洌「現代ジャーナリズムの批判」（『講演』二五九号、一九三四年七月）という文章に注目したい。この講演が行われたのは満州事変の後で、日本はすでに国際連盟を脱退している。清沢はこうした状況下で、外務大臣・広田弘毅が「日本は東洋（東亜）に於ける平和を単独に全責任を以て維持する」という趣旨の外交演説を議会で行ったことについて、その「大胆」さに強い懐疑を持つ。広田の言う「東亜」がどこまでなのか、また「全責任」とは具体的にどこまでの責任を意味するのかなどが不明瞭であり、これが外交的な躓きにならないかと危惧するのだ。同時に「日本モンロー主義」ともいうべき外交方針に国内から批判の声が出なかったことについて、「自己陶酔―催眠に陥り易い」という日本のジャーナリズムの性格を批判する。当時の政治状況からすると、こうした発言は大変な勇気を必要とした。実際、清沢は一九四〇年頃には当局からマークされ、執筆の機会を全く奪われてしまうのだ。

この講演で、清沢は当時の日本のジャーナリズムについていくつかの問題点を指摘している。その一つは「国家主義の色彩が濃厚」になったがために、とかく「日本精神」「日本主義」を顕揚しては国家の問題に関する異論を封殺してしまっていたことだ。「日本」ばかりを絶対のものと考える風潮が、自国と他国の理屈のすり合わせで行われる外交の批判精神を損ねているという。

さらに清沢が日本のジャーナリズムの問題として指摘したのは、「個性無視」「ゴシップ好き」「官吏の跋扈」という性質、「確実性の軽視」、そして「リベラリズムの立場がないこと」であった。「確実性の軽視」とは、計量的・統計的な数字で裏付けられた分析を軽んじているという意味だ。

この点について清沢は面白い例を挙げている。幕末に米国の初代駐日総領事として来日したタウンゼント・ハリスは、その日記（『日本滞在記』坂田精一訳）の中で、国力にしろ距離にしろ、日本ほど対象を数字で捉えることを軽視する国はないのではないかと指摘していると言う。例えば江戸はどのくらいの人口かと聞いたら、幕府の相当な地位にある役人が「こんな大きな街で毎日往来がたくさんあるのにどうしてこの数などが判りましょうか」と答え、またあるときには、伊豆大島が遠くに見えたので、下田からどのくらい距離があるのかと聞いたら、役人がみな全然違う数字を言う。それも「少し違う」のではなくて、それぞれ全く違う数字を言う。ハリスは「何んと数の観念のない人々であることか」と驚いているのだと。

物事を数字で捉えることに弱いという清沢の批判については、現代では大いに改善されているだろう。しかし例えば統計調査に関して言えば、日本には数理統計の理論研究では優れた人材はいるが、実際に活用できるように統計票をデザインしてデータを集め、結果を集計して編集・加工する技術を持つ統計作成の専門家が行政や民間の調査機関の中にも少ない。純粋理論を研究すると学問的で、実地の応用をやると学問的な純粋さが薄れるというような錯覚があるのではないか。社会研究に関しては、日本はどうも応用の難しさに取り組む人材の層が薄い傾向があるようだ。この点では清沢の批判は当たっていると思う。

「第一思念」ではなく「第二思念」で

清沢洌はこの「現代ジャーナリズムの批判」という講演の中で、さらにもう一つ重要な指摘をしている。それはすでに本章第1節でも触れた、週刊新聞の重要性とも関わる点だ。清沢は、人間の考えには「第一思念」「第二思念」の二つがあると言う。「第一思念」はFirst thought、最初に浮かんだ考えなり反応。「第二思念」はSecond thought、少し間があってよく考えてみたらこうだ、という思念だ。「第一思念」は、「感情、伝統」あるいは「習慣」などに由来する思考様式や行動様式が、その人間に反射的に表れたものである。これに対して「第二思念」は「理性、すなわち教育と訓練の結果、そこに生まれうる、反省的、批判的」な思考のことを言う。清沢は明治期のジャーナリズムには「第二思念」が認められたが、その後、購読者層が拡大するにつれ、読者の「第一思念」に阿《おもね》るジャーナリズムが増えてしまったと嘆くのだ。

日本には芸能関係の情報や政治家のスキャンダルを中心とした週刊誌はあるが、週単位でニュースを振り返って「第二思念」を展開する週刊新聞は無きに等しいと言っても過言ではない。海外主要国の週刊新聞と類似の機能を果たしてきた「総合雑誌」「論壇誌」が存在感を弱めつつあることは、言論が多くの読者のセンチメント（popular sentiment）に流される危険性と隣り合わせである。近年、ダイバーシティーという言葉をよく耳にするが、現実はその逆で、均質化への傾斜が多くの分野で目立つ。事件の進行や事態の変化を刻一刻迅速に伝えるメディアも必要だが、事件や出来事の推移を全体的に中長期的な視点から「改めて考えてみると」という役割を持つ「第二思念」の総合雑誌・論壇は不可欠なのだ。しかし現実には、専門的な議論が軽視され、「共通感覚」（健全なアマチュアリズム）も力を弱めている。国際政治も経済政策も混迷を極めているからこそ、総合雑誌と論壇の果たす役割は大きいはずだ。

報道の多くは、日々起こっていることをその日その日の情報として提供している。情報は直ちに消費されるだけで、時間をおいて十分に検討するということがない。特に近年の日本の活字メディアでは週刊新聞的な機能が軽視されている。清沢が言うように、「反省的、批判的」に議論する場となりうるメディアが日本には少ないのだ。週刊誌にもコラム的に政治経済に関する記事が出るものの、本質的な議論へと展開するようには扱われていない。トクヴィルが指摘していたように、公人の私的な事柄への関心ばかりが先行して、私生活の問題をあげつらうことにエネルギーが使われる。「第二思念」が重要だという清沢の指摘は、現在ではさらに重い意味を持つようになった。

デモクラシーにとって危険なことは、真の論争が生まれず、反対論・異論が表に現れなくなり、異論と共存するという寛容を核とするリベラリズムの精神が失われることである。トクヴィルが明らかにしたように、デモクラシーは一つ道を誤ると「全体の全体に対する専制」へと至る。専制というのはヒトラーやレーニンのような独裁者による専制とは限らないのだ。

一人の独裁者が支配するような体制では、人々は彼に完全に服従しているのではなく、服従しているように見せないと危険だから表面上恭順な姿勢を示す。そこにはまだ「面従腹背」があり、人々の考えが完全に画一化されているわけではない。一方、「全体が全体を支配する」専制とは、人々の「行動」だけでなく「考え方」までが画一化されてしまうような社会体制だ。誰もが同じことを考え、同じように行動する、そうでない人間は排斥されるという状況をさす。人々が自己検閲や自己規制をしてしまい、「反省的、批判的」な精神が失われた状態のことだ。

意見の異なる人との共存への意志は、デモクラシーの根本精神ともいうべきものだ。それは、人間の自然な感情に背馳するものかもしれない。むしろ、知的な力や意志と強い寛容の精神といった自覚的な努力で培われた能力によってはじめて可能となる。デモクラシーが道を踏み外さないためには知性と意志の力が必要なのだ。異論に耳を傾け、「共存する知恵」を探ることがリベラル・デモクラシーの核心であるから、はじめから「人と同じであることが楽で良いのだ」という精神が国民の間に浸透するときに、「全体の全体に対する専制」というデモクラシーの危険な末路が待ち受けているのではなかろうか。

第Ⅱ部　教育と学問が向かうところ——高等教育を中心に

第4章　社会研究における人文知の役割

1　人文社会科学の軽視を憂う

二〇一四年秋、文部科学省が国立大学の組織改革案として、教員養成や人文社会科学系の廃止や転換を各大学に通達したと報道された。国立大学法人評価委員会総会（第四九回、二〇一四年一一月五日）の参考資料「国立大学法人の組織及び業務全般の見直しに関する視点等について」を読むと、「組織の見直しに関する視点」として、教員養成系学部・大学院、人文社会科学系学部・大学院について次のように記されている。「18歳人口の減少や人材需要、教育研究水準の確保、国立大学としての役割等を踏まえた組織見直し計画を策定し、組織の廃止や社会的要請の高い分野への転換に積極的に取り組むべきではないか」。

こうした方向付けの背景には、財政の「効率化」だけではなく、人文学・社会科学系の学問と教育への著しい無理解があるように思う。それだけではなく、科学技術が栄えれば国は栄えるという単純な国家観も浮かび上がってくる。

折しも必要あって、読書会のテキストとして、戦前の優れたジャーナリスト、清沢洌の『暗黒日記』を再読していたこともあり、清沢の言葉がすぐさま思い浮かんだ。一九四五年二月一五日の日記で彼は、「教育の失敗だ。理想と、教養なく、ただ『技術』だけを習得した結果だ。彼らの教養は、義士伝以上に出でぬ」と慨嘆している。

『暗黒日記』は言論活動の自由を奪われた清沢が晩年に残した、太平洋戦争下の日本社会の病理をつぶさに観察した貴重な記録だ。全編を通して流れるのは、教育の問題であり、教育の失敗が日本の悲劇をもたらしたという認識である。時代と社会背景が異なるとはいえ、「技術と精神の成熟のアンバランス」という問題は、戦後七〇年たつ今日も解消されていないようだ。

確かに科学技術は、立国の重要な柱の一つである。この事実は軽視できない。しかしもう一つの柱、いや柱の下の礎石は、清沢のいう「理想と教養」だ。事実（fact）の教育研究は大事だが、想像（imagination）の力を養うことも疎《おろそ》かにしてはならない。

人文知と科学技術は車の両輪

教育において何を優先的に教授すべきなのか。これは工業化の道を突き進む社会にとっては常に大問題であり続けてきた。英国が「世界の工場」であった時代の作家チャールズ・ディケンズの『ハード・タイムズ』は、われわれをいまだに悩ませるこの難問に挑んでいる。『ハード・タイムズ』は英国で実際に起こった労働者のストライキをモデルに、教育は何を重視すべきかを語っている。実業から引退して学校経営をしている主人公のグラッドグラインド氏の教育方針は、「事実」のみを教えることにあった。彼は小説の冒頭で次のように宣言する。

「『事実』だけが人生で必要なのだ。他のことはいっさい植え付けてはいけない。他のことは全部根こそぎ引き抜いてもらいたい。理性を働かす動物の精神は『事実』に基づいてこそ作り上げることができるのだ。それ以外のことは、この児童たちにとって何の役にも立ちはしない」（山村元彦／竹村義和／田中孝信共訳）

「事実」以外は教えないという原則で、グラッドグラインド氏は家庭教育も徹底した。その結果、娘は愛を知らぬ女性になり、息子はギャンブルで身を滅ぼし銀行強盗になる。自分の子供たちの不幸を目の当たりにして、初めてグラッドグラインド氏は自分の教育方針の誤りに気付く。目に見える実益のみを重視する「事実」の教育だけでなく、「想像」も人間や人間社会にとって不可欠であることがこの作品の重要なメッセージなのだ。

「事実」と「想像」という対置は、科学技術と人文・社会科学のそれと重なるところがある。産業界からの要望を大学教育の中に取り入れるという姿勢そのものは批判されるべきことではない。

何を重視し、何を譲るのか。要はそのバランスなのだ。

今後、情報や知識が民間企業や研究所など、大学以外の場所から得られるようになる可能性はさらに高まる。そして技術変化の激しい社会において直接役に立つ知識や技能は、大学教育によってではなく、実際の仕事を通して獲得されるものがますます増えるであろう。その結果、大学は実務教育に関しては常に後れを取ることになる。だからこそ大学は「大学にしかできないこと」を重視すべきなのだ。

日本を知る米国人研究者が、「かつて日本が高度経済成長を果たしたのは、米国流のビジネス・スクールがなかったからだ」とコメントしたことがあった。大学は生半可な実務教育に身をやつすのではなく、そうしたことは豊かな現場の知識を持つ職場の先輩に任せ、国際的な知的競争の場で求められる実践知のベースとなるべき原理的な智恵の開発と探求に力を注ぐべきだ。実務教育は職場で実地に与えられてこそ身に付くものが多い。それほど現場の知識や技能は生きたもので奥が深い。もちろん「事実」を無視した「想像力」だけの教育も精神の肥大化を招き危険だ。しかしグラッドグラインド氏の考えるような「想像力」を抑圧する中途半端な実務教育の徹底は同様に危ないものなのだ。

実際、一九世紀以降、科学と技術の進歩によってわれわれの身体能力は大いなる拡大を遂げた。ベルクソンが指摘したように、身体的に肥大した人間には隙間やゆがみが生まれ、その魂が何ものかで満たされるのを待っているかのようだ。技術進歩から人間は計りしれない恩恵を受けてきたが、科学技術の基底に横たわる「合理的なもの」によって人間の魂が解体されることに、不安を覚え、立ちすくんでいるのが現状ではなかろうか。強調されるべきは、科学技術と人文学・社会科学のバランスの取れた教育と研究である。科学技術だけではわれわれは精神のバランスを保つことはできない。

産業の発達と機械技術がそのまま人類の幸福をもたらしはしないということに、人間が気付いてからすでに一〇〇年以上がたつ。しかし今に至って、まだ人文学・社会科学系の教育・研究が、国立大学で廃止・組織替えの検討対象となるのは、アナクロニズムと言わざるをえない。古典を含む人文学や社会科学の遺産から「人間」を学び、自らの考えを母語で正確に豊かに語る能力を養うことが、もっと重視されるべきだ。そのための教養教育が科学技術の教育研究と車の両輪となって初めて、日本社会は真の成熟を遂げうるのではないか。

2　人文知と社会科学の関係について

西洋モデルはそのまま日本には当てはまらない

人文「科学」という言葉は、人間を科学的な手法で分析するだけでなく、分析するだけで人間が理解できるという考えを暗示しているようで、わたしは原則としてこの言葉を使わない。また歴史学や思想史は社会科学として分類することには無理がある。同時代を分析する政治学や経済学に関しても「社会科学」という言葉をできる限り避けて、「社会研究（Social Studies）」という言葉を使ったほうがよいと考えている。

わたしが一〇年ほど籍をおいた国際日本文化研究センターでは時折、「日本研究」とは一体どのような意味を持つのか、どういう役割を担っているのかということが議論された。日本研究は人文学でもあり社会研究でもある。その日本研究に一体どのような意味があるのかという問いへの答えは、幅広く考えれば、その存在理由や目的を考えることでもある。

わたしが強く感じるのは、われわれがほとんど無意識に受け入れている「素朴な歴史観」を反省するためにも、日本研究は極めて重要だということだ。歴史には法則があると主張する人がいる。その法則がどの程度必然的なものと考えるかは論者によって異なる。例えば、マルクス主義的な発展段階説によると、奴隷社会・古代社会から封建制に移り、封建制から工業化を一種の梃子として、封建制の中にあった制度自体が新たな資本主義的発展の動力となったという。

これは一九世紀に西洋でも日本でも（日本はつい最近まで）盛んに論じられたテーマであった。ハーバート・スペンサー（一八二〇～一九〇三）をはじめとする社会進化論者たちの「社会は生物体と同じように、社会自体も進化し、進歩していくのだ」という evolution（もとは進展変化、あるいは展開を意味する）を progress（進歩）と読み替える理論が広く関心を集めた時期もあった。人類史に普遍的に適用できるような理論が、あらゆる社会の変化や動きを説明できると信じられたのだ。だが歴史も社会もそれほど単純で素朴なものなのだろうか。

このような素朴な進歩史観と発展段階説を考えると、日本研究には一種の「反例」としての重要な役割があるように思う。この点を英国人学者ロナルド・ドーア氏と話したことがあった。わたしが大学生のときは、近代化論や大塚史学が全盛の時代であったが、論理的な説明図式が見事過ぎて、歴史というのはそれほどきれいに解釈できるのかと疑問に感じたものだ。

日本研究が「反例」になるというのは次のような理由による。日本にも封建制は存在した。有名な『封建社会』という本で、マルク・ブロック（一八八六～一九四四）は、歴史学者の朝河貫一（一八七三～一九四八）や経済学者の福田徳三（一八七四～一九三〇）などの論文を念頭に、日本の封建制と地中海を辺縁として発展していった西洋型の封建制には類似性があると述べている。実は、この「類似性がある」というのが重要な点なのだ。全く違う社会であれば、比較して違いだけを浮き彫りにするだけで話は終わってしまう。「類似性がある」という場合、似ているからこそ、逆に違いが問題になる。似ているところから違い（同じでない点）を論じるという方法を可能にするのが、歴史研究における「日本研究」の一つの役割ではないか。社会進化論や経済発展論、あるいは一般の歴史の発展的段階説というようなものをフレームワークとして疑ってみて、では本当のところはどうなのだろうかと考える。理論は与えられているわけだから、それを参照基準として、さらに事実に迫るという意味で、日本研究は貴重な学問上のエンジンとなりうるのではないか。

この点をさらに一般化して考えると、地域研究が社会科学にもたらした貢献が十分に評価されていないのではないかという問題にも繋がる。世界はすべて英国が示してきたような経済発展のパターンを示しているわけではない。例えば、東南アジアに関して言えば、もともと途上国には、明示的な法律やルールどおりに動いていないような、市場経済の一番底辺によどんでしまったような「インフォーマル・セクター」がある。このインフォーマル・セクターは、元来発展途上国の経済発展の中で論じられてきたコンセプトであった。それが今では先進国で同様のセクターが生まれていることが示されるようになった。先進国が経験した経路を、途上国の経済が常になぞるように追いかけていくのではなくて、むしろ途上国の社会現象・経済現象について先に「インフォーマル・セクター」という概念が生まれ、後で先進国に類似の現象が現れているのだ。

こうした現象が生ずるのは不思議ではないかもしれない。かつては開発途上国と呼ばれた東南アジアの国々は、今や豊かな中所得国となりつつある。英国が一八世紀後半から一八三〇年代あたりまでの六〇年間くらいになし遂げた「一人当たり所得の倍増」を、後続の国々ははるかに短期間で達成している。例えば二〇世紀の初頭において後発の国であった日本は、同じ「産業革命後の所得の倍増」をおよそ三五年間で達成した。第二次大戦後の中国や韓国の場合には、それが一〇年ぐらいの早さになっているのだ。経済的な豊かさにしても生産技術の改善にしても、変化が起こるスパンが極端に短くなったことを意味している。こうした急速な変化の中で、社会全体がどのような変貌を遂げていくかを説明するには、発展段階説やマルクス主義の理論では不十分なことが明らかになったのだ。

実際、歴史は理論が示す通りには動いていないということに関連して、英国のすぐれた経済理論家であり、経済史家でもあるジョン・リチャード・ヒックス（John Richard Hicks、一九〇四～一九八九）が重要な指摘をしている（『経済史の理論』第四章）。理論というものが現実を説明しているると考えるのはあまりにも単純だと。ある現象を解釈するときには、概念とモデルは必要だが、そのモデルどおりに現実が進まないことによって、初めて「何故か」という真っ当な「問い」が生まれる。なぜモデルどおりに社会の変動や歴史の動きを説明できないのかという問い自体が意味を持つのだ。

経済理論をそのまま経済政策に当てはめることの無理はここから生まれる。理論ではこうだけれども、そうなっていないのはなぜか、という理論の否定的使用に、理論の役割の一つがある。例えば、貿易に関して、どのような財がどういう方向に流れるかを説明する「ヘクシャー＝オリーンの定理」というのがある。しかし実際には、この理論どおりに貿易財の量と流れが観察されない。その点に注目して、経済学者ワシリー・レオンチェフ（一九〇五～一九九九）が、なぜヘクシャー＝オリーンの定理どおりに貿易財の流れが決まらないのか（レオンチェフ・パラドックス）という問題を提起して経済学をさらに深化させた。

日本資本主義論争、講座派・労農派の対立、「日本の近代化の遅れ」の理論などは、全く無意味であったとはいえないものの、基本は西洋の革命理論、つまり絶対主義、ブルジョア革命、プロレタリアート革命といった図式を日本に無理に当てはめようとしたことから生まれた論争であった。明治維新はどの革命であったかという議論は、まず概念とモデルがあって、そこから現実を理解しようとして莫大なエネルギーを費やしたということになる。

人文学と社会科学の相互依存関係

『国富論』の著者として知られた道徳哲学者アダム・スミス（一七二三～一七九〇）は、偉大な人文学者であり、同時に社会の経済的構造とそのダイナミックスを政治経済学（political economy）として最初に体系化した人物といっても過言ではない。同時代、ないし少し前にも彼と類似の考えを持った人が少なからずいたが、その人文知と歴史知識を総合する力が抜きんでていたがゆえに、彼が「経済学の祖」と呼ばれるようになったのだ。スミスが生涯に出版した本は『道徳感情論』と『国富論』の二冊だけであり、あとは学生が書き起こした講義録や書簡が残っているに過ぎない。

そのうちの一冊、『道徳感情論』は彼が死の直前まで六度の改訂を重ねた名著である。筆者は尊敬する心理学者の霜山徳爾先生が、人間の心を学ぼうとするなら、ギリシャ悲劇とドストエフスキーにすべては語られていると述べておられたことを思い出す。アダム・スミスもギリシャ悲劇や西洋古典、ギリシャ・ローマ史を多く読んでいた。最近改めて感じるのは、人文学と社会科学を勉強するうえで最もスタンダードな本と言えば、この『道徳感情論』ではないだろうかということだ。

アダム・スミスは人文学の練達の士で、歴史・文学・思想と、多方面に通じていた。『国富論』という書物は基本的に歴史研究であるから、結局彼は人間と社会双方を深く研究していたことになる。つまりスミスは、自分の中で常に人文学と政治経済学と双方に関わる対話をしていたと感じるのだ。別々の研究領域に属する学者が、「対話」と称して論争をし、新しい知恵に到達するというのではなく、本人の内部でそうした対話が行われていたのである。

人間の諸々の複雑な感情と社会の制度的な問題との関連を、スミスは広く様々な事例を挙げながら解説している。一つの例として、近親者が亡くなった場合に「喪に服する」という習慣について次のようなことを指摘する。自分の夫か子供を亡くした婦人が喪に服すのは、堪えられないような悲嘆のさなかにあるとき、その取り乱した態度を露わにしないためもあろう。しかしそれに加えて、人が亡くなったときの最初の弔問には、親しかった人に混じって、生前の死者にとって隠密の敵がやってくることがあり、そうした悪意から遺族を護るという趣旨もあるというのだ（『道徳感情論』〔第六版〕第三部第三章）。この箇所を読んだときに、筆者は不快なことが書いてあると感じたのだが、実は彼自身、それに類した経験をしているのだ。

スミスはデイヴィッド・ヒューム（一七一一〜一七七六）の信頼する友人であり、遺言執行人を約束していた間柄であった。学説的には多少対立する部分があるものの、お互い深く尊敬しあう友人であったのだ。ところが当時ヒュームは無神論者とみなされ、教会から敵視されていた。そのヒュームが亡くなったときに、最初にその死を確かめに来たのが教会の牧師だったというのだ。それをスミスは知っていたので、『道徳感情論』に先に述べたような解釈を意識的に書き記したと言われる。ドストエフスキーの小説にも、葬式の場面で薄笑いを浮かべている男の描写がある。これは研究や創作における「知的誠実さ」と「倫理的誠実さ」の区別の問題とも関係する。スミスが人間の感情の負の側面を非常に率直に分析的に記述しているため、社会制度の問題を論じるときにも、彼のそうした人間理解が強力な土台となっていることが感じ取れる。

もう一つの例として谷崎潤一郎の場合を挙げたい。谷崎潤一郎の小説にはなぜ迫力があるのか。文学専門の研究者はいろいろ分析し、さらに深いところに行き着くのであろうが、筆者のような社会研究をしてきた者としての推論もある。それは、谷崎は日本史と日本の経済社会を熱心に研究していたということだ。

それにまつわるエピソードがある。筆者が鹿児島の曽木という土地を訪れたときのことだ。日本の化学工業の父と言われる野口遵が造った発電所の遺構が外形だけ残っており、その曽木の古い発電所跡を友人の研究者三人ほどと一緒に見に行った。見学のあと、さらに薩摩川内に行って文学館を訪れた。そこに、川内出身の山本実彦（論壇誌『改造』を創刊した編集者）が谷崎潤一郎とやりとりした書簡が一部電子化されて展示されているのを見つけた。

その中に谷崎が二回目の上海旅行から帰った後、『改造』に「青塚氏の話」というのを連載していたときの手紙があった。「どういうものか、今度の小説はいくら書いても気に入りません。書いては破り破りしています。こうこじれると、いよいよ筆の進みが悪く、嫌気が差してきました。（中略）ここで一度気を抜いて頭を冷やしてかかろうと思うのです。少し神経衰弱ではないかと思います。（例の上海土産がまだ治らないので頭へ来たのか）」と。これは締め切りに追われている物書きが使う常套手段ではあるようだが、「上海土産」などというものに触れているところに、谷崎らしい率直さとユーモアが感じられる。その後に、追伸でこういうことが書いてある。「それから、社会科学臨時号『日本経済史研究』をお送りくだされたくお願いいたします」。

谷崎は「小さな王国」という初期の短編で、貨幣がどういう形で流通するのか、貨幣と権力の関係について子供の世界の物語として書いている。向坂逸郎（一八九七～一九八五）というマルクス経済学者がこの短編を大変気に入って、岩波新書『資本論入門』（一九六七年）の中でそれについて論じている。これは一つの例だが、谷崎の作品を読むと、その時代の雰囲気や、ちょっとした経済的な現象などに触れているところがあって、単なる物語では終わらない迫力があるのだ。

アダム・スミスや谷崎潤一郎といった立派な先人たちの仕事を読むと、人文学と社会研究の両方が一人の人間の中で見事に溶け合っていると痛感する。「わたしの専門は哲学です」「わたしは経済学を研究しています」と言う人々が、細分化され専門化されたそれぞれのキャンプに分かれて対話をするだけでは、「お互いに勉強になりました」というだけで終わってしまいかねない。個人の中でこういうアダム・スミスなり谷崎潤一郎なりのような姿勢をある程度持たないと、人間や社会を迫力をもって捉えることはできないのではなかろうか。

人間の行動の意図・動機と社会全体の帰結というものは、実は非常に複雑な関係にある。個人が意図したものと、多くの個人が集計された「全体」の（マクロレベルでの）結果が生み出すものには齟齬が生じることがある。時には意図とは逆の結果が出るという経済現象も少なくない。「地獄への道は善意の石で敷き詰められている」という言葉があるとおり、個人が、例えば合理的に行動する、あるいは善意を持って何かを推奨したり、主張したり、選択したりしても、全体を集合すると、あるいは最終的には、必ずしも意図どおりの結果が生じないということがある。

また、トーマス・シェリング（一九二一～二〇一六）が示した次のような現象も、人間と社会集団の違い、あるいは両者の関係を考える上で重要だろう。シェリングは、個人が持っている（例えば）差別意識のような感情を集合すると、顕在化した全体としての差別感は非常に強調された仕方で現出するという点を、仮想実験的な手法を用いて示している。個々のレベルで人々が感じていることよりも、そういう人たちが集団として生み出す結果のほうが、その感情が強くあらわれ、極端に走りやすいという現象を、具体的手法を用いつつロジカルに説明することに成功したのだ。こうした研究はポピュリズムの解析にも有用な視点を提供する。個人と全体の関係をどのように捉えるかというのは、人文学と社会研究双方の知見を必要としているのだ。

人間研究と社会研究に潜む誘惑

人間の研究、あるいは人間が織り成す社会の研究を行うときに、陥りやすい誘惑がある。それは二種類の「誠実さ」を区別せず、混同してしまうという誘惑である。先ほど触れたように、知的に誠実であること、つまり不都合ではあっても「これは真理なのだ」ということから目を背けずに受け入れるということと、あることが倫理的に許されるのか否かという判断に関わる倫理的誠実さの二つを、（意識的であれ、無意識のうちであれ）混同してしまうという誘惑だ。

知的誠実さというのは要するに、見つかった真理を認め、それをまずは受け入れるということだ。しかしその真理を、例えばそのまま政策に使うとか、あるいは吹聴するとか、それに特別な価値を与えて無批判に主張をし続けるということは、倫理的な誠実さと一致しない場合がある。そのために、倫理観やイデオロギーに染まりやすい道徳的な見地から、真理そのものに目を瞑ってしまうということが起こる。こうした状況は自然科学でも発生する。最近の自然科学、特に人間の生命や遺伝に関わる分野では、この作業に人間が踏み込んでもいいのだろうかと思われるような研究もある。倫理的誠実さが重要だという判断に立てば、その知的営為によって得られた真理というものに蓋をすべきだという考えもありうる。社会研究では、別のかたちで、税や補助金、金融政策や財政政策についてどの社会グループに対して政策を打つべきなのかについて、意見が分かれるケースは多い。こうした点についての一般的なルールをめぐって完全な社会的合意に到達することは難しい。おそらくルールを作成しても、抽象的な（理念的な）ものに終始して具体例に対する実効性は生まれない可能性が高い。とは言え、倫理的誠実さを闇雲に優先させて知的誠実さを無視することにも問題が残る。

もう一つの誘惑として、あらゆる学問はその方法が自然科学的な体裁をとれば、その研究内容の学術的レベルが高いと思い込むことだ。自然科学に似せようとする努力には、厳密さや正確さを可能な限り求めるという点でプラスの面はある。他方、自然科学的な分析のフレームワークに収まる問題だけしか取り上げなくなるといったマイナス面も出てくる。

筆者が大学院生時代に先生から聞いた話として次のような譬えがある。公園の電灯の下で探しものをしている男がいる。何を探しているのかと尋ねると、重要な物を落としたと言う。どこで落としたのかと聞くと、あっちの暗闇のほうで落としたと言う。つまり、電灯が照らすことができる所の問題だけに集中して、光が当たっていない所に重要な問題があることを知っていながら、それに目を向けようとしない、というおかしな態度を揶揄《やゆ》したものだ。

また、役に立つことだけを研究するのは、言葉を換えると、すぐ役に立たなくなることのためにだけエネルギーを使う可能性がある。実利性というのはもちろん重要だが、実利だけを求める学の世界（アカデミア）が長期的に見てどうなるのか。おそらく根本的な問題に向きあう余裕はなくなり、さしあたっての弥縫策の研究に専念するという事態を招くであろう。

「真理」と「真らしい」という区別も重要だ。厳密に論証できるような性質の問題と、正確に論証はできないけれども、これは「真らしい」というような事柄の区別である。トマス・アクィナスにならって大きく分けると、論証を目的とする学問と、探究し続けるようなタイプの学問があると認識することだ。その違いを認識しないと、すべてが数理的な論証の学問だと考え、論理的に正しいということだけに目を奪われてしまう。「気がおかしな人は筋が通っている（There's method in his madness）」とハムレットを評したポローニアスの言葉は参考になる。自然科学的な厳密さなり正確さなりを尊重するあまり、問題がそのフレームワーク自体に当てはまる性質のものなのかどうかを十分考えなくなるのだ。

最後に、学問の中で、世間の評価とか政治的な圧力から全く自由な学問というのがあるかどうかという問題にも触れておこう。アダム・スミスは『道徳感情論』（第六版、第三部第二章）の中で、自分の知っている研究者で、グラスゴー大学とエディンバラ大学の数学者の誰それは、自分の仕事が世間から評価されているかどうかということに全く無関心で、気にかけていないと述べている。ニュートンも、自分の著作が数年間人々の話題に上らなかったことに関して、全く気に留めていなかっただろう。それに比べて、ほかの学芸は学派を形成し、自分の評価と異なる感覚を持った仕事に対して嫉妬し批判を重ねるというのだ。

アダム・スミスの時代には、自由な学問というのは高等数学と自然哲学くらいだろうと考えられていた。現代のように学問が細分化されると、さらに分類は複雑になる。それでも自然科学に莫大な研究費が必要となった時代には、その学問が世間や政治の力から自由であるとは言えないだろう。研究テーマの設定だけでなく、その研究を実行するためにも、研究者の政治力が問われるのだ。大規模な実験装置を買うことができる予算をどう獲得するのか、どのような研究者達を組織するのかなど、予算獲得のために世間の評価や政治的な力が求められても不思議ではない。

世間の評価に全く無関心であることは難しい。

人文学、社会科学は、大きな資本設備は必要としない。コンピュータのソフトは必要かもしれないが、決して資本集約的な研究分野ではない。フィールドワークとか、国際研究集会には経費がかかるかもしれない。しかしこうした分野の研究者が一番欲しいのは「時間」だ。その時間が大学、あるいは研究機関の若い研究者たちから奪われてしまっているとすれば、大学改革の嵐が吹き荒れたこの二〇年は、教育と研究にとっては「空白の二〇年」ということになりかねない。

工学などの分野では、人工知能（ＡＩ）が非常に便利な社会をもたらしてくれるという。わたしがおもしろいと思うのは、雑誌 *The New Yorker* (Oct. 7, 2011) で、先端技術分野の英雄と思われているスティーブ・ジョブズの "Technology alone is not enough — it's technology married with liberal arts, married with the humanities, that yields us the results that make our heart sing." という言葉が引用されていることだ。彼は、技術はリベラル・アーツと結びついてはじめて魅力を発揮すると言っている。本当にイノベーティブな仕事をする人は、そういう知識と関心の広さを持っているということを証明する例だと思う。

3　人工知能には何ができないか

米国大統領にドナルド・トランプ氏が選ばれたとき、筆者の予想はもちろん、ほとんどの米国政治の専門家の予想も外れたことはいまだ記憶に新しい。選挙予測は一筋縄ではいかない。投票行動が個人のレベルでは合理的な選択として説明がついても、集計した全体の結果は、必ずしもその合理的な推測と合致するものではない。予測のための調査と言っても、投票者は自分の好みと選択をメディアや調査者に正直に教えるとは限らない。実際の投票行動は時の勢いや世論の動向などにも影響を受ける。また何かのきっかけで、これまで投票所に行かなかった人たちが大量に押し寄せるということもある。そもそも人々の好みや考えがどのように形成されるのか、その内実が解明されない限り、予測の信頼度を高めることは難しい。

経済における市場行動でも類似の現象が起こりうる。株価の動きはその一例であろう。少なからぬ研究者が株価の形成を理論的に解明するという難問に取り組んできた。しかしこの種の研究はそれ自体一つの自己矛盾を孕む。すなわち仮に「正しい」株価の予測理論が発見されたとしても、その理論を使って皆がひと儲けしようとすれば、株価は別の動きを示して予測の有効性は失われる。人々の行動が理論を裏切るように働くのだ。そもそも株価形成の「正しい」理論を開発した者がいたとしても、それを公表することはないだろう。

こうした例は、人間の思考の論理回路だけでは社会の基本的な問題を解決できないことを示している。近年しばしば話題になる人工知能（ＡＩ）へ過剰な期待を抱かないためにも、われわれはそもそも何がどうなればよいと期待しているのかを自己確認しておく必要がある。

ＡＩにも様々なかたちと応用分野があるため一般論は難しそうだ。だが一つ確かなのは、ＡＩ

は有限個の大規模データを、一定の目的に向けて高速で処理するタイプの作業においては人間を必ず打ち負かすということだ。そうした種類の作業は、問題が設定されれば、学習機能をも備えたプログラムを搭載した機械が迅速に遂行してくれる。何兆回もの勝負をインプットされているＡＩが強いのも頷ける。

日本将棋連盟は二〇一六年、将棋の公式戦で棋士が対局室にスマートフォンなどの電子機器を持ち込むことを規制すると発表した。あらゆる将棋の駒の動きについて順列と組み合わせを検討すると、考えられうる可能性の中からベストの差し手を選ぶことができる。この場合、組み合わせは膨大な数にのぼるとはいえ、それが有限個であるから「次の一手」を示すことが可能になる。そしてコンピュータは過去の勝負の結果をすべて記憶しているのである。

ＡＩによる自動運転も可能になるという。しかし全くハンドルに手も触れず、本を読みながらでも目的地に着くというような開発段階ではなさそうだ。まず自動運転が極めて低いリスクで実現するには、走行するすべての車が「プログラムされていないような行動」はとらないという前提が必要であろう。車はセンサーが感知した情報を次の行動へと変換する際、ソフトが想定している動きの中から選択をするからだ。また、いかなる天候（雨や風）、障害物（紙袋か、岩石か）に対してもセンサーが正確に作動しなければならない。その「障害物」が、例えば右側に老人、左側に子供というように、同時に二つ以上現れた場合、どちらを回避すべきかという事前の判断を誰がどう決めるのか。さらに起こりうる状況は有限個ではなく無限だ。ディープ・ラーニングで徐々に情報を蓄積していけるとはいえ、無限であるなら、そのすべてを事前に想定してプログラムすることはできない。

米国の一般向けの技術系雑誌（*MIT Technology Review*, Nov./Dec. 2016）の記事「自動運転、問題はないか？」を読むと、解決されるべき問題、あるいは未解決の問題が多々あることがわかる。自動運転の開発の専門家は、過度の期待を戒めつつ、ソフトウェアの信頼性以外に、自動運転車がハッカーに乗っ取られる可能性が問題だと指摘している。二〇一六年にフランスのニースで起こったテロ事件のようなケースが無人自動車で計画される可能性に触れながら、技術の悪用に対する十分な対応策なしに、技術開発を好奇心と経済性のためだけで進めることはできないという。AIで動く車は、一定のシナリオに対して一定のアクションを取るようにプログラムされているにすぎないからだ。ただし安全性の相対比較の問題として、AI搭載の車のほうが、例えば高齢者の運転する車より重大事故の発生率が明らかに低いということがわかれば、AIの積極的意味も認められよう。

AIにも得手不得手があるはずだ。例えばAIに小説を書かせるという試みがあった。しかしその目的と意味は筆者には理解不能だ。優れた小説というのが「新しい人間像」の発見や創造という点にあるとすれば、AIが真の文学を生み出すことはない。既存の小説の主人公に似せた人物を造形はできても、人間性の謎や知られざる真実を浮かび上がらせることはできない。テレビでAIロボットの漫才を見て、この方面に大きな期待を持った人はいないはずだ。AIは自分自身が知らなかったことに当意即妙に反応するような「直観」を持たない。また、どの問題が何故重要なのかを見分ける力は、人間が機械に教え込んだ既成の価値基準に従う以外方法はない。ましてや、人間は必ず死ぬということをどう認識させればよいのだろうか。

このように考えると、AIは生身の人間とともに働いてはじめて、その強みを発揮できるケースが多そうだ。予想しえなかった事態に対して的確な判断を下すこと、あるいは新しい問題を見つけ出す作業は、AIだけではなしえないだろう。

産業の発達と機械技術は人類の労働を軽減し、物質的な豊かさをもたらしてきた。安楽と贅沢への欲求が発明の精神を刺激し、新たな発明が新たな欲望を生み出しているのだ。安楽と快楽を求め続けることに没頭するのか、「最高の快楽は、あれもこれもと快楽を必要としないこと」にあるのだと達観するのか。人々の考えは常にこの二方向の間を揺れ動いている。

しかし技術への無制約な期待は、技術の負の側面を忘れさせ、必ずしも人間の幸福にはつながらない。われわれにはわからないこと、できないことがある、という認識もまた必要だ。本節の冒頭に述べた今回の米国大統領選のように、一国の元首を選び出す選挙においてすら、最終的に誰が選出されるのかを正確に予測できないというのが人間の知力の現段階なのだ。技術開発が一方的に進み、その技術のもたらす弊害や事故が発生したときの責任、あるいは新技術を用いる際のルールやマナーといった倫理についての十分な対策なしに、技術革新だけに過剰な期待をかけることは避けねばならない。必要とされるのは、技術をうまく使いこなせる成熟した精神、つまり知性と道徳のバランスではなかろうか。そのバランスを涵養できるのは生得の資質だけでなく、教育と経験なのだ。

4　問題の近因と遠因

その教育は、常に人々の最大の関心事の一つであるにもかかわらず、教育について語ることは難しい。学校教育の一端に携わってきた者として、あるいは実際に子供を持った親として、教育ほど意図と結果に確かな繫がりを見つけにくい仕事はないように実感することがある。しかし社会研究をしてきたものとして、教育の一般的な現状についての感慨を書き留めることはできそうな気もする。意図と結果が計算どおり直接つながらないという点で、教育はそれほど合理的な行為ではなさそうだというところから始めたい。

合理的ではありたいが、合理主義だけでは善く生きられない

かなり前のことになるが、作家の山田太一さんから話をうかがう機会があった。「変わる家族、変わらない家族」（『国際交流』一〇四号、二〇〇四年）と題して、家族の意味を問い直すという趣旨の対談が企画されたときである。山田さんのいくつかの印象的な言葉の中で、次の発言が今も心に残っている。

「現代社会は、家族以外の関係がものすごく合理的で、だいたいプラスのカードを持ち寄って生きていく関係になってしまっていると思います。私はこういう長所を持っています、この部分を買ってくださいといって就職する。会社も、その人を丸ごと買うのではなくて、その能力だけを買うというふうになってきている。社会がどんどん合理化を進めていくと、家族にもその合理化は及んでくるわけですよね。そうすると、稼がない亭主と一緒にいたってしょうがないとか、そういうふうに目先の合理主義のなかで物事を判断していくことになってしまう。

マイナスのカードを持つ人間にとっては地獄ですね。だれも認めてくれない。そんななかで唯一合理的でない結びつきというものが、辛うじて家族だと思うんです。つまり、夫婦は多少合理主義的ではありますが、それにしたって夫婦という関係は相手をすべて知ってから結婚するなんてことはありませんよね。まず知らないから恋愛ができ、知らないから結婚もできるんで、全部知っていたら結婚なんかできません。気がつくと、かなり不合理な関係で生きていたりします。

まして親子に関しては、もう明らかに選択の余地がなく、その関係を引き受けなければならない。いくら隣の息子がいいといったって、自分の息子と取り替えるわけには行きません。そういう関係がどんどん他ではなくなってきています。しかし、プラスもマイナスも引き受けなければならない部分をもっているということは、人間にとって実は救いだと思うんです。

それこそが人間の面白さです。それがなくなったならば、なんて味気ない社会でしょうか」

山田さんはさらに、人間がみんな別の顔を持っており、それぞれ体の病気、健康度とかを不平等に与えられている、そういう宿命こそ実は人間の救いなのであって、もし理想の顔というものがあり、全員が理想の顔になってしまったら、どんなに不気味で単調な社会になるだろうかと述べておられる。

この山田さんの発言の中には、教育の問題、特に「何をどう教えるのか」という点について、ヒントになる指摘がいくつも含まれているように思う。例えば、当たり前のこととして深く考えることがなくなっているが、人間は合理的、非合理的という基準や定義を超えた存在であること、プラス（の価値を持つ）と考えられる側面での競争だけを徹底すれば、敗れた者はもちろん、勝者にとっても、競争のあと何をするかという点で「希望が持てない」状況を生み出すこと、人間が（「個性の尊重」と言いながらも）一定のモデルに従って、鋳型で造形するように教育されれば、なんと味気ない社会ができ上がってしまうのだろうか、等々。

こうした人間の教育や競争といった問題を考えるとき、次のジョン・スチュアート・ミルの言葉は示唆的である。

「人間性は、模型に従って作り上げられ、あらかじめ指定された仕事を正確にやらされる機械ではなくて、自らを生命体となしている内的諸力の傾向に従って、あらゆる方向に伸び拡がらねばならない樹木のようなものである」（『自由論』塩尻公明／木村健康訳）

このミルの言葉は、人間は合理的に設計された機械ではないから、おのおのが持つ固有性を尊重し、独自の内的な力を引き出すことが大切だ、と理解される。重要な点は、ミルは人間を、合理的に設計された機械ではなく、樹木にたとえたことである。樹木は生命体であり、外的条件によってその生育が大きく左右される。言い換えると、外的条件が変化すれば、育成の形もそれに応じて変えていかねばならない。この点を見逃すと、人間の自然的能力を伸ばす教育が、逆にその自然的能力を摩滅させることになる。

しかし同時に、人間は合理的に設計された機械ではないが、合理的計算に基づく選択を行わないと、企業間の厳しい競争のように、生き残れない運命に置かれているのも事実である。現代の経済学が想定する「合理主義的な人間像」は、優勝劣敗の社会環境に投げ込まれた人間が、長期的な生存をかけて闘い抜くには、合理的な選択をせざるをえないという認識に基づいている。経済学は、人間がもともと合理的な存在である、と仮定しているわけではない。経済的に合理的でないと競争環境の下では生き残れないということを示唆しているのである。例えば、個人が自分の保有する経済資源を利用する場合、その効率性を考慮して使用しないと、長期的生存は危うい。企業という組織の場合も、利潤原理を原則に合理的に行動しないと長期的な競争に負けてしまう。

ここで重要な点は、この合理性の原則は、人間の、あるいは企業組織の長期的な生存にとって必要条件ではあるが、善き生にとって十分条件ではないということである。人間は確かに合理的でないと生き残れないが、合理主義だけでは「善く」生きられないのである。アリストテレスの倫理学を持ち出すまでもなく、人間は「善く生きる」ことなしに幸福を得ることはできないように造られている。そのことを、冒頭に引用した山田太一氏の発言が見事に物語っているのだ。

教育にとっての外的、社会的条件は絶えず変化している。変わらざる人間の存在条件への理解と、外的条件の変化に対する適切な対応こそが、「善く生きる」ための必要条件であることは改めて指摘するまでもない。この「理解」と「対応」なしには、人間の生存の条件すら長期的には危うくなりかねない。

本節では、この外的、社会的条件の変化という点に関して、三つの要因をとりあげてみたい。これらの要因は、いずれもいわゆる「遠因」と呼ぶべきものである。教育問題は人間の生そのもの、あるいは人間的自然（human nature）そのものの理解に関わってくるため、問題の根は深く、即効薬が近くで直ぐに手に入るわけではない。単なる目先の「近因」を取り上げ、教育の現場で日々苦労する人々にのみ責任を転嫁するような愚は避けなければならない。そこには福澤諭吉が、かつて次のような譬えを用いて説明したのと同じ問題の構造が隠されている（『文明論之概略』）。泥酔した武士が落馬して骨折したとする。落馬が骨折の原因だというのは妥当ではない。それは単なる「近因」である。実は「泥酔していた」という「遠因」が問題なのである。現代日本の教育問題については、この社会的条件の変化への対応能力の欠如と、「善く生きる」ための理念の喪失という「遠因」こそが検討されねばならないのではないか。

変化　その1――少子高齢化の影響

樹木の生長にとって太陽の光は不可欠である。しかし近くにそびえたつ親木が繁りすぎて、その影が子供の成育を阻害するようなことが起こっていないだろうか？　高齢化は年金や雇用制度など、社会システム全体に深刻な問題を惹き起こしているが、実は教育問題にも暗い影を投げかけている。例えば高齢者への雇用保障が、若者の就業機会を奪ってしまっているのではないかという指摘がある（玄田有史『仕事のなかの曖昧な不安』）。単純に考えて、「若者の仕事を高齢者が奪ってしまっている」ということを証明するのは難しい。しかし高齢者の就業率が高まり労働市場から「リタイア」しなければ、そうでない場合と比べて若者の働く機会が少なくなることは明らかだ。就業機会が少なくなるということは、知識や技能の修得の機会が奪われることを意味する。知識・技能だけではなく、仕事をして社会性（social skill）を身に付ける機会をも逸してしまう。こうした若年者の「仕事を通しての訓練機会」の喪失は、労働市場における高齢化の影の部分の一つである。

少子高齢化が教育上有益ではないことも見逃すことはできない。少子化によって、若者の独立心が育つのを妨げられる可能性がある。多くの子供たちは成人した後でも、少子化ゆえに、家庭内でも多くの大人から経済的、精神的援助を受けることが常態となりつつある。日本だけでなく、ヨーロッパ、例えばイタリアでも、三〇歳代の独身男性のうち、親と同居している者の割合が高いことは第Ⅰ部で触れた。若くして親を失い、人生の辛酸をなめながら自立せざるをえなかった場合とは対照的であろう。

　この少子社会という現象は、高齢化（寿命の延び）と無関係ではない。平均寿命の短かった時代には、子供の出生数は自ずと多かった。戦前の日本女性の合計特殊出生率（一人の女性が出産可能とされる一五歳から四九歳までに生む子供の数の平均）は五を上回っていた。一・四を前後する近年とは隔世の感がある。戦前は、子供が成人するまでに死亡するリスクが高かったため、子供を多く生んでおくことが「家督の相続」という点からも必要と考えられていたのだろう。しかし医学・衛生と健康管理の技術が進歩した現代では、生まれた子供が成人するまで生き延びる確率は格段に上昇した。その結果、家庭内の子供の数は少なくなったのである。

　もちろん、出生数の減少については、子供の養育コストが高くなったという経済的要因を無視できない。現代の産業社会では、子供を持つこと、育てることの費用が極めて高い。その結果、所得の強い制約が存在する状況では、子供の養育のための出費を抑え、他の消費財へ所得を振り向けたほうが「合理的だ」と考える者が多くなった。子供を育てるための費用には、もちろん衣食を与え、教育をほどこすための費用が含まれる。しかし、こうした目に見える「直接的費用」の多さが最大のネックなのではない。隠された形の、もっと大きな費用を、現代社会の人間は感じ取っているのだ。それは両親のうちのどちらかが、子供を育てるために労働市場から退出し家事育児に専念した場合に失う所得が、「直接的費用」以上に大きいということである。家事・養育に必要な時間を、外の労働市場で働くことに当てたほうが、知識と技能を生かし、収入を高めることになるからだ。

「乳幼児死亡率の低下」効果と「養育コスト上昇」効果によって、子供の数は劇的に減少した。そして少ない子供の上に、多くの大人の注意と期待が向けられるようになった。その結果、経済的にも精神的にも子供の独立は困難になる。子供は独立する必要もなく、親のほうも子供の従属を望んでいる節がある。「独立しにくい」ということは、自らの意思で判断を下す能力が高まらないことを意味する。学校を選ぶのも親、学校を卒業してからの生活の「セーフティーネット」も親が張るとなれば、若者が汗して働く経済的誘因は見つけにくい。こうした状況においては、「何かに賭ける」という必要もなく、意志力を発揮する場が狭まらざるをえない。

元気な親があらゆる事柄に決定を下し、結果のリスクも引き受けてくれる。子供の仕事は、とにかく「プラスのカード」を出し合う競争において、馬車馬のごとく戦って勝利を収めればよい。そこで求められているのは、「こうしたい」という目的とその目的達成のための意志力ではなく、競争を勝ち抜くための技術と我慢強さなのである。この技術と我慢の精神によって、受験競争やスポーツ競技のレベルは数段上昇している。こうした競争自体が人生第一の「目的」となれば、その「目的」が達成された後の人生の見通しを持つことは難しくなる。手段が目的となり、目的が達成されたあとの人生のプランについて、自分でイメージを描くことができなくなるのではないか。

この点を経済学者の永谷敬三氏は次のように要約している。「ライフサイクル理論は、人生が本人の主体的・能動的な設計問題であること、人生における幸福感は自分が設計したプロジェクトの達成度によって決まることを強調する。この意味で、明確な目的意識なしに人生を送っている人、いたずらに流行を追って生きている人、他人との比較に汲々として生きている人は、すでに人生の失格者であるといわなければならない」（永谷敬三『経済学で読み解く教育問題』）。人間の生にそもそも「目的」があるかどうかは難しい問いかけであるが、この場合の「目的」という言葉は、個別具体的な目標ではないとわたしは考える。もし特定の大学の入試に合格する、というような具体的な目標を意味するとすれば、先に述べたような手段と目的の倒錯が起こるからである。

高齢化の影響は、社会全体における人材の育成と配分をも左右し始めている。おそらく日本は、（第Ⅰ部第１章でふれたように）政界、経済界、官界、学界いずれを問わず、組織の要職に就く人間が世界相場からみて、イタリアと並んで最も高齢化している国の一つであろう。もちろん例外的な分野もあり、高齢者の年の功と経験が重視されるというよさもある。しかし能力を発揮できそうな若い人が、十分に機会を与えられないことは、人的資源の大きなロスになる。即戦力になる人材を「見つける」ことにはコストをかけても、人材を「育て上げる」ことには時間をかけないという傾向は、いくつかの分野で認められる。時間をかけて次世代を育てるという体制が失われつつあるとき、人材を獲得するためのいちばん容易な方法は、すでに評価の定まったものだけを奪い合うという形になる。

こうした傾向は、組織のリーダーは「古顔」に任せればよいという考えを生みやすい。教育に時間をかけずに、「古顔」に任せておくのが手っ取り早いためだ。その結果、組織の若返りが難しくなる。高齢化が若い次世代の人材育成を阻むのは、若い人々に責任ある仕事をする機会が与えられないからである。

この点と関連して、一九七〇年代末から始まった中国の「一人っ子政策」は、「両親とその両親」という総計六人の大人に見守られ、中国の子供をダメにするかと思われたが、結果はそうでもなかったという説について考えてみたい。七六年に終焉した文化大革命の後に育った一人っ子世代は、激烈な競争に耐えられる能力を持ち、「中国数千年の歴史のなかでも、もっとも優秀な世代」に育ったというのだ。彼らは少数精鋭の良質な教育を受け、一人っ子同士のハイ・レベルの競争に耐え、グローバル化に適した人材に成長し、スポーツ、芸術、科学などの分野での才能を開花させたと見るのだ。だから少子化は恐るるに足らず、日本も一人っ子を鍛えよというわけである。グローバル化は国家間の競争ではなく、個人と個人との戦いであるから、「一人っ子政策」の下で育った中国の若い世代を侮ることはできないと一部中国人は説く。

この推論は、何故中国の若者の「国際競争力」が高いか、という問いに対する説明としては正しいかもしれない。しかし一人っ子同士の競争が様々な分野の才能を開花させたとしても、この競争が何を目指すものなのか、何をもたらすのか、いかなる善き人間、善き社会をイメージしたものなのかがはっきりしてはじめて、「一人っ子政策」の長期的な教育効果を肯定的に捉えられるのではないか。さもないとアクロバティックな技術に秀で、真善美という価値に対して無関心な、美意識や倫理意識の稀薄な人間を生み出すだけということになりかねない。われわれ日本人にとっては、「合理性」という観点からは優勝劣敗のはっきりした人材育成が、なぜ十全なものではないのかを自省することが今求められているのではないか。

変化 その2――新技術への評価の偏重

もう一つの大きな社会的変化として見逃せないのは、近年の学校教育で、科学と技術に関する知識に秀でることを、知的能力の優秀さの証明とみなす傾向が強くなったのではないかという点だ。この傾向は、技術的な知識や能力に対して、社会がどのような価値を付しているのかという点で、教育の理念や目的を考える上で重要なヒントを与える。

人の知的な能力を「あの人は頭がよい」と評することがあるが、この言葉は極めて多義的だ。人の知性には、様々なタイプのものがある。回転の速い頭脳、回転は遅いが深く掘り下げるエネルギッシュな推理力、常識や通説を疑う能力、抜群の記憶力、鋭い直観力、豊かな想像力、適切な判断に基づく実行力など、文字通り多種多様である。このうち真に知性の働きだと考えられるのは、物事の「行間を読む力」「深読みをする力」なのである。

注意すべきは、三段論法のような論理力、数理的論証力は、頭の働きのなかで、知性の一部に過ぎないことである。論理力や計算力は、コンピュータに代表される論理機械によって代替可能である。機械を「知的だ」と評することはない。機械の「知性」は、あくまで人間の論理能力をより正確に超高速で発揮しているに過ぎないからだ。もちろん数理的な論証力と知性は無縁ではなく、相互に関連を持つと考えられる。しかし精神の働きとしては別物だ。論理的に証明する能力は「理性」と呼ぶのがふさわしい。理性は感覚より高次の認識能力を指すが、知性とははっきり区別される（この「知性」と「悟性」、あるいは「理性」の用語法には、通常の哲学史的見地からは異論があろうが、ここでの本質的な論点ではない）。

しかし近代以降、一般の人々はこの知性（深読みする力）と理性（論証する力）のうち、後者、すなわち理性に圧倒的な価値を置いてきた。言葉を換えれば、論証し、実証することこそ重要だと考えてきたのである。その結果、数理的能力、論証する力（例えば幾何学の能力）こそが「頭のよさ」の証拠のごとく語られるようになった。

学校の入学試験などでは「学力」の判別力として高い効果があるのは、一般に数学・物理そして語学だと言われる。他の科目で点差が大きく開くことはないが、数学と語学が合否を分けるケースが多い。しかし、学校（とくに高校や大学）で学ぶ数学は、論理力や推理力を必要とするが、その数学がよくできることと、先に述べた「知性」とは完全な対応関係にはない。他方、語学は純粋の暗記科目のように思われることが多いが、難解な外国語の文章を解読するには、「深読みする力」としての推理力を必要とする場合が多い。ところが近年の学校教育では、論理的な能力、さらにはその論理すら抜け落ちた技術面での反射神経のみが過大に評価されるようになった。この傾向は、情報通信技術が学校や職場に普及しだしてからますます顕著になったように感じる。こうした変化は、何が重要で何が重要でないかという判断力を鈍らせる可能性がある。知性の理性（技術の論理）への屈服が起こりかねないのだ。

そもそも自然科学的思考だけでは、考えている問題の意味や重要性を評価できないだけでなく、「人間」や「社会」、あるいは「世界」といった思惟の対象に関するわれわれの理解が制約・限定されてしまう可能性が高い。その結果、科学・技術の方法は一元論（monism）的思考と結びつきやすい。自然科学の方法には、一般に次のような大前提が含まれている。すべての真正な問には、一つの、ただ一つの答えがあり、他の答えはすべて誤謬である。もし答えがいくつもあるなら、その問自体が真正ではない。そして正しい答えを獲得する方法は合理的（無矛盾的）であり、正しい答えが妥当する範囲は普遍的（universal）、永久的（eternal）、そして不易（immutable）であるという信念だ（I. Berlin）。

この信念と姿勢を徹底させれば、「世界」は合理的に記述可能な「単一のシステム」としてモデル化できるはずだということになる。この合理主義的思考に基づく一元論の浸透こそ、「何が価値を持つのか」、そして「複数の価値の間の関係」を伝えねばならない教育の根底に潜む問題＝「ゆがみ」だとわたしは思う。

変化 その3——理念とバランスの喪失

このような科学的真理と技術偏重の一元論は、具体的には教育全体にどのような「ゆがみ」をもたらしているのか？　この点に関して、夏目漱石の近代文学の「自然主義」的傾向に対する批判論が参考になる。

漱石は、近代の文芸の理念、いやそもそも社会の哲学自体が、真・善・美・荘厳といった複数の理念（価値）に対して多元的な態度を取ることができず、真のみを偏重する安易な価値相対主義に走ったところに問題があると批判している（拙著『文芸にあらわれた日本の近代』）。「文芸の哲学的基礎」という講演の中で、「我」を分けて知・情・意の精神作用を区別し、この三作用と「我」以外の「物」とを結びつけると、三つの仕事が成立すると述べた。つまり物に向かって知恵を働かす人（哲学者・科学者）、物に向かって情を働かす人（文学者・芸術家）、そして意を働かす人（軍人、政治家、豆腐屋、大工）である。

もちろん漱石はこの単純な三分法で満足しているわけではなく、知・情・意の三作用が独立していないことに注意を促す。政治家も知を働かせるし、科学者も情を働かすことがある。「情の人はかねて、知意の人でなくてはならず、文芸家は同時に哲学者で同時に実行的の人（創作家）であるのは無論であります」という。そして文芸家の理想を、（1）感覚物そのものに対する理想（つまり美的理想）、知・情・意を通して働くものとして（2）真に対する理想、（3）愛および道義に対する理想、（4）荘厳に対する理想、の四つに分け、こう断言する。「これら四種の理想は、互に平等な権利を有して、相冒すべからざる標準であります」と。これは一元論ではなく、まさに多元論の重要性を強調しているのである。そしてこの多元論が、いわゆる「価値相対主義」ではないことを認識する必要がある。これら四つのどれもが同じ平等な権利を持っており、どれかが他のどれかに優越するということはない。むしろすべてがバランスを保つことが大事なのだと漱石は考える。

漱石の挙げた四つの理想は、文芸家の理想であると同時に、一般読者の理想でもある。したがって、「人間としてもっとも広くかつ高き理想を有した人で始めて他を感化する事が出来るのでありますから、文芸は単なる技術ではありません。人格のない作家の作物は、卑近なる理想、もしくは、理想なき内容を与うるのみだからして、感化力を及ぼす力も極めて薄弱であります」という漱石の言葉は、高い理想を持たない人や作品がいかに人々の憧れの対象にならないかを語っているといえよう。

この場合の「真」が、真理（truth）という意味よりも、確かさ、正確さという意味に変質したことに注意しなければならない。一八世紀は、ヨーロッパにおいて科学（いわゆる自然科学）が大勝利を収めた時代であった。とにかく正しい方法さえ発見されれば、人間にとっての外的・内的世界双方の真理はすべて解明されると楽天的に信じられるようになったのである。分野によって方法論に差があるものの、人類が長い間懐き続けてきた問いには、「必ず答えが出せる」という信念には大差はなかった。

ここで重要なことは、「正しい」問いには「正しい」答えが唯一つだけあるという確信である。正しい答えが一つだけであるという信念は、自然科学的探究のみならず、人間精神を対象とする科学にも該当するという姿勢を生んだ。たとえ今わからなくても、いつかは正しい解が必ず明らかになる、と信じるようになったのである。こうした姿勢を、「当然」とみなす者が、現代では大多数を占めている。だが改めて反省すると、これはかなり強い前提である。

しかし、この「正しい答え」という発想は、いつしか歴史の発展の正しい諸法則が発見される、という考えにまで浸透していく。人々の考えや、意見、あるいは理論がいかに異なったとしても、その中に一つだけ正しい答えが存在するのであれば、実際の歴史はその正しい答えに沿って展開するはずだと想定されるようになった。あらゆる問いには、常に必ず「正しい答え」があるとみなす背景には、このような大胆な前提が隠されているのである。

そもそも人間の生活の歴史を理解するのに、自然科学の手法をそのまま適用することで事足りるのだろうか。人間の行動とその動機、恐怖、希望、野心、愛と憎しみといった感情を理解することは可能かもしれない。いかなる時代、いかなる場所にも共通のhuman natureがあるとしても、文化的な経験は時代と場所によって微妙に異なるであろう。異なるとすれば、その固有の文化的経験に、それぞれ固有の価値を認めるか否かという問いが必ず立ち現れる（I. Berlin）。

こうした問いを、教育の場でどのように伝え、議論し、そしてどのように固有の価値を与えればよいのか。科学的真理、技術的知識もいくつかの価値理念のなかの一つであり、その価値は他の価値理念と優劣のために比較考量できるものではなく、全体として「善きもの」に奉仕する価値の一つであるということを学ばねばならないのである。

善き人間、善き社会の理念

高齢化、情報通信技術、自然科学の真理という一元論、これら三つの「遠因」を取り出して、その教育に与える社会的影響について述べた。三つの論点は、それぞれ教育における「意志力」「知力」「情操」の問題に関連付けられる。高齢化が若い人たちの「意志」の力を育む方向へ働かないこと、情報通信技術の発達が知性の調和のとれた成長を崩す可能性があること、真、あるいは「客観的」真理の過度の尊重は、善、美、荘厳といった人間の「情」に関わる理想を圧倒し、傷つけ、人間の自然な価値の構造を歪めてしまったというのが、前項までの議論であった。改めて言うまでもないことだが、これは主張（assertion）であり、論証（demonstration）ではない。しかし、これこそ「大事なことは論証のできるような性質の問題ではない」という命題を、自ら証明したのかもしれない。価値の重要性は数理的論証の対象ではないからだ。

先の漱石の引用で示したように、美も真も愛も道徳も、そして荘厳も、「等しく大切」であり、そのおのおのの理想の「内部」において位階序列が存在しても、おのおのの理想の「間」で優劣の序列をつけることはできない。だからこそ理想の間のバランスが重要になる。

では理想の間のバランスという問題に対して、いかなる具体的対応が可能なのだろうか。もちろん、われわれが教育の場で直面する問題のすべてに解決策があるわけではない。社会条件の中には、人間の力で変えうるものと、与えられたものとして受け入れざるをえないものがある。そして直面した問題が、そのいずれなのかを判定することは難しい。しかしすべてを改革することができる、あるいはすべては運命である、と考えるような極端は避けねばならない。

理想の間のバランスという点は、善き社会の条件を考えるとき、重要なポイントになる。アリストテレスは、「適度なものと中間的なものとが最善であるということが認められている」として、「この中間というのは各人の到達し得るそれのことであるが」と限定句を加えることを忘れない（『政治学』第四巻第十一章）。ここに最善というのは、普通の人の力の及ばない徳を基準にしたり、素質や幸運といった外的条件に影響される教育を規準としたり、理想通りの国政を基準にすることを諫め、むしろ「最大多数の人々の与り得る生活や最大多数の国々が与り得る生活や最大多数の国々が与り得る国政を基準にして判断する」ことが重要だと考えたのである。つまり「普通の人がなしえないことを基準にするな」というのだ。これは宗教においても、政治・経済においても、「極端」を避けよ、という考えと重なる。普通の人が到達できないようなレベルを基準にすると、人々は単に偽善的になるか、その高い基準と自己を同一視して恐ろしく傲岸になるかのどちらかになる。福澤諭吉の表現を借りると、「名分を以て偽君子を生ずる」ような事態を避けよというわけである。

そしてアリストテレスはさらに次のように言う。

「幸運の賜物にしてもその中間的な所有が何ものにもまして最善であるということは明らかである。何故ならその程度の所有は理性に最もたやすく従うが、過度の美しさとか、過度の強さとか過度の善き生れとか過度の富とか、或はそれらと反対に、過度の貧しさとか過度の弱さとか非常な賤しい地位とかをもつ者は、なかなか理性についていきにくいからである」。その証拠には、過ぎた美や力や富や身分を持つ者は、傲慢な者や大犯罪者になるケースが多い。過度の貧しさ・弱さを持つ者や、低い地位にある者は、無類の徒やちっぽけな犯罪者となるのが多い。だからこそ、過度の貧しさの中でも善く生きようとする人々をわれわれは美しいと感ずるのである（拙稿「正義と平等――経済倫理における知性と適正感をめぐって」『アスティオン』五八号、二〇〇二年）。

「中間の人々」は、支配から逃避したり支配を追求しすぎたりする傾向が最も少ないという点も重要である。この逃避と過度の追求の二つは、共に国家にとって有害なのである。力や富や友人や幸運を過度に所有している人々は、支配されることを欲しもせず、またその術を心得てもいない。しかし他面、これらのものを過度に欠いている人々は余りにも卑屈になり、支配する術を心得ず、むしろ隷属的な支配を受ける術を心得ることになる。このような状況では、国家は、自由人たちからではなくて、奴隷と主人とから、すなわち嫉妬する人々と軽蔑する人々とからのみ構成されることになる。そして国家が最も友愛の少ない共同体と化す。

このような理由から、中間的な人々から組織された国に最も善き政治が行われるとアリストテレスは考えたのである。これらの人々が国民のうちで最も安定しているのは、彼ら自身は貧乏人のように他人のものを望むこともないし、他人も彼らの財産を望むこともないからである。また謀反されたり謀反したりすることがないために、危険なしに日常生活を送ることができるのである。

したがって国民共同体も、中間的な人々によって構成されたものが最善であり、そして中間的な部分が多数で、政治をする人々が中間の、そして生活に充分な財産を有しているということはこの上もない幸いなのである。あるグループは非常に多くのものを所有しているのに、他のある人々は何一つ所有していないところでは、極端な民主制か生粋の寡頭制かあるいはこの両方の極端なものを通じて僭主制かが生じてくることを、アリストテレスは看破していたのである。

こうしたアリストテレスの中庸の思想を念頭において、先に指摘した外的・社会的条件の変化を意識しながら、現代日本の教育問題に関する解決の方向性を次節で探ってみたい。

5　「憧れ」の対象があるか

民主政治にとっても市場経済にとっても、極端を避け、公正かつ円滑に諸制度を運用するためには公共精神が大前提となる。市場機構では、人々は利潤動機に突き動かされるため、「利潤追求のためであれば何でもやる」という事態を招きやすい。民主政治も、個人の私的利益の追求のために政治家を選び、政治家も利益で人々を誘導し票を獲得しようとする。こうした傾向は「度を過ぎない限り」、経済と社会を活性化することは確かであろう。歴史的に見ると、人間の貪欲が人類の富の創造に大きく貢献してきたことは間違いないからだ。しかし人間の貪欲が行き過ぎたために、あるいは民主制が極端に走り、「多数者の専制」によって政治が暴走したために、社会が混乱し、時には国家が瀕死の状態に陥ることもあった。

こうした行き過ぎを回避しうる重要な歯止めは、自分のことだけではなく、「他者」と「未来」のことに思いを馳せることができる「公共精神」であろう。この「公共精神」は、私的利益の追求の行き過ぎを食い止め、手段が本来の目的に取って代わるような「倒錯」が起こらないよう警戒する精神的構えである。「他者」と「未来」に思いを致すという精神は、言い換えると「すべての人々にとって善きもの」と「不死なるもの」について考えることを意味する。「いま」と「わたし」という利己主義の檻に閉じ込められた精神を解放する、広い意味での宗教心でもある。

もちろん、人々は公共精神の源泉ともなりうる宗教を無条件に肯定するとは限らない。民主政治にも市場機構にも存在する「行き過ぎ」に対する警戒心が、宗教に対しても同じように働くためである。宗教的な行き過ぎや、熱狂、狂信も破壊につながることがある。しかし宗教が、経済や政治の極端に歯止めをかけることができるのも確かだ。お互いが社会的勢力として掣肘し合うという意味で、政治、経済、宗教がそれぞれの力を発揮し、社会全体でバランスを保つことが必要なのだ。

宗教、政治、経済のどの活動をとっても、「行き過ぎ」が破壊を生むという例は多い。正義という徳目さえも、その貫徹は時としてこの徳目自体を完全に打ち消してしまうことがある。H・フォン・クライストの小説『ミヒャエル・コールハースの運命』は、こうしたプロセスを圧倒的な迫力で描いた名作である。善良な市民の鑑ともいえる馬商人のミヒェエル・コールハースは、自分の正当な権利が侵害されたとき、その権利を回復しようと三度試み三度失敗する。するとコールハースは、「他人が自分の権利を認めてくれないのなら、法に拘束されない行動をしてもよい」と考え、社会を恐怖のどん底に突き落とすような暴挙にでる。その結果、最後に彼の元の権利は回復されるのだが、彼自身は処刑台の露と消えなければならなかった。すなわち、一つの正義を回復させたものの、コールハース自身は彼の侵犯した法によって償いを受けねばならなかったのである。

このクライストの話は、「善き社会」の実現にとって不可欠な、精神における「バランスの問題」を扱っていると読める。ちょうど正義の女神テーミスの像が、片手に天秤を持っているように、正義自体は、元来「眼には眼を」というバランスを意味していた。現実には、正義のバランスの問題は複数の要因の重なりを比較考量しなければならないことが多い。このバランスこそ「善き社会」の実現にとって必要不可欠な条件なのである。ミヒャエル・コールハースは、一つの正義の徹底が、別のアンバランスを生むことや、宗教の教える愛（ゆるし）や知性（理解）の働きが持つ力を考えなかったのである。

歴史的に見ると、宗教自体は、極端とか徹底から生まれたものが多いが、「善き社会」の実現を目指す真の宗教は極端を嫌う穏やかなものであることが必要だ。宗教が「普通の人々」にとって不可欠なものであるならば、熱狂や極端に走る宗教は穏やかな市民生活とは相容れないはずだ。バランサーとして健全な精神を保つためには、常に「行き過ぎ」に対する手綱の役目が必要なのだ。健全な精神とは過剰を嫌う精神のことだ。過剰を取り除き、「未来」と「他者」へ思いを馳せる力としての宗教こそ、人間と超越的なものとを「正しい位置」で結びつけてくれるのではないか。

以上の点を教育の現場の問題に引き寄せても、何がしかのヒントを読み取ることができる。例えば、受験の実績で名を上げた学校の多くは、競争の徹底に邁進し、それ以外の理念を教えることはなく、理念と理念の間のバランス（例えば先にあげた漱石の四つの理想の平等な位置）を保つような精神を軽視してこなかったか。建学の精神や、教育理念を示す「こうなりますように」という「祈りの言葉」を軽視してこなかっただろうか。これらの教育機関は、「憧れ」、あるいは生徒が何かそれに近づきたいと思うような「理想」を指し示す努力をするよりも、とにかく目先の試験競争に多大なエネルギーを割いてきたということはなかったか。

「建学の精神」は、教育の場において予想以上に大きな働きをする。あるいは「大きな働きをすべきだ」というべきかもしれない。企業にも、社是とか社訓といわれるものを持ち、企業内の「憲法」として大切にしているところがある。とかく日常の業務にだけ日々追われがちな企業が、重大な判断を迫られるとき、あるいは企業の来し方行く末について思いを馳せるとき、改めて自己の位置を確かめ、向かうべき方向を再確認するための「よすが」とされるものである。この「社是」を真の企業内憲法として日々尊重すれば、闇雲な暴走や、社会的徳目に反するような行き過ぎを未然に防ぐことができるかもしれない。

「憧れ」が必要なことは強調してもしすぎることはない。もちろんそれだけで教育問題のすべてが解決するわけではない。人間の生存競争、とりわけ国際的な経済競争の厳しい環境下では、やはり合理的な競争のための力量を学びとらねばならない。その合理的な力量を十分に発揮するためには、優れた専門的な人材を十分な数、擁することも必要になる。合理主義だけでは善く生きられないが、合理的行動なしでは生き残れないのだ。

専門知が軽視されていないか

経済社会が巨大になり複雑化し、外国との相互依存関係が強まるにつれ、政策的判断における高度の専門性がますます要求されるようになった。しかし公共の事柄を議論し最終的な判断を下す政治家が、すべての事柄について十分な知識を持っているというのはフィクションにすぎない。このフィクションをメディアが補完することにも限界がある。メディアに資質の高い人材が流入しているとしても、日本では現実の重要な政策を解析できるような専門的職業人が、高等教育機関で十分養成されているとは考えられない。

一つのデータを示しておこう。日本、米国、英国、ドイツの企業の大卒ホワイトカラーの雇用システムについて、一九九三年から一九九七年にかけて筆者が参加した聞き取り調査研究の最終段階で、日、米、独の大卒ホワイトカラー管理職（部長・課長）を対象にアンケート調査を実施したことがある（小池和男・猪木武徳編著『ホワイトカラーの人材形成――日米英独の比較』）。学歴について、四年制大学卒の割合だけを見ると、日本が八四・三％と圧倒的に高い。しかしこのことは、日本の管理職が三カ国中最も高学歴であることを意味しない。管理職の回答者の中で、「大学院以上」の学歴を持つ者の割合は、日本がわずか一・九％であるのに対し、米国は六〇・九％、ドイツは一一・三％という高い数値を示している。米国もドイツも大学院修了者の三割ないし四割近くが、いわゆるビジネス・スクールの修士学位であるＭＢＡ取得者であることにも注目するべきであろう。米国もドイツもSecond Degreeとして経営学修士が主流になっているのである。

二〇世紀末から始まったボローニア・プロセスと呼ばれるヨーロッパ高等教育圏の学位についての改革が進行中であったドイツの大学では、もともと米国や日本の四年制大卒者が取得する「学士号」が存在せず（米国等の修士相当までの修学年数であり、大学を卒業した後の学位は博士号だけという点からも）、ドイツの大学学部を修了すれば大学院博士前期課程（修士課程）修了相当とみなしうる。ドイツの「大学卒」を「大学院以上」と分類すれば、その割合は五〇％以上にはね上がる。ただしドイツの場合、日本よりも高学歴者が割合として多い反面、「短大卒以下」の管理職の割合も日本より多い。つまりドイツは日本と比べると、学歴の分布の散らばりが大きいということになる。

また、日本は専門性の重視という点で、欧米はじめアジアの先進諸国よりも近年かなりの遅れをとっているとわたしは指摘してきた（拙著『自由と秩序』）。著名人を集めた審議会はあるが、専門家の意見を政策決定の過程で利用するというシステムができ上がっていないのだ。

仮に専門家が十分供給されたとしても、日本では審議会方式に見られるように、専門家の判断を位置づける法的枠組みが不明瞭である。日本の政策決定のプロセスには専門知を尊重する精神が稀薄なのである。例えば、病んだ金融システムの診断と治療を行うのであれば、その分野の専門の経済学者で構成された委員会を組織すべきであろう。餅は餅屋ではないが、マクロ経済と金融システムの経済学者がまず知恵を出すべきだろう。日本の「審議会」のメンバー各人は、人物、識見において優れた人物かもしれない。しかし国民経済の問題を分析し処方箋を書くのは、その分野でプロフェッショナルな訓練を受けた人物でなければならない。

確かに細分化された専門主義が、とんでもない愚かな判断を下してしまう可能性はある。そのようなリスクを避けるために、「まとめ役」を務める人は、非専門家ということになってもよい。しかし議論そのものについては、欧米の例を引くまでもなく、もっと専門家の発言が重視されてしかるべきだ。

欧米だけでなくアジアの先進国では、現実の重要な政策を解析できるような高度の専門的職業人を高等教育機関で数多く育成している。彼らは政府とは独立したシンクタンクに結集し、データを整備し、シミュレーションを行い、様々なシナリオの分析をしている。例えば北朝鮮の政治経済面での「転換」、中国の信用拡張のリスクなどについて、いろいろな可能性をあらかじめ想定することは、国の政策上極めて重要だという意識が強いからだ。しかしこうした調査機関や研究機関があったとしても、そこから得られた知識や情報が実際の政策にどう生かされるのかは別問題のようだ。牧野邦昭氏が丹念に資料に当たって調べたところによると、戦前日本の陸軍省主計課別班（通称「秋丸機関」）による英・米、ドイツ、日本の経済力を分析した調査報告書が、日米開戦の回避に貢献できなかったという前例もあるからだ（牧野邦昭『経済学者たちの日米開戦――秋丸機関「幻の報告書」の謎を解く』）。

日本が社会科学系の専門的な人材の養成に遅れを取ったのは、社会科学系の大学院教育にも大きな責任があった。大学院の規模が小さく、学生数が少なく、体系立った教育カリキュラムがないだけでなく、研究・教育の内容が偏りすぎていたということがある。日本の大学院教育は、現実の経済問題そのものに正面から向き合うという姿勢を軽視してきた。輸入学問としての経済学の伝統的な枠組みの中で、抽象的な問題に取り組むことだけが学問的だと考え、現実の経済問題に発言することは不純だとみなされてきたのではないか。

経済現象が複雑化し、経済学も高度化・複雑化した現在、大学の学部だけでは、経済学のフロンティアまで十分包括的に教育できないのが実情である。さらに、多くの学問分野では、研究対象が広がると同時にますます専門化が進んだため、学部教育だけでは十分な教育と研究の成果を上げることができなくなってきたのだ。

古典に還る

専門家集団の層が薄い代わりに、経験豊かな高齢の学校秀才たちが政策決定機構の中枢にいるというのが、日本の統治構造の一つの特色であろう。老人支配（gerontocracy）の国だといわれる日本では、なぜ人材配置の「若返り」が難しいのか。この問いに対する答えとして、日本の教育をめぐる一つの仮説が浮かび上がってくる。日本で「若返り」が難しいのは、老人が要職に居座るということもあるかもしれないが、教育内容の差、特に日本と欧米の古典教育の差にあるのではないか、という仮説である。

この一見「論理の飛躍」とも思える仮説の背後には、次のような推論がある。日本では古典教育がますますそのウエイトを低下させているから、若者の判断力が鍛えられていない。したがって、判断力の涵養は主として経験の積み重ねによって行われている。日本では年齢のもたらす知恵と経験に頼ることが重視される。それに対して米国は、大学の学部教育においてはリベラル・アーツの伝統がかつてに比べ弱まったとはいえ依然持ち堪えている。政治思想史ならプラトン、マキアヴェッリ「そのもの」を読む。プラトンやマキアヴェッリの解説本でお茶を濁すということは避ける。あるいは環境、人権、ジェンダーといったカレントなテーマだけで学生の問題意識を刺激することもない。古典教育によって判断力の鍛錬がなされているのだ。そうした教育では、書かれた人類の知恵を利用できるから、同時代の老人の知恵に頼る必要度は低くなる。いかなる社会も「老人の知恵」か「古典の知恵」か、少なくともいずれかを必要としているが、大まかに言えば、現代の日本社会は「老人の知恵」を、西洋社会は「古典の知恵」を、という図式になっているのではなかろうか。

これはやや強引な図式化かもしれない。しかし教育というものに力があるとすれば、その実質的源泉がどこにあるかは、社会によって異なるだろう。老人に支配を委ねなければならない要素が日本の教育体制の中に含まれているとすれば、単にそれを批判して済む話ではなくなる。高齢化と古典教育の衰退が、何かにつけ老人に頼る風土を生むという点は検討を要する。

近年こうした日本における古典教育の軽視を問題とし、「古典を読もう」という運動が広がりつつある。グループで古典を読む人々から、筆者も読書会への誘いを受けることがある。社会人の研修セミナーであったり、学生の勉強会であったりする。その折に、時として議論になるのが「なぜ古典を読むのか」という問いである。

人間は様々の食べ物を口にするが、書物はその食べ物に似た性質を持っている。主食・副食・デザート・お酒など、書物も、気軽に読む物、時間をかけて読む物、毎日目を通す物などいろいろある。その中で古典は、栄養豊かなどっしりした食べ物のようなものに思える。口にやさしい甘さはない。調理の要らないインスタント食品でもない。急いで駆け込めば、すぐ差し出されるファストフードのような便利さもない書物だ。

人間の精神と肉体にとって栄養は大事だ。そしてその栄養を、ゆっくりと味わいながら摂取するということが大切だ。素材そのものの美味さを十二分に生かして、しかし時には自分流に工夫しながら賞味すれば、これほど心と身体にとって良いことはないかもしれない。これこそ古典が先生となる教育であろう。

古典とは、二次加工、三次加工されない、素材そのものの力強い美味さを教えてくれる書物ではなかろうか。そうした書物は、一度読んだだけでは解りにくく、面白くもないかもしれない。しかし本気で向き合えばわれわれに何か根本的な精神力と体力を与えてくれる。そうした視点から若者向けの書籍の出版事情を見ると、日本にはあまりに多くの古典の「解説本」がありすぎる。「解説本」を読んで古典を読んだと錯覚するのではなく、古典そのものと格闘しながら先人の英知に取り組み、そこから栄養を摂取することが精神にとって大事なのである。「解説本」で済ませることは、『徒然草』ではないが、石清水を参拝に行って、山の上までは至らず極楽寺辺りで、「石清水とはこの程度のものか」と思って帰ってしまうようなものだ。ビーフステーキがいかに美味しいかを語った本を読んでも、栄養も体力も身につかないのだ。

これまで述べてきたことは、「古典と格闘しながら先人の偉大な人文知を摂取し、理念を持ちつつ、外国とも太刀打ちできるような優れた専門家層を育て上げる」ということに尽きる。そうした姿勢を身につけることによって、われわれは合理的な機械としてではなく、はじめて「善く生きる」ことができるのではなかろうか。問題の根が深いからこそ、その解決のためには深い患部にまで降りてゆき、もう一度「善く生きる」ために、われわれの理想や憧れが何であったのかを想い起こさねばならない。

第5章　大学の理念とシステム

1　実学・虚学・権威主義

二〇一四年五月、安倍首相はパリのOECD本部の閣僚理事会で、議長国としての基調演説を行った。現今の日本社会が改革を必要としていることを力説しつつ、日本の画一的な教育制度に触れ、「モノカルチャー型の高等教育では、斬新な発想は生まれません。だからこそ、私は、教育改革を進めています。学術研究を深めるのではなく、もっと社会のニーズを見据えた、もっと実践的な、職業教育を行う。そうした新たな枠組みを、高等教育に取り込みたいと考えていま す」と述べている。この言葉を、古典教育や人文学の長い伝統を守り抜こうと四苦八苦している欧米の大学関係者はどう理解したであろうか。

制度の相違があるため教育統計の国際比較は難しい。それを承知で『教育指標の国際比較』（文部科学省、二〇一三年版）を用いて、主要国の学位取得者のおおよその分野別割合を見てみると、日本は人文学・社会科学方面の学位取得者の割合が際立って低いことがわかる。

学部段階では「法経等」が米・仏・露と並んで高く、「工学」もロシアと共に目立って高い数字を示す。大学院段階では、日本では「法経等」の割合が非常に低くなり、「工学」が先進国の中で突出して高率となる。一方、「人文・芸術」分野は学部段階でもフランスでは三割を超えるのに対して、わが日本は二割を切っている。さらに大学院段階になると、日本だけが「人文・芸術」分野が一割以下の低水準になる（ヨーロッパの大学における学部・大学院の区切り方が、日本や米国とはまだ完全に一致していないため、以上は大まかな比較となる）。

これらの数字が示すように、世界相場からするとすでに日本は「人文学軽視」「工学重視」の国なのだ。工学も様々な分野にわたるから、すべてが「実践的」「実利的」な分野だとは見做せない。ただ、「工学」系に目立って傾斜した国の首相が、「学術研究を深めるのではなく」「もっと実践的な、職業教育を行う」と述べたことは（社会主義国ならまだしも）欧米の教育・研究関係者には奇異に映ったに違いない。筆者もこうした高等教育の方向付けには強い違和感を持つ。同時に、「実践的」な学問、あるいは「実学」とは何かという問題を改めて問い質してみるべきだと思うようになった。

実学・虚学という二分法の限界

実学とは役に立つ学問のことを言う。この素朴な言い方に間違いはないのだが、この「役に立つ」という言葉が実に厄介なのだ。何にとって、誰のために、どう役に立つのか。「有益さ」を判断するには、どれほどの期間を視野に入れるべきなのか。すぐ、直接、目に見えてなのか、それとも漢方薬のように長い目で見て間接的に、なのか？

さらに厄介なのは、意図した効果を見るのか、意図しないにもかかわらず効能が認められれば、その原因を教育に求めるのか。つまり教育の効果は、因果関係のはっきりした、意図を持ってコントロールできるようなものなのかという疑問である。

日本語の「実学」と「虚学」という言葉が福澤諭吉の学問論（主に『学問のすゝめ』）に出てくることはよく知られている。福澤は、有職故実の和学者や官途に励む朱子学者、読みもしない洋書を書架に並べる洋学者を例に挙げ、権威に惑溺する「実なき学問」と厳しく批判し、「専ら勤むべきは人間普通日用に近き実学」を奨めた。

彼の言う「実学」の中には、窮理学（広い意味の物理学や自然学）や地理学・歴史学も入っている。福澤が「実学」と言うとき、「サイヤンス（science）」と言い換えていることからも推量できるように、ひとを「軽信軽疑」に陥らせるようなお手軽な命題を刷り込む学問ではなく、論理と証拠を積み重ねる方法を取る科学的な学問に専念すべきだという強い主張が込められている。福澤の念頭には、江戸時代の儒学における実用の学ではなく、近代科学とそれを生み出した人間の独立心、自由な人間関係があった。『西洋事情　初編』の「文学技術」の項で、バーコン（F・ベーコン）とデス・カルテス（デカルト）がもっぱら試験（実験）の物理論を唱えて「古来の空談を排した」と述べていることからもこの点は明らかである。それは決して、すぐ何かの役に立つ「即戦力」となる学問ではない。独立の気概のある人間が自発的に学び取ろうとする自由な学問を指すのだ。

実学と独立心の関係

このように福澤の「実学」概念には、権威や権力から独立した、という意味が含まれている。彼が使う「実なき虚威」「空談」という言葉は、学問は軽信軽疑や権威から生まれ出るのではなく、「人民独立の気力」によってのみ発展するのだという信念から発せられている。つまり実学の精神は独立の気力と不可分の関係にある。換言すれば、権威に寄り縋る精神は、何を学ぼうとも「虚学」になるということなのだ。

この点は、同じ『学問のすゝめ』（第一二編）の中で「学問の本趣意は読書のみに非ずして精神の働きに在り」と言いきっているところからも読み取れる。つまり、何が役に立つのか、何が実学で何が虚学かという線引きが論の中心ではなくて、学問をいかに精神の働きに生かせるのかが問題なのである。だからこそ、ただ観察、推論、読書で知識を集めるだけではなく、そうした知見を人と交換し、文字に表し、人と話すという「知見を散ずる」行為の重要性を福澤は強調したのである。

その論のベースには人間の品位と尊厳に関わる考えがある。人の見識品行は、深遠な知識を持っているのか、より多くを知っているのかにあるのではなく、「事物の有様を比較して上流に向かい、自ら満足することなきの一事に在り」という精神から生まれるというのだ。

この「自ら満足することなき」という言葉は、知識欲の内発性がなければ、独立の気概がなければ、生きた学問（実学）とはなりえないことを意味している。こうした内発性を次のように巧みに譬えた賢者がいる。人間の知識を球体の形をした物量と考える。知識が増えれば、球体はどんどん膨張して大きくなる。しかし人間の疑問や未知の問題への関心は、この球体が外界と接触する表面から生まれる。知れば知るほど球体は大きくなるが、同時に表面も広くなり、わからないこと、知りたいこともどんどん増えていく。多くを知ると、知らないことが減るのではなく、逆に増えるのだ。そのときに生まれる「さらに知りたい」という内発的な欲求こそ、近年われわれが身を置く教育機関で薄まりつつある「気概」ではなかろうか。権威が与える定形化された知識を鵜呑みにする知識欲の喪失が虚学を生み出すのである。

学問を単なる実利や虚栄のために用いるな、健全な懐疑心と独立の気概を失えば実学も必ず虚学に堕するというのが実学と虚学の関係であり、懐疑の精神と知識欲の衰弱が社会を文明から後退させると見るのが福澤の学問論の中核なのである。

権威主義から脱すること

福澤が朱子学の権威を「腐儒」と呼んだのは、知的廉直をもって物事を疑い、自ら進んで何かを選び取るという精神に欠ける彼らの無気力と無節操を批判してのことであった。普通誰しも権威を求める。実際、統治の世界では権威が必要になる。しかし権威は支配と秩序のために必要なものであって、真理のみに奉仕する知の世界では、権威は「浮世の虚名」と等しくなることが多い。学問は「権威」であることを誇示した段階で、いや意識した途端に、虚学に変ずることになりかねない。「権威」は疑うことを許さないから、新しい真理に近づくことができないのだ。

この「権威」を偏重する姿勢が、いまだにわれわれ日本人の精神世界を支配してはいないだろうか。筆者が長く向き合ってきた経済学や経済史学の世界でも、例えば五〇年前の学界が何を「権威」としていたのかを振り返ると、「あれはいったい何だったのか」という思いを禁じえない。経典のごとき尊崇を受けていた経済学や経済史のドグマが、今やほとんど語られることがないという状態なのだ。もちろん学問にも流行がある。しかしそれが問題関心や研究テーマの変遷ならまだしも、「真理」そのものが漂流するかのような様相を呈することがあるのだ。

持続と蓄積の精神で地道な努力を続けてきた少数の研究者の仕事が、年月を経た後に光り輝くということも学問の世界では起こる。「真理」の世界では多数派が必ずしも生き残るとは限らない。えてして人文・社会科学の世界で大層な「理論」と呼ばれるものが、こうした運命をたどるケースは少なくないようだ。

もちろん、何でも疑えばよいということではない。古い学説にただしがみつくだけでは新たな知恵は得られないのと同様、ただ疑っているだけでは単なるひねくれ者か粗忽者に過ぎなくなる。何を信じ、何を疑うのか、その適切な判断力はただただ学び、問い続けることだけによってしか身に付かない。独立心のなさと権威主義が「虚学」を生み出すのであって、人間の知的産物は、長い目で見ると、ほとんどすべて何かに役立つ「実学」の要素を含んでいるのだ。

変化に対応できる素地

先に、安倍首相の演説の中の「もっと実践的な、職業教育を行う」という語句を引用した。だが、この「職業教育」という言葉を直ちに実学の教育と解釈することはできない。特に職業において必要とされる知識や技能が教科書やマニュアルのかたちで標準化されてしまえば、それはもはや実際の職場で競争力を高める有益な力、つまり「役に立つ実学」とはなりえないということが起こる。実際の職場で発揮されている知識や技能は、マニュアルをはるかに超えた水準のものだからだ。

二〇一四年九月、文科省生涯学習政策局長と高等教育局長の「決定」として、『「実践的な職業教育を行う新たな高等教育機関の制度化に関する有識者会議」の開催について』という文書が公表された。そこには経済・産業界の動向・人材需要を予測し、実践的な職業教育を高等教育機関で制度化する、と記されている。しかし、そうした産業別・職業別の雇用動向を鋭敏に把握し、それに対処できるのは、経済学が教えるように「市場による調整機能」しかない。将来の変化の方向・速度と多様性を読み取るには、市場の競争と淘汰のメカニズムの力を借りなければならない。社会が必要とする高等教育の専門分野と教科内容の動きを長期的に見通すことができないからこそ、一般の学校教育ではその多様化に対応できる能力の基礎となる原理的学習が重視されるのだ。産業の現場では、需要の内容も先端技術も常にダイナミックに変化する。その変化にある時点では対応しえたと思っても、すぐさま市場は変化し、新しいだけの知識は古くなる。

「即戦力」は役に立たなくなる

管理職にある者の現在の職能と、彼らが高等教育で専攻した分野の相関関係は一般に低い。日本の大卒ホワイトカラーは、大学の学部レベルで法学・経済学・経営学を学んだ者が比較的多い。しかしこうした専攻分野と、彼らが入社した企業で従事している職能（仕事分野）との関係を見ると、その対応関係は弱い。例えば前章でも触れたが、筆者が携わった調査（小池和男／猪木武徳編著『ホワイトカラーの人材形成——日米英独の比較』）では、経理部長・経理課長ポストにある者は、経済学・経営学の専攻がそれぞれ三割程度を占めるが、法学や文学部出身者もかなりいる。「営業」の職能については、工学と法学が全体の三分の一を占めている。仕事についてからの実地訓練（ＯＪＴ）が、いかに大きな力を発揮しているかということだ。「最終学歴での教育内容」の有効性、すなわち「役に立ったか否か」をアンケートで尋ねると、米国の場合は一部の高等教育機関で学ぶことの実利性が指摘されてはいるが、日本やドイツでは実利性や専門性の教育という意識は薄い。ちなみにドイツでは、「役に立つ資格の有無」の割合はほぼ日本と同じ二五％程度であるが、「資格」が役に立つ理由を、「仕事に就くため不可欠の条件」（三八・七％）、「昇進に有利」（三九・八％）とする者の割合が日本より高い点が注目される。

米国の労働市場では、「資格」の有無が労働力の質を示すシグナルとして働いているのに対して、日本の企業内労働では、「公認会計士」「税理士」「社会保険労務士」などを除くと、「資格」は労働力の質を示すシグナルとしての機能を持っていない。つまり企業側が、学歴や資格にどの程度の人材選別機能を認めているかが決定的に重要なのだ。

アリストテレスの慧眼

そもそも「企業外での職業教育に資金を投入すれば技能が向上し、それが経済を活性化し、生産性を上げる」という推論には確たる証拠があるわけではない。こうした発想は、「技術開発に資金を投入すれば、技術革新が起こり、経済成長が実現する」という推論と同工異曲であろう。職業教育と生産性の関係、技術革新と経済成長の関係はもっと複雑で、未知の部分が多い。

技術革新と経済成長の関係が一筋縄で解明できないのは、その技術を生かす労働力の質が経済成長に大きな影響を与えるからである。かつて筆者は、同じ製品を生産する工場での労働の生産性を三国間で比較したことがあった。慎重に計測すると、三国のうち、最新鋭の技術の資本設備で操業していた工場の一人当たりの労働生産性は、最も古い機械で生産している日本の工場の三分の一程度に過ぎないことがわかった。それほどに、技術よりも、労働の質と「やる気」が生産性を強く規定するということである。このことは、楽器と演奏家の関係に重ね合わせるとわかりやすい。いかなる名器でも、演奏者の技能が高くなければ、よい演奏は生まれないのだ。

生産現場における技能形成は、実際に仕事をやっていくこと自体が訓練（ＯＪＴ）になっているのであり、座学や研修、あるいは職業教育はあくまでもそうしたＯＪＴを補完する役割を果たすにすぎない。この重要なポイントを、すでに二四〇〇年前にアリストテレスが、いみじくも次のように言っている。「あることをおこなうためにはそれを前もって学んでいなければならないが、それが学ばれるのは実際におこなわれることによってである。ひとは建築することによって大工となり、琴を弾ずることによって琴弾きとなる」（『ニコマコス倫理学』1103a32-33）。

アリとキリギリス

すでに述べたように、何が実学なのかという問いは、「役に立つ」という言葉の曖昧さを問い質すことであった。そして「役に立つ」と言う言葉には、何が、誰にとって、そして何を何に優先させるべきかという重要な問いが隠されている。それゆえ、役に立つか否かの議論には、必ず価値の相克の問題が生まれる。

すでに三〇年以上前、米国で、「月にロケットを打ち上げること」と「ゲットーの問題の解決にお金を使うこと」のどちらが人類社会にとって為になるか（役に立つのか）という議論が展開された（リチャード・R・ネルソン『月とゲットー――科学技術と公共政策』後藤晃訳）。この問いは今でも生きている。実際、宇宙開発競争がいかなる幸福をわれわれにもたらしてくれるのか、確信を持って答えられる者はいない。ただし、宇宙に進出することは一国の経済利益や威信に関わる。他方、貧困は人間の尊厳を傷つけ、社会の安定性を脅かす。これも価値をめぐる重要課題であることは間違いないのだ。

大学は、その比較優位から考えて、「実践的な職業教育」ではなく、こうした価値をめぐるわれわれの判断力と変化への対応力のベースとなる自由な学芸の府としての役割を果たすことによってしか、その存在価値を維持できなくなる時代が来ると筆者は考える。アリとキリギリスの寓話を借りるなら、短期的な快楽の享受に我を忘れるキリギリスではなく、長期的な視点から己の価値意識を確認するための地道な投資活動に徹するアリの姿勢こそ、われわれは手本とすべきではないか。

五〇年、一〇〇年のタイムスパンで見ると、今後、科学知識や技術情報が企業、民間の研究所など、大学以外の場所から生まれる可能性はさらに高まるだろう。大学では、古典を含む人文学や社会科学の遺産をよく学び、何が自分と人間社会全体にとって価値あるものなのかを検討し、「権威」に依拠しない自らの考えをまず母語で正確に語り説得力のある文章を書く力を養うことに努めるべきであろう。そこを軽視して大学の生き残る道はない。

2　知るということに伴う責任感

二〇一二年、ノーベル生理学・医学賞が、再生医療の進展につながるiPS細胞をはじめて作成した京都大学の山中伸弥教授に授与された。ナショナリスティックな感情を超えて、多くの日本人が彼の受賞に敬意と祝意を表したことは、メディアでも繰り返し報道された。人間の健康と生命の問題の改善に日本の知性が大きく貢献したことを、筆者もうれしく、誇りに思った。

山中教授の記者会見やテレビでの発言で、彼が立派な研究者であるだけではなく、冷静で謙虚な科学者だということにも感心した。周囲から称賛を浴びる人はなかなか他人の共感を得る言葉を発することができないものだが、山中教授の言葉には心を打たれるところが多かった。

一つは、同時受賞のジョン・ガードン英ケンブリッジ大名誉教授の仕事に言及しながら、概ね次のように述べていたことだ。

科学的な真理は、何枚ものヴェールにおおわれている。科学研究はそのヴェールを、いわば一枚一枚はがしていくようなものだ。ガードン博士は厚いヴェールを取り除いて、見通しをよくした。自分もその流れの中で、たまたま運よくかなり重要な一枚をはがす幸運な研究者となった。「学問は、運、鈍、根」と言われることがあるが、彼はその事実を冷静に見つめながら語っているように感じた。

一つの発明や発見にたどり着くためには、それまでに多くの先達の努力の積み重ねがあり、その土台の上で幸運な人間が重要な真理発見の現場に立ち会うというケースが多い。夏目漱石が一九一一年（明治四四）に『東京朝日新聞』に書いた「学者と名誉」という文章を思い出す。帝国学士院が地球物理学者・木村栄博士の「地軸変動の研究」に関する功績を第一回恩賜賞で顕彰したときの評論だ。漱石は、純粋の科学者である木村博士の仕事に社会の注目が集まったことを祝したあと、社会がこれまで持っていた無自覚の公平感が、急に不公平な称賛へと変質したことに対して、次のように言う。

「木村氏と他の学者とを合せて、一様に坑中に葬り去った一ヵ月前の無知なる公平は、全然破れてしまった訳になる。一旦木村博士を賞揚するならば、木村博士の功績に応じて、他の学者もまた適当の名誉を荷《にな》うのが正当であるのに……木村氏の功績を表するがために、他の学者に屈辱を与えたと同じことに帰着する」

もちろんこの漱石の激しい批判が現代社会にそのまま通用するわけではない。現代では多くの賞が存在し、その賞自体の信頼度に関しても、社会一般の評価が形成されている。

若手の待遇改め研究継承

ノーベル賞といえども、その受賞者を一般社会がことさら神格化するわけではない。したがって賞を受けた人と受けていない人を、漱石の言う「衆目の前に独り偉大に見える」者と「暗黒な平面に取り残され」た人に分けるような素朴な権威主義も弱まっている。しかしわれわれのノーベル賞崇拝が行き過ぎて、研究費の配分に「極端な格差」をつけるようなことがあってはならないという点では、漱石の指摘は参考になる。

良い研究には相応の「励み」となる評価が与えられて当然である。しかし研究成果を短期的に評価し、競争で勝ったグループに巨額の研究費を出し、それ以外は置き去りにするような近視眼的な政策は避けるべきであろう。研究は厳しい競争のもとで行われる。しかし競争には相手が要る。その相手に大きなハンディキャップを負わせるのはフェアではなかろう。

山中教授のもう一つ重要な発言は、彼のプロジェクトで働いている研究者が短期の雇用契約のもとにある実態を是非改善してほしいという点だ。約二〇〇名の研究者のうち、期間の定めのない研究者は一割でわずか二〇名程度に過ぎないという。残り九割は五年の有期雇用で、プロジェクト期間が終われば、次の職を探さなければならない。

このいびつな「正規・非正規比率」は、大きなテーマの研究を世代間で継承していくための阻害要因にこそなれ、研究の長期的促進には益にならないだろう。短期的成果を求める競争が、長期的に見ると、研究の質と研究者のモラルを劣化させる傾向があるということに、世界の学術行政に携わる者の多くは気づいている。米国の大学でも、確かに有期雇用の研究者は少なくない。しかし博士課程を修了して博士号を取得し、数年のうちに一定の実績を積んだ研究者の終身在職権（テニュア）は、学問の自由の主柱として守られ続けているのだ。

任期が限定されたポストと終身在職権のあるポストを提示された場合、研究者のほとんどは後者を選ぶであろう。前者の給与がよほど高くない限り、生涯に稼得する所得の期待値を計算した場合、雇用が保証されているほうが高いことは明らかだ。したがって任期制が主流の研究所では、人材の質の低下が起こりやすく、教授も若い研究者を育成する意欲が弱まり、業績の低下にもつながる。そこを山中教授は慎重に「全員とまでは言わないが、短期の雇用契約で仕事をする若い人たちが、自由に落ち着いて研究に集中できるような環境を望む」と発言している。科学研究は一人の個人一代限りで終わるものではなく、世代を超えて同じ現場で受け継がれていくものだという強い意識があるのだろう。

自分の研究の位置づけについて、「まだ新しい技術。本当の意味で医学や薬の開発に役立ったというところまで来ていない」と発言しているところにも、山中教授の慎重さが感じられる。この研究の成果が、これからどのような条件のもとで実際の医療の現場で活用されるのか、そこにいかなる医学的、あるいは倫理的な判断が必要な難問が潜んでいるのかについて、彼の言葉から希望と恐れの入り混じった、祈るような気持ちを感じとったのは筆者だけではあるまい。

新しい真理の扉を開いたということは、社会に対するさらに大きな責任を引き受けたことを意味するのだ。この知るということに伴う責任について、福田恆存がかつて述べた次のような言葉が思い出される。

「人々は知識を得るということに、根本的な錯覚をいだいている。人々は何かを知るということによって、より高く飛べるようになると思っているようです。（中略）あることを知ったということは、それを知る前に感じていた未知の世界より、もっと大きな未知の世界を、眼前にひきすえたということであります。さらに、それは、そのもっと大きな世界を知らなければならぬという責任を引き受けたことを意味します。とすれば、なにかを知るということは、身軽に飛ぶことではなく、重荷を負って背をかがめることになるのです。人々は知識というものについて、その実感を欠いていはしないでしょうか」（福田恆存『私の幸福論』）

「知る」とは、単に知識の量的な拡大に満足していればよいのではなく、「次に何を問うべきなのか」を自らに突き付けたという自覚が必要なことを意味している。同時に、その新しい知識が、人間にとっていかなる問題を生み出しているのかを吟味するよう促していると考えられる。それは、科学と人間の幸福、あるいは科学と産業の関係をどう捉えるのかという問いに思いを致すように求めていることにもなる。

3　大学と産業の距離について

一〇年近く前のことになるが、社会主義国で開かれた国際研究集会の夕食会で、隣に座った女性研究者がふと漏らした言葉を思い出す。自分の国では人文学や社会科学系の学問研究への予算が乏しいだけでなく、そうした分野の研究は国にとって益はなく偏向的な政治意識を醸成すると見られていると言う。労働と経済が絶対視される国家では、実益から切り離された知的活動は尊重されていないというのだ。実際、二〇世紀の独裁国家は、経済成長に直接貢献しない一部の文学や芸術、あるいは体制批判的な社会科学を、「ブルジョワ的だ」「退廃的だ」という理由で冷遇した。

歴史的に見ても、大学は権力者や特定の社会集団から「後ろ盾」としての役割を求められることがあった。中世キリスト教世界では教会の正統神学の理論的根拠を求められ、近代に入り工業化が加速すると、産業界から科学技術の基礎情報の提供を要請されるようになった。さらに近年、国際的に経済競争が激しくなり、人々の経済計算の視野が短期化してくるにつれ、日本でも産業界が「即戦力」となる人材の供給源を大学に期待する姿勢が顕著になった。二〇一三年から始まった「産業競争力会議」が大学改革をリードしていたのがその証拠であろう。

産業化の進展とともに、一九世紀末葉から大学と産業界は切っても切り離せない関係になり始めた。大学は産業界へ人材を供給するだけでなく、科学・工学分野では産業界と共同しながら研究を進めるというのが、双方の利益につながることを認識するようになったからだ。また研究資金の供給源としても、大学にとって産業界は無視しえない存在となっている。さらに産業界は、どのような人材の選抜と育成を大学が行っているのかという点でも、大学における教育・研究に無関心ではいられなくなった。このように強い相互関係を考えると、では大学と産業界との好ましい関係はどのようなものなのかという問いが生まれてくる。「大学と産業の距離」について改めて考えてみたい。

外国の実態を見極める

現在の英国にはかつての大英帝国時代のような経済力はない。だが英国の大学が、たゆまぬ大学改革の進捗にもかかわらず、日本や大陸ヨーロッパに比べて泰然自若とした佇まいを見せているのはなぜか。おそらく、大学経営（ビジネス）も大事だが、同時に「のれん」は守るという自負があるからだろう。「のれん」を大事にしつつ、経営を刷新しようという英国の大学の二枚腰の姿勢とバランス感覚からは学ぶところが多い。バランスを失して、一方向に雪崩を打ってしまうことを避けているのだ。この姿勢は自由と多様性を保持しようとする英国の伝統と無関係ではなかろう。

例えば、グラスゴー大学で経済理論を教える友人の話では、英国の多くの大学も、留学生（特に中国人学生）を増やすために大変な努力を重ねているという。留学生からの大学院の授業料収入を増やし、ひいては高等教育を英国の外貨獲得産業にするという目的があるのだ。

英語は最も国際的通用力の高い言語であるから、英語圏の大学は留学生獲得に関して圧倒的に有利な環境にある。「英国で学んだ」ということが箔となるような文化と伝統の力が英国にはある。門戸を拡げれば、無理をせずとも留学生は自ずと集まってくる。したがって、留学生からの授業料収入（大学院は日本円で年間一〇〇万円を超えることがある）で経営改善を図るというポリシーが、結果として大学ランキングのポイントを押し上げているのだ。ランキングを上げるために、外国人学生に奨学金を出して「英語の授業」を準備する必要はない。

ここで注目すべき点は、英国の場合、人文学と社会科学の教育と研究への「最低限」の配慮が確実になされていることだ。教育と研究の資金調達は何処の国も苦しい状況にある。英国の私立大学も、外部資金の獲得に熱心であるが、研究費の配分については、人文学の「最低限」の教育・研究環境を維持しようする仕組みが存在する。古典教育中心の伝統を誇ったオックスフォード大学がビジネス・スクールを開設したのも（一九九六年）、そうせずには古典重視の大学としての「のれん」を守ることができないという判断があったのだろう。「人文学の伝統を守るために」大学が一丸となって新しい社会の動きに対応していく姿なのである。

米国の場合はどうか。かつて一九八〇年代までの米国の主要大学は、授業料免除と奨学金で多くの優れた外国人留学生を受け入れた。彼らの多くは学業を終えた後、米国に留まり、米国の人材の供給源の一つとなった。母国に戻って米国のよき理解者となるものも多かった。

米国には何より人材を集める強烈な磁力がある。能力と独創性を発揮できる「舞台」として米国ほど魅力的な国はないと考えられているのだ。ビジネスでも学問や芸術でも、あらゆる分野の才能が米国に流れ込む。これは単に大学だけの磁力と言うよりも、政治・経済・社会のトータルな体制が作り上げている「磁場」なのだ。日本の大学や大企業がそうした米国の社会的風土を考慮せず、「米国の大学では」と言って大学という狭い世界を外的条件から切り離し、大学システムの移植をして張り合うことに意味があるのだろうか。

全体を見渡すための人文学・社会科学

技術進歩は経済生活を豊かにする。技術は人間を苛酷な労働から解放してくれる。しかし同時に人間を生産プロセスに縛り付け、技術体系の中に埋没させるという性質も持つ。特に現代社会では、労働は特化・専門化して「全体の利益」の中に組み込まれた活動となっている。こうした現象は産業活動だけではなく、研究・教育の場でも認められる。自然科学はもちろん、人文学や社会科学における研究活動でも、専門化が進み、大学の同じ学部にいても同僚の研究の意味内容が理解できないことはめずらしくない。専門化が進み過ぎたことによって意思疎通ができなくなるという「バベルの塔」のような状態を呈してきたのだ。

また、同じ用語を使う狭い専門領域の内部でも、問題を見つけて定式化し、その解を探るという作業そのものが、機械設備、特にコンピュータの機能に縛られるようになってきた。研究者は機械技術に縛られ、発想の自由を失い「プロレタリアート化」してきたとも言えよう。それは大きなジグソーパズルを完成しようとして、研究者が巨大な全体図の中のほんの一部を組み立てている情景に似ている。部分部分はそれぞれうまく組み合わさっているのだが、それが全体としてどのような絵柄になるのかを想像する者がいないのだ。

こうした実情は、第4章第1節で述べたように、事実（fact）の教育・研究は大事だが、想像（imagination）と批判の力を養うことを疎かにしてはならないことを教えてくれる。科学技術は、すぐれた科学者や工学者の努力によって内輪の判断評価だけで進展する。したがって科学技術の発展に対して、その意味と妥当性を外部から批判的に考察する社会集団が必要なのだ。

科学と技術の進歩によって、われわれは楽に、速く、遠くへ行けるように、そして多くのことを成し遂げられるようになった。つまり人間は、小さな体からとてつもない巨人へと成長を遂げたのである。身体的に肥大した人間の魂には何ものかで満たされるのを待っているかのような隙間と歪みが生まれたように思える。技術進歩から人間は計りしれない恩恵を受けてきたが、ベルクソンが指摘したように科学技術の基底に横たわる「合理的なもの」によって人間の魂が解体されることに、不安を覚え、立ちすくんでいるのが現状ではなかろうか。

科学技術だけではわれわれは精神のバランスを保つことはできない。産業の発達と機械技術がそのまま人類の幸福をもたらしはしない。しかしまだ、「人間と社会」を問い直す人文学・社会科学を自国の教育研究体制の中に適切に位置づけることができない現状を、日本の大学の「危機」と呼んでも大袈裟ではなかろう。

自由学芸とリベラリズムの伝統

「即戦力」や「実践性」を強調することは、確かに目的合理性の尊重とも見えよう。しかしそれはあくまで「短期の目的合理性」であって、決して長期的な人材育成と国力の増強につながるものではない。「即戦力」や「実践性」に偏した学校教育は、早い時期から人間を決まった目的に向けて固定化してしまい、そこでは、目先の目標にのみ適合するような人間を作り、自由な発想を尊ぶ精神は育たない。実利一辺倒の教育は学問への内発的関心のない、「知識」はあるが「知識欲」のない若者を生み出してしまう。

歴史的に見て、そもそも大学は職業生活に直結した知識や技能の教育訓練の場所だったのだろうか。確かに医師、法律家、神学者という専門的職業人（professionals）を育てるのが一つの重要な機能ではあった。しかし同時に、ヨーロッパの大学の科目群として「自由七科」が存在した。奴隷ではなく、「自由民にふさわしい学芸」というコンセプトは実利性や専門性を直接目指すものではなく、思考力を鍛錬し、情操を高め、非定形的な事態への対応能力を身につけることを念頭に置くものであった。

自由学芸（教養教育）の衰弱が大衆社会に与える影響は大きかったと筆者は考える。マニュアルにはない、非定形的な判断ができる人材、少数であれ、全体を見渡せる人材を育てる重要な基盤が弱まるからだ。「時間」という厳しい裁定者をくぐり抜けてきた古典がわれわれに与えるのは、変わることのない人間と社会について洞察しようとする粘り強い力である。人間とは何かを問い直す力、共同の利益とは何かを考える力、技術が闇雲に人間生活の姿を変形していくことの意味を立ち止まって考える力を与えるのだ。リベラリズムの伝統のある国々の大学は、現代でもこの自由学芸の役割を軽視してはいないようだ。

古典教養のウェイトはいずれの国でも低下しているが、その傾向が日本で特に顕著なのは、このリベラリズムの伝統が主流となりえなかったことと無関係ではあるまい。近代日本は欧米の高等教育の形式を移植した。それは西洋古典と切り離された形での近代西洋の移植であり、同時に、日本にとっての古典教養の主要部分を占めてきた漢学や日本古典を切り捨てる形で進められたものだった。

一九世紀後半、激しい国際経済競争にさらされた産業界からの強い要望によって、自然科学・工学教育が欧米の多くの大学カリキュラムに組み込まれる。科学教育が普及し、科学者（scientist）という職業集団が出現し、専門学会も誕生する。二〇世紀に入るとこの動きは加速し、科学と技術は相互にますます密接な関係を結び、自然科学はアカデミズムとその実践の場である産業界にまたがる巨大学術分野と化したのである。自由学芸のウェイトの低下は、この自然科学の隆盛と表裏一体の関係で進行してきた。しかしそれでも、欧米の主要大学から自由学芸が姿を消すことはなかったのだ。

産業と大学の適切な距離

同心円状に描くとすれば、中心となるのは自由学芸（教養教育）であるが、その外側に位置する専門教育と技術教育の中身と対象者を再検討すべき時期に来ていることは確かだ。社会人教育を大学院レベルで行うことも今後さらに必要となろう。しかしここで留意したいのは、教養教育か実践的な専門教育なのかという「二者択一」の枠組みで議論を単純化してはならないということだ。実践教育、技術教育に偏するあまり、同心円の中心部である教養教育を空洞化しては、バランスの取れた健全なる高等教育の実現は望めない。自由学芸を守るために、大学は社会に順応していくのだという認識が必要なのだ。

バランスの取れた高等教育が功を奏するためには、大学がまず自律的にその目標とビジョンを持つべきだろう。しかし産業界の大学依存の体質も自省が求められよう。企業が人材の確保にエネルギーを注ぐのは当然だとしても、学生が学部四年生になる前から早々と就職活動に奔走、就職が内定すると直ちに内定先企業から「通信教育」の受講や「資格の取得」などを求められるという現状はいかがなものだろうか。これでは学生は、大学で自由に思考錯誤を繰り返しながら勉学に専念することはできない。大学教育を軽視した企業の自己本位な姿勢と言わざるをえない。大学に人材選抜のコストの多くをシフトし、その結果を自己の都合に応じて利用していると言われても仕方がないだろう。そこに私益は見られても、公益への配慮を認めることはできない。

産業界からの要望は、実用的知識の先端を知る上で有益である。しかし先端は常に変化している。だからこそ大学に「変わらないもの」の探求の場としての役割があることを忘れてはならない。大学での教育研究が「変わるもの」を優先し、それが大学の存在価値だと見なされるようでは、大学が思想と学問の自由の砦となることはできない。大学に身を置くものがこの自由を尊び、自由にともなう責任を強く自覚するためにも、近年の日本の「大学改革論」は大学と企業に貴重な反省の機会を与えている。

4　高等教育における職業教育を再考する

産業と学問の距離をめぐる問題は、大学に限らず、広く高等教育自体の在り方を問うものである。特に、産業の現場で直接用いられる知識・技能の実践的側面を、どの程度教育と訓練のカリキュラムに組み込むのかという職業教育の位置づけの問題でもある。文部科学省は、高等教育機関での職業教育重視を目指す「有識者会議」を立ち上げ、その方向へ政策の舵を切った。最初にその流れに接したのは、筆者が名古屋の私立大学に勤務する友人から教えられて、二〇一一年一月三一日に示された中央教育審議会「今後の学校教育におけるキャリア教育・職業教育の在り方について（答申）」（抄）に目を通した際だったと思う。さらに、二〇一四年九月三〇日、文科省生涯学習政策局長と高等教育局長の「決定」として、『「実践的な職業教育を行う新たな高等教育機関の制度化に関する有識者会議』の開催について」が公表され、その後、二〇一五年五月以降毎月、「有識者会議」（特別部会）が開催され議論が続いたようだ。

現在明らかにされている文科省の基本的な考えとしては、雇用環境の変化、人材需要の高度化、職業の多様化の中で、職業実践的な教育に特化した枠組みが求められていること、人材育成ニーズと高等教育機関が行う職業教育への期待が高まっており、そのための枠組みの整備が求められていること、などが強調されている。

さらにそのために考慮すべき点としては、（1）経済・産業界の動向・人材需要を鋭敏に把握し、可能な限りこれに即応した教育を行うことを重視すべきであること、（2）生涯にわたる学習活動と職業生活の両立、（3）教育の質の保証、（4）進路選択の拡大と職業実践的な教育の適切な評価、の四点が挙げられている。

これらを読むと、特に（1）からは、産業界からの要請によって、高等教育機関に「職業訓練機関」と「人材派遣会社」を結合しようとする印象を受ける。実際、新聞報道によれば、専門学校や大学のなかでこの「専門職（業）大学」への移行を進める所もあるようだ。調理師や介護士といった専門技術を持つ人材を育成するために、「学士」に相当する学位を与えて実践的な職業能力の修得への励みとする狙いがあるらしい。

だが現実には、専門学校で学ぶ生徒はそれほど「新大学の学位」にこだわっているのだろうか。むしろ、近年、大学で学士号を取ることとの意味を考え直す若者が増えているのではないか。そのことは大学進学率が頭打ちになっていることにも現れている。高度な職業教育のカリキュラムを、四年という長い期間ではなく、より短い期間で習得して実地に仕事をしながらさらに高度の技術の習得に励んだほうが、はるかに優れた職業人になれると多くの若者は実質本位に考えているのではないか。学位を持っている、というのは、厳しい職人の世界ではいわば「虚位」にすぎない場合が多いとも聞く。したがってこの「新大学」構想は需要者側の要求を充分市場調査したものではない恐れがある。

こう考えていくと、「四年制職業大学」の創設にはいくつかの疑問と危惧が去来する。本章第1節でも述べた通り、産業別・職業別の雇用動向を鋭敏に把握し、それに対処できるのは「市場による調整機能」しかない。また、現実の職場で要求されるのは変化への対応能力であり、それは実地の経験（OJT）を通して獲得されるものがほとんどである。

さらに、高等教育から産業への人材の移行プロセスを考える場合、どの職位職階の技能と熟練のキャリアパスを考えているのかを区別することが重要だ。これまでの日本のシステムのどこが強いか、どこに弱点があるのか、どこが改善されるべきなのか、その改善は社会的与件としての学校教育制度の問題なのかを検討しない限り、机上の空論に終わる。

例えば日本の場合、これまで文科系の学部を卒業したものの多くは、大小様々な企業の事務職に就いてきた。その部課長クラス層の学歴を国際的に見ると、日本は四年制大卒者がほとんどであり「大学院以上」の学歴を持つ者は少ない。加えて、第4章第5節で示した通り管理職にある者の現在の職能と彼らが高等教育で専攻した分野の相関関係が低い。

労働市場の機能の仕方は国によって事情が違い、その事情を決定付けているのは企業（労働需要側）が学歴や資格を採用や処遇（昇進のための条件など）の必要条件としているか否かが重要なファクターとなる。米国と日本の労働市場で「資格」の有無が労働の質を示す強いシグナルとして働くか否かに違いがあることは、先に述べた通りである。日本の場合、「職業大学」卒や「資格」がどの程度シグナルとなるのか、ならないとすれば企業の人事慣行のどこに問題があったのかを充分洗い直さない限り、新しい「職業大学」の学位は単なる思いつきで、「負の烙印（stigma）」となりかねない。

座学ではなく実地訓練（OJT）が技能形成の中核

もう一つの問題点は、文科省所管となる「職業大学」は、従来の厚労省所管の公共職業訓練施設や職業訓練校と、どのように教育内容が差別化されているのかという点だ。そこが明らかにならない限り、文科省と厚労省との「縦割り行政」「二重行政」だと批判されかねない。

「普通職業訓練」「高度職業訓練」、あるいは「短期間」「長期間」などの区別のついた公共職業訓練を行う機関は全国に存在する。目標の明確な障害者の職業能力開発校は別として、職業能力開発校、職業能力開発センター、職業能力開発短期大学校、職業能力開発大学校、そしてこれら公共のもの以外にも、認定職業訓練を行う職業訓練施設（企業）などへのいわゆる「委託訓練」がある。すべて旧・労働省が長い試行錯誤のプロセスを経て作り上げた制度であるが、その「社会的機能」は認められるものの、必ずしも設立の目的通りには産業界からの人材需要を充分満たせていないのが現状ではなかろうか。

その最大の理由は、いかに優れたプログラムを作成しても、経済の変化と技術内容の多様化・

高度化についていけないだけでなく、こうした長期のOff-JTによる技能形成と人材育成は職場を離れることから発生する機会費用が高く、実地訓練（ＯＪＴ）には到底勝てないという点にあった。そのため職業訓練施設では、基本的・原理的な学習に軸足を置かざるをえなくなる。したがって現在の大学のカリキュラムを改編して実践的職業教育に重点を移せば問題が解決できるとは思えないのだ。

そもそも座学中心の集合教育からなる学校制度自体は、基礎的・理論的な知識を教授することにその特徴がある。「職業実践的な教育」はそれを前提として成り立つのであり、原理的な知識の教育は実践のベースを与える。その原理原則的な知識の教育の基本が、歴史的には「自由学芸」と呼ばれる分野だったのである。

これまで述べてきた職業教育に関して、大学や職業教育機関がどれほど有効な教育効果を生み出せるのかをめぐって、労働経済学の分野で多くの議論が重ねられてきた。教育機関における座学も、あるレベルまでは必要だが、現実の職場での実地訓練（ＯＪＴ）の積み重ねが経済活動においてきわめて重要だというのが、実際に職場を調査した筆者の結論である。

仕事を子細に観察すれば、働く人はつねに「正確には予測できない偶然性や不確実性」に直面している。事務的・管理的な仕事はもちろん、直接生産部門で機械を操作する仕事も、一見するほど単純でも定型的（マニュアル通り）でもない。完全にルーチンの作業は通常、機械にとってかわられている。オペレーターの重要な仕事は、その生産プロセス自体を機械が遂行できる段階にまでもっていくことと、何らかの異常が発生したときに迅速かつ的確に対処することである。この対処の作業は自動化が職場に浸透しても確実に残る仕事であり、自動化の程度が高くなればなるほどその重要性も難度も高まる。

どのような経済でも「変化」や「異常」はつねに起こっている。日々経済活動に携わるものは、その変化と異常に個別的・具体的な経験と知識にもとづいて、いかに的確かつ迅速に対応できるのかが問われる。この「変化と異常への対応能力」は職場での生産性を大きく左右する。そうした能力は、フォーマルな学校教育や集合訓練によって獲得されるというよりも、基礎的な学校教育をベースにした、実地訓練（ＯＪＴ）の積み重ねによって形成される。職場において（そしておそらく社会生活においても）、直面するさまざまな変化や異常の原因を理解し対処する力を養うために、広く、深く、ものごとの原理を学ぶ場所の一つが、社会的な存在としての大学なのではなかろうか。

第6章　「大学改革」をめぐって

あらためて日本の大学の抱え持つ問題は何なのか。

この問いにはいくつもの要因が絡まっており、明快な答えがすぐさまポケットから差し出せるというようなものではない。そもそも「大学」とひとことで括っても、様々な種類があり、同世代の半数以上が進学するような時代の大学は、その設立目的も教育・研究分野も多種多様であり、一様な答えは存在しないのだ。本章では、国立大学法人化後の大学のガバナンス、および財政構造の問題について考えてみたい。ガバナンスと財政が実は密接に結びついていることを再確認することも目的の一つである。

1　国立大学法人化後に思う

財政基盤を多様化し強める

国立の大学の小さな学部と小規模な研究所の長を務めたわずかな経験からだけではあるが、大学についても「恒産なくして恒心なし」という実感を強く持つ。

まず収入が主として税金で賄われている日本の国立大学法人の場合、財政面の国家依存が常態となるのは当然であろう。ヨーロッパや米国の大学とは財政基盤を異にする組織として出発したことが大きい。ドイツなどは州（Land）に分かれているため、独自性が表れているものの、概してヨーロッパでは、一九世紀に入るまで、ほとんどすべての大学は、国家や王室、あるいは教会から土地を与えられ、そこから生ずる地代収入で大学の教職員の給料や建物の維持管理費用の一部が賄われていた。フローの国家財政に依存するのか、ストックの資産からの収入に依存するのかの違いは大きい。米国では、主だった大学は国家が誕生する以前に創設されているから、自己の資産を持つ大学の経済的・精神的な自立性の高さが日本の比ではないことは十分理解できる。

一方、日本の国立大学は、「法人化」された後もその収入（経常経費）は、文部科学省から年度ごとに交付される「運営費交付金」によって半分以上が賄われている。日本では、大学の「副業」からの収入は、特に国立大学の場合極めて地味なもので、「運営費交付金」を除くといまだ財政的基盤は極めて不安定かつ脆弱と言わざるをえない。しかし他面、管理部や研究者が資金集めに多大の時間とエネルギーを割く必要がないことを意味している。

私立大学の場合はどうか。日本では学部学生の四分の三以上、大学院学生の三分の一を超える割合を私立大学の学生が占めている。この数字が要約的に示すように、量的には、日本の高等教育、特に学部学生の教育の主要部分は私立大学によって担われているのだ。この数字には近年大きな変化は見られない。「私立学校振興助成法」（一九七六年施行）では、経常的経費の二分の一以内を国が補助することができると定められており、この法律が制定された折の参議院文教委員会付帯決議では、できるだけ速やかにこの二分の一の水準に達するよう努める、とされた。しかし現状では、実際の補助率は約一一％程度に止まっている。法律が保証している水準からすると、私学助成は極めて低水準であるといえよう。

「法人化」が行財政改革（公務員数の削減など）の手段として進められたという側面があったため、国立大学法人や研究機構の財政的な自立への努力が強調されたにもかかわらず、これら機関が「法人化」の利点を生かした活動の自由を充分得ていないのは考えてみれば不思議なことだ。

アカデミック・アントルプルヌールを育成する

二〇年以上も前のことになるが、「大学院重点化」の折、筆者は学部長として文科省大学課の課長補佐や係長クラスの担当官と面談する機会が多々あった。そのとき印象に残ったことの一つは、担当官が実によく勉強しているということである。お金を財務省に要求するために何が（説得的理由として）重要なのかをよく理解している。それに比べ、研究一時休業の「素人経営者」の理解のほうはなんといっても覚束ない。その状況は今も変わっていないのではないか。その理由の一つは、自分で働いて得た収入ではないから、その使途をよく研究してこなかったということにある。税金に依存しすぎることのリスクは、こうした自主性のなさ、「大学や機構をこうしたい」と主張する精神の衰弱を招く。これでは変化が起こらない。

しかしさらに大きな理由は、研究者が「経営者」に急に変身できるほど、大学経営は甘くはないというところにある。そう考えると、学長や所長は教育・研究の問題に専念し、大学経営面はアカデミック・アントルプルヌールが仕事に専念してもらえるような体制作りが必要になる。このアカデミック・アントルプルヌールは、「大学院卒の優れた教育研究分野の行政マン」をイメージすればよい。大学内部に資産形成をはじめとする経営の専門家がもっと必要だということである。中途半端に研究者が文科省と交渉するのではなく、同窓会組織の充実、寄付金集め、大学の多角的な企業経営などなど、その方策を慎重かつ徹底的に探れる時間と才覚のある人材に仕事を任せるのである。この点では、近年の中国の大学経営からも学ぶところがあるかもしれない。高等研究教育機関は、公的財政の強力なバックアップがあったとしても、その自律性のために教育研究以外の事業収益を必要としているのである。

海外の主だった大学で財政問題に苦しんでいない所はほとんどない。パテント・ライセンスのプログラム、インターネット教育の事業化など、事業収益の増大に神経を注ぐのは、米国の大学も例外ではない。ハーバード大学でも、シラバスやコースカタログに企業のロゴマークを入れるという意見が出されたという。米国の公立大学も、かつては州や連邦からの補助が大きな財源であったが、近年その割合は低下し、全米科学財団（ＮＳＦ）の研究費、授業料収入、民間からの寄付に多くを依存するようになった。私立大学も授業料をさらに高くしたうえで、連邦からの補助、民間からの寄付への依存の度合いを強めている。

確かに日本の大学のキャンパスにも卒業生の寄付による建物が増え始めている。卒業生でなくても、多額の寄付をすることによって自分の名をアカデミアの中に目に見える形で刻むことは名誉であろう。米国の大学のキャンパスに、あたかも墓標のごとく、寄付者の名前を刻した建物がたくさん建っているのを見かける。しかし寄付金は概して箱物（「墓標」）への投資に傾きやすく、学生や研究者への人的投資に向かいにくいという難点もある。

一つ重要な解決の鍵は同窓会や産業界からの寄付金集めであろう。日本経済の調子のよくない昨今に限れば、短期的には現実味に欠けるが、長期的には「金は出すが、口は出さない」を原則に、学部、大学、研究所単位で寄付を仰ぎ、その寄付による基本財産を法人組織で運用するという体制作りは必要だろう。

大学共同利用機関の場合

大学共同利用機関の場合、各機関は、上部組織である「機構」内の機関としての一体性を持つ必要性から、機関の研究内容そのものを機構全体との関連のなかで意識するよう迫られており、この難題がプラス要素として生かされるのか、単なる形式的な「こじつけ」がもたらす負担増に終わるのか、各機関内および機関間の共同研究体制に与えられた今後の課題は大きい。

スタート時点では、法人は、いわば持株会社のような存在であり、各機関（＝基盤機関）こそが研究・教育の推進役であるという認識があった。法人が研究の方向性や計画を主導するのではなく、機関間の調整役だというのが大方の理解であったと思う。

教育については、共同利用機関も今日の社会的ニーズの多様化に応えなければならないものの、スクーリングを核とする講義形式の教育はその本来の中心的な任務ではなく、創成途上にある研究の内容・方法を次世代に引き継いでいくというところに共同利用機関における教育の本来的な役割がある。したがって、文系の共同利用機関では各分野の博士後期課程の論文作成の段階にある学生（若手研究者）の指導が中心となる。

教育と研究において、「評価」などに見られるように理系大学院のシステム・制度が人文系に適用されている現状は再検討の余地がある。次節で論ずる点であるが、文系と理系には「成果の概念」にかなりの相違がある。この点への配慮が必要なことは、研究費をはじめ、予算の内容と支出方法に関しても痛感するところである。

「法人化」後、機関と機構との調整を中心とする議題が機関内の会議でも、その上位組織である機構の会議でも増え、同じ問題が審議あるいは報告されるというケースが目立つ。法人化によって生じたガバナンス構造がもたらした現象であるが、研究部にとっても管理部にとっても時間面での犠牲は大きい。研究時間の不足は、設備よりも「時間」が基本的な資本財である人文系の研究者にとってはなんとも大きな痛手である。

2　学問の評価

世界の多くの大学は、その教育・研究の質を「自己評価」や「第三者評価」などによって査定し、知的エネルギーの供給源の一つとしての大学組織を改善する装置を定着させてきた。米国には、大学が量的拡大を遂げた一九世紀後半から、大学が自発的に連携して、相互に評価を加えながら、その活動をチェックし、自己修正を図ってきた歴史がある。

日本でもすでに明治時代から、文部省の「視学官」が教育機関の質をチェックするというシステムがあった。田山花袋の『田舎教師』でも、その実態が巧みに描写されている。この官製の「視学官」制度は、私立・国公立を問わず、大学の質の改善のために一定の役割を果たしてきた。私立大学も、国公立大と共に組織する大学基準協会などを通じて、教育や研究の質をチェックするという伝統を築き上げている。

このように、多くの時間とエネルギーを要する高等教育機関の「品質管理」は、近年突然始まったわけではない。しかし大学評価がここ十数年、特に大学運営に携わる者の関心を集めているのは、評価結果が研究費等の資源配分に影響し始めたからである。二〇〇四年四月、旧国立大学は「法人」化され、研究・教育の両面で競争原理と成果主義の色合いを強め出した。「選択と集中」の原則によって、研究拠点を主要大学に集中させ、文部科学省から各大学や研究所への資源配分を評価結果と連動させる方向に動き始めたのだ。

筆者は二〇一二年五月末の一週間、香港の大学の「外部評価委員」を務める機会があった。教育の内容や研究者の研究業績など評価用の大部の資料が事前に委員に送付され、その学部・学科の基本的な情報が提供された。評価委員の主な仕事は、この文書情報に目を通した後、実際現地に赴いて、学長、学部長など様々なレベルの大学行政に携わる者、研究者、大学院生、学部学生に面接調査を行うことにある。

香港での仕事で印象に残った点の一つは、人文学・社会科学の研究の評価基準として、自然科学や工学のそれが不用意に準用されていることへの人文学研究者たちの強い不満であった。

文系は理系と別尺度で

香港の大学内の評価担当責任者の一人（化学者）が、「引用回数を業績の重要指標と見なすのは危ない。数学では、他人が引用しない研究に重要なものが多いそうだ」とトボケ顔で発言したときには、多くの委員が「なるほど」と笑ったものだ。

自然科学や工学の研究は「土台から積み上げる」という性格が特に強いから、同分野の研究者からの評価にはかなり確かな（時には保守的な）基準が通用する。しかし人文学や社会科学では、学問内容自体が同時代の同業者から受け入れられないものでも、優れた研究である可能性は残る。

この問いは「学問は何を権威とするのか」という微妙な問題点を含んでいる。この点を意識して、例えば一九世紀中葉、オックスフォード大学で神学への国家の干渉を弱める運動を展開したジョン・ヘンリー・ニューマンは、知識を求める人々が、安全を保証されて思考し、対立する考えの中で理性と理性を突き合わせながら知識を少しでも完全なものにすることが、大学の理想だと考えたのである。

現代でも、政治的権力や多数者の専制はありうるから、この問題は決して過去の話ではない。真理は権力が決めるものではなく、多数決で決まるものでもない。たくさん引用された研究により多くの価値を付けるという研究評価の手法は、量の多寡で質を判断する現代社会の雰囲気を端的に示しているともいえる。

こうした社会風土（mores）は、デモクラシーのもとでの学問はどのような性格を帯びるのかという問いにも関わっている。この点については、トクヴィル『アメリカのデモクラシー』の言葉は傾聴に値する。トクヴィルは、「境遇の平等化」が行き渡った社会では、人々は上昇志向を強め不断の行動に駆り立てられ、「速い頭の回転と皮相な思い付きを過大に評価しがち」になると言う。利己的な動機、すなわち経済的報酬のために知的発見への意欲を燃やすことと、少数の人々が持つ真理への私心無き情熱とを混同してはならない。トクヴィルの言うように、「知識を利用しようとする欲求」と「認識への純粋な欲求」とは別物なのだ。そして、パスカルは利益や栄誉を望んだからではなく、「自分の魂をいわば現世の雑事から切り離し、魂を肉体につなぐ絆を早く断ち切ったがために」、あのような「造物主の最奥の秘密」を明らかにできたのだと、トクヴィルは付け加えるのだ。

筆者のような現世の雑事の中に生きる普通の研究者に適用すべき「評価」は、「悪貨が良貨を駆逐する」ことがないよう、明らかな悪貨を判別することであって、良貨を選び出すことではない。かつての大学にはそのような鷹揚《おうよう》な良識があった。人文学・社会科学の多くの研究者にとっては、研究資金そのものよりも、「認識への純粋な欲求」を満たせるような時間を与えられることこそが「理想の大学」なのではなかろうか。

3　学問にランク付けなどできない

数値化の益と害

教育者、研究者、そしてその集団としての大学を評価すること自体を頭から否定するものはほとんどいない。評価や自己確認は、個人にとっても組織にとっても、自己満足に陥らず向上を目指すために、そして知性の劣化を防ぐためにも必要なのだ。問題は、どのような方法で評価を行うのか、その評価の結果をいかなる形で個人や組織に示し、研究費の配分など次のステップにどうつなげるのか、という点に尽きる。どれだけの学生を指導したのか、論文を何篇書いたのかなど、数量的な尺度はたくさんある。そうした多くの尺度を一つの数字に丸めてランク付けするとなると、大学という社会的な存在の意味を考えているものは首をかしげざるをえなくなる。

昨今「〇〇ランキング」や「××番付」があらゆる分野に浸透している。数値化された指標で順位付けを行うランキングは、ひとの好奇心を刺戟し、競争心を煽る何かがある。オリンピックでの金・銀・銅メダルの獲得数国別ランキングのように、国際的な序列や位階を示されると、「客観的に」何かの価値や力が測定されたと思い、愛国心のようなものが頭をもたげる。順位付けは不動の判断基準を与え、それが政策立案の根拠とされ、政治が動くこともある。しかしこのランキング・フィーバーは集団心理による過激な競争を招き、物事の本来の目的を見失わせやすい。筆者にとって身近な教育・研究に関する例を二つだけ挙げておこう。

まず一つ目は、経済協力開発機構（OECD）が三年ごとに実施している国際学習到達度調査（PISA）である。二〇一三年末に公表された二〇一二年の調査結果では、「読解力」「科学的応用力」「数学的応用力」の全分野で日本は上位にランクインしているだけでなく、前回を上回る成績の向上を見たと報道された。文部科学省は、「ゆとり教育」から「脱ゆとり教育」へと舵を切り替えた結果だとコメントしている。文科省がいかなる反省に立って方針転換に至ったのか、

「脱ゆとり教育」が今回の結果にどう影響したのかについて掘り下げた分析は特にない。

この調査で上位にランクインした国や地域の国民が、それ以外の国の人たちより優れた理科的能力を持ち、読解力においても群を抜いたとはどういう意味なのか。「平均」ということと、特異な才能を発揮する若者がどれほどいるのかという「分布」の問題とは性質が異なる。サンプルの対象となった地域や学校の特性によって点数は変動し、出題問題で結果は大きく変わりうる。したがって順位の多少の変動に一喜一憂すべきではなかろう。にもかかわらず、数値や順位は独り歩きをする。そして数値は「客観的なデータ」に基づくとされて、現実には極めて政治性の高い道具と化す。

ランキングの項目に順応する

もう一つの例が、様々な調査機関やメディアが行う「大学ランキング」である。大学の研究や教育の内容を、大学外部の人間が知りうる工夫が不可欠であることは筆者も認める。大学の教育・研究に関する「質」の情報を大学外の人間（例えば受験生）が入手しやすくすることは、適正な大学選択のために必要なだけでなく、大学側が質の改善への努力をするための誘因を与える。経済の世界に引きつけて言うと、売り手と買い手が持つ商品についての情報が不平等であれば、公正な取引は持続しない。例えば債券について市場での公正な取引を担保するために、債券の信用度の指標となる「格付け」が必要なのと論理は同じである。したがって大学を評価するという制度を軽視すべきではない。

しかし「大学ランキング」となると、その社会的副作用は大きい。世界大学ランキングではたいてい米国や英国の大学が上位の過半を占める。このランキングは一体いかなる項目によって総点が算出されているのだろうか。調べると、研究論文の数と引用数、学生／教員比率、留学生数、外国人教員の数だけでなく、大きなウェイトを占めているのは経済界からの評判と専門家仲間の評価である。ということは、このランキングは、「既存の知識（established knowledge）」の枠内での実利性と利害関係者の評価を中心に点数化して集計したものに過ぎず、将来の長いタイムスパンを見通した創造的な人間研究に関わる知的活動（knowledge in the making）を推定・評価したものではない。つまり極めて保守的、一面的、かつ短期的な評価尺度によるランキングなのである。

疑念を抑えがたい理由の一つは、ランキングで大学を格付けすることによって、大学問題の本質が矮小化されるところにある。著名大学の目標として「何年以内にランキング何位に入る」といった、スポーツ界の「ガンバリズム」を連想させる決意表明がなされるのはその一例だ。「ノーベル賞受賞者を何年以内に何人」といった文科省の目標にも、「金をつぎ込めば知恵は湧く」という思い込みがあり、ある種のうら悲しさを感じるところがある。国策としての科学技術研究のサポートという形態はもちろんありうる。しかし人文・社会科学の場合、国家指導の研究はろくな結果を生み出さないものなのだ。

そもそも大学は上からの「指導」や「誘導」による教育研究活動ではなく、自由に真理を（時として多数派にとって不都合な真理をも）求めるところに最終的な存在価値がある。しかし何が創造的・知的活動であるのかを前もって規定することはできない。だからこそ、自由な社会の大学は、真理への扉を常に開いておかなければならないのだ。この重要な役割が忘れ去られてしまうと、もはや大学の存在意義はない。

さらに問題なのは、大学の運営や研究内容、そして教育が、こうしたランキングの尺度と合致する（ランキングの評価要素に入っているポイントを上げる）方向に動機付けられてしまうことだ。例えば、留学生の数を増やすことはランキングの点数を上げることに貢献する。したがって留学生をもっと増やさねばならないということになる。そのために、いまや日本の大学では、外国人学生のための英語の授業を増やす努力を遮二無二行っているところが多い。大学問題は言語の問題にすり替えられてしまっているのだ。

「国際化」と英語熱

実はこの「英語問題」は、明治以来、日本人の間で幾度となく論じられてきた。その一つは英語（あるいはその簡略化したもの）を公用語として導入すべきだという論、いま一つは、英語力の低下を問題とする論である。その具体例を、現代の日本の産業界や大学の一部で見られる類似の主張を念頭に置きながら振り返ると学ぶところが多い。

まず英語公用語論について。明治の外交官で教育行政家、伊藤博文内閣のもとで初代文部大臣を務めた森有礼は、日本での簡易英語の導入を提案し（一八七二年）、英語の公式採用を主張した（一八七三年）一人であった。その主張は、英語の動詞や名詞に見られる不規則な変化は煩わしいので、「規則化」して用いるのが合理的だということ、例を挙げれば、speak, spoke, spokenではなく、speak, speaked, speaked、同様にthink, thought, thoughtではなく、think, thinked, thinkedと規則化すべきであるという。森はこうした提案を日米の識者たちに送ってコメントを求めているが、その一人イェール・カレッジの言語学教授ウィリアム・ホイットニーは専門的見地から、慇懃ではあるが、かなり手厳しい批判を森に送っている（一八七二年六月二九日）。言語は単純に「コミュニケーションの道具」としてのみ捉えられがちだが、実はその社会の文化や歴史と密接に関わる「思考のかたち」そのものだと考えるホイットニー教授の森有礼批判を、ここに改めて紹介する必要はなかろう。

さらに森は、維新後五、六年しか経ていない日本社会への西欧の文物の流入の激しさと、その高度な技術内容に圧倒され、もはや日本国民を「英語化」する以外には政治的・経済的に十分に対抗する道はないと考えるに至った。この発想と似た提案は、現代でも決して珍しくはない。森は、商業力に秀でた国民が用いている英語に比べると、わが日本語はいかにも貧弱な言語だと嘆き、これでは蒸気と電気の時代には対応できないと述べたのである。

こうした森の提案を福澤諭吉は酷評する（「人望論」『学問のすゝめ』十七編、一八七六年）。福澤

曰く、

「ある書生が日本の言語は不便利にして文章も演説も出来ぬゆえ、英語を使い英文を用いるなぞと、取るにも足らぬ馬鹿を云う者あり。按ずるに、この書生は日本に生まれて、未だ十分に日本語を用いたることなき男ならん。国の言葉は、その国に事物の繁多なる割合に従いて次第に増加し、毫も不自由なき筈のものなり。何はさておき、今の日本人は今の日本語を巧みに用いて弁舌の上達せんことを勉むべきなり」

ここでは、福澤は森を名指ししてはいないが、森の論が公表された翌年の一八七四年六月七日の演説館での集会で森の英語採用論を取り上げ、

「余はこれを反駁し、一国の国民が其の国の言葉を以て自由自在に談話しながら公衆に向かいて語ることが出来ぬとは些少の理由なきのみならず、現にわが国にも古来今に至るまで立派にスピーチュの慣行あり、君は生来寺の坊主の説法を聴聞したることなきや、説法を聞かずとならば寄席の軍談講釈にても滑稽落語にても苦しからず、すべてこれ一人の人が大勢の人を相手にして我が思う所を述ぶるの方なれば、取りも直さずスピーチュなり」

と徹底的に論破している。

以上の歴史上のエピソードは何を語っているのだろうか。一つ明らかなのは、言語を単なるコミュニケーションの道具として、何らかの力で「上から」人工的に押し付けて社会が発展するわけではないということであろう。現今の問題に照らして言えば、留学生の数を増やすためには、

大学のカリキュラムを留学生を意識して編成し、人文・社会科学系等の学問でも英語で行われる授業をもっと増やすべきだという発想であり、それによって思考力が後退するという大きな副作用を十分に考慮していないことになる。言語は「社会的必要」という大きな力で動き、変容するものであり、行政や指導者層からの提案で思い通りの目標が達成されることはない。いや、そもそも日本で講義される英語の授業を聞くのなら、英語を母語とする国での英語の授業を受けたいと考える優れた学生は多いはずだ。

この点に関しても、明治の人々の経験と洞察が参考になる。夏目漱石は『語学養成法』（一九一一）の冒頭で、日本人の英語力の低下とその原因を論じている。彼の論で注目すべきは、外国語能力と国力の関係に注目している点だ。漱石は、一つの国の力が増し、教育や産業が発展してくると、概して外国語習得への意欲は弱まると指摘する。

日本の場合も、明治維新直後の高等教育機関では、地理、歴史、数学、動植物学などは日本語のテキストがまだなく、みな外国語の教科書で学んでいた。答案まで英語で書いた時期もあった。漱石の時代でも、日本人の教師が外国語で数学を教えることもまれではなかったから、当時の英語の訓練は、その後の時代とは根本的に異なる密度の濃さであったと言える。近代国家としての日本の基礎が堅固になると、教育が「正常化」し、日本語のテキストで日本人によって教授されるようになる。そうなれば日本人学生の英語力は当然低下する。つまり、英語力の低下は日本の国力上昇の当然の帰結なのだ。言語も、その通用力は国力と密接な関係にあり、「貨幣」と同じく、強い国家の言語が広い流通力を持つのだ。

漱石の指摘は筆者自身が外国を旅して英語の通用力について実感したこととも一致する。一つは、ヨーロッパの小国には英語に堪能な人が多いこと。彼らの経済生活において英語を身につける「社会的必要」があるからだ。他方、筆者が大学院生として滞在した四〇、五〇年前の米国では、外国語に堪能な人々は意外に少なかった。外国語を学ぶ必要性がなかったからだろう。

同様の現象は（例外はあるものの）アジア諸国にも認められる。発展途上国や植民地経験を持つ国の指導的立場にある人々には外国語に堪能な人が多い。つまり、その社会で生きていくために外国の言葉が不可欠となれば、自然とその言語を習得する人は増えるのだ。鮮やかな例は、相撲界における外国人力士の日本語の会話能力の高さであろう。

一方、文科省は留学生のために、そして「グローバル人材」（その意味は曖昧だが）を育てるために、英語で行われる授業を増やすよう奨励している。しかし、英語の授業を目指して日本に留学してくる学生は、どのような人材なのだろうか。日本語はできないが「英語でなら」、という優秀な学生層は、米国や英国などの「生粋の」英語圏に留学するのではないか。理工科系はいざ知らず、少なくとも人文学や社会科学の分野で日本留学を希望する者は、すでにかなり高度な日本語の力を有している学生がほとんどだ。

人文学の業績評価

先に「理工科系はいざ知らず」と書いた。この理科と文科の区別は明確な意味を持つわけではないが、大学の評価や予算を考える際、両分野の性格の違いに留意することは不可欠であろう。文系よりはるかにお金と縁が深い理系が何かにつけ優位の現状では、大学の評価や予算配分において物事の是非が理系の基準で判断されることが多いからだ。評価と予算についての「文理不融合」について考えてみたい。

まず大学の評価全般に関して言えば、人文学・社会科学の教育・研究の評価基準として自然科学・工学のそれが不用意に適用されることが多い。例えば、理科の多くの分野では、業績の審査の基準は、査読制のある国際（英語の）学術誌に論文が何篇掲載されたかが基本になる。しかし同業者仲間の評価は概してその分野の主流派が基調を形成し、保守的になる傾向がある。人文学や社会科学にもこの査読制が浸透し始めているが、「劣悪なものを排除する」という役割は果たしえても、その保守性ゆえに「優れたものを掘り起こす」力は弱い。

また、論文が他の研究者によって何回引用されたかと問うても、評価能力のある人文学の同じ分野の研究者が大勢いるわけでもない。要するに、研究内容の提示の仕方、研究の作法、論証の方法に定型的なスタイルがない分野があるのだ。ちなみに知人の数学者の話では、政治性が認めにくい高等数学の分野でも「引用回数を業績の重要指標と見なすのは危ない。数学の分野では、他人があまり引用しない偉大な研究はたくさんある」そうだ。

文化の「ひだ」を考える際、言語は重要な役割を果たす。社会科学系の研究分野でも程度の差こそあれ同種の問題は存在する。社会構造の差を無視して、直ちに一般論を展開することはできない。いかなる言語もその社会の歴史・文化と切り離せない関係があるがゆえに、人文学には英語を共通語とする上質な国際学術誌のない分野が多くなるのは当然であろう。学問上のコンセプトは、その国の言語によって規定されることが多いので、標準言語としての英語に移されると、その概念の違い、いわば「ひだ」として表れる文化そのものの違いが見失われるのだ。

これは、一国の歴史や思想史を英語で講義する場合を考えれば明らかである。入門的な概説は英語で行えるかもしれない。しかし日本思想史から例を取れば、契沖の仕事がなぜ偉大なのか、賀茂真淵がなぜあれほどの尊敬を勝ち得ていたのか、あるいは本居宣長の仕事がなぜ驚くべき業績なのかを英語で説明し理解を求めることは可能であろうか。そもそも誰を対象にしてその作業は為されるのだろうか。また、本居宣長と上田秋成の「日の神論争」について英語でその核心を解説できるのか、万が一正確にできるとしても誰がその英語論文を読むのか。

しかし、だからといって人文・社会科学分野の仕事は「評価」できないのかというとそうでもない。それぞれの大学は、採用も昇進も、個々の研究者の研究・教育の力量と人品骨柄を調べて人事を進めているはずだ。歪んだ尺度で人材を評価すれば組織の劣化を招くことは誰しも知っている。要は、いわゆる文系と理系には「成果の概念」「成果の尺度」「測り方の期間」にかなりの相違があり、その相違への配慮が必要だということだ。

人文学や社会科学では、研究者となるための基礎的訓練は不可欠ではあるものの、学問内容自体は同時代の同業者と競争関係にない研究テーマも多い。また同業者から双手を挙げて受け入れられない研究でも、優れた研究である可能性は残る。こうした問いは「学問は何を最終的な権威とするのか」という問いに繋がる。

かつて人文学系の学問業績の評価は、その著作全部をハカリに載せて目方を測れ、と言った先生がいた。確かに首肯したくなるような発言だ。もちろんこの「重量価値説」は、評価にとって必要条件でも十分条件でもない。しかし評価という難事業に安易な測定基準を持ち込むことに対する警告という点で傾聴に値する。

多数決でもなく、独裁でもなく

真理は権力が決めるものでもなく、多数決で決まるものでもない。たくさん引用された研究により多くの価値を付けるという研究評価の手法は、現代デモクラシー社会の雰囲気を端的に示している。しかし政治や市場を意識して知的発見への意欲を燃やすことと、少数の人間の心の中に燃える真理への私心なき情熱とは別物である。

優れた学者は、多くの場合、疲弊した制度や劣悪な研究環境を乗り越えるだけの知的・精神的なエネルギーを持った「例外者」である。こうした「例外者」を、時間とエネルギーを浪費させるような制度改革や予算争奪戦から隔離し、護ることのほうが、論文の量産を競わせる体制より、学問の将来にとってははるかに重要なことだ。人文・社会科学分野の研究者の多くは、「お金ではなく、時間を下さい」というのが本心ではなかろうか。

理系分野の多くは、生産活動になぞらえれば装置産業のような資本集約型であるため、実験設備なしでは成り立たない。それに対して、文系のほとんどは、図書、フィールドワークの費用、紙と鉛筆、研究会開催費、データ処理のためのコンピュータで十分だろう。とにかくゆっくり考える「時間」が最大の資本なのである。「時こそ金なり」が大原則なのである。

多くの研究費を配分された人文・社会科学系の研究拠点大学で今何が起こっているのか。筆者はその実態を十分知る立場にはもはやいないものの、集中的に研究費を配分された「強い大学」はその予算を使うために、シンポジウム、出張、外国人学者の招聘、学外のオフィスの借り上げなどに奔走していると聞く。いずれにしてもこうした事業に駆り出される若手研究者の研究時間が犠牲となっていることは容易に想像がつく。そこには装置産業化した理系の学問と、時間こそが最大の資源である文系の学問を同一視することから生まれる悲喜劇が見て取れる。

恒産なくして恒心なし

「法人化」によって国立大学はその独立性を高めたかと思いきや、大学の収入構造に大きな変化がないため、文科省の指導は以前より強まった感がある。収入が基本的に税金で賄われている日本の国立大学法人は国家予算（フロー）によって運営されている。一九世紀後半に誕生した日本の帝国大学は、土地や資産（ストック）を与えられたわけではないから、財政面の国家依存が常態となるのは当然であった。したがってヨーロッパや米国の大学とは財政基盤を異にする組織として出発した。

「法人化」以後、大学から文科省に提出しなければならない書類は増えた。文科省側の言い分はおそらく、財政の厳しい折、予算獲得のために財務省を説得できるような「根拠」が必要だということだろう。以前、経済学部長を勤め上げた友人の話では、経済学部・研究科の「ミッションの再定義」を、文科省の指導に従って何度も書き直すのが、学部長・研究科長が最も時間を割かねばならない仕事であったという。初等中等教育と同じような、学習指導要領を大学も作れということにつながるような指導だ。そのために、学部長はじめ各部局の執行部は本務の教育・研究を犠牲にしてこうした作業に励まざるをえないのが実情のようだ。

日本に存在する七〇〇校を超える四年制大学（少子化が論じられた平成の三〇年間でも実に三〇〇校近く増えた）を一括して、「大学問題」として論ずるには課題はあまりにも多様で複雑だ。ここでは現在の日本の研究大学に突き付けられた問題の一端を、評価やランキングという視点から論じてきた。

評価や予算配分などに見られるように、理系大学院のシステム・制度が人文系に適用されている現状は再検討の余地が大いにある。文系と理系には「成果の概念」に相違があることへの配慮が必要であり、研究費の配分をはじめ、予算の内容と支出方法に関しても改めて考えなければならない。近年、若い研究者にとっての最大の悩みは、集中できる研究時間の不足である。特に人文・社会系の学問分野では、基本的な資本財は自由な「時間」である。であるからこそ、「改革」のための書類作成に多くの時間を奪われることは、人文系の研究者にとってはなんとも大きな痛手となる。ここ二〇年の大学改革が日本の学問にとって「空白の二〇年」とならないことを祈るばかりである。

第Ⅲ部　文明から野蛮へ？

第7章　歴史に学ぶとは

金融危機の歴史を分析した経済史家C・P・キンドルバーガーは、名著*Manias, Panics, and Crashes: A History of Financial Crises*（『熱狂、恐慌、崩壊――金融恐慌の歴史』）で、人間の織り成す経済社会についてなんとも悲観的な歴史観を滲ませている。マニア（超楽観主義）が社会に蔓延してバブルは発生する。しかしバブルはいつか破裂しパニックが起こり、結局は大崩壊・恐慌へと突入する。そんな過程を人間は近代以降幾度も繰り返してきたのではないかと言うのである。この「超楽観主義」とは、「借りまくる、貸しまくる、絶対大丈夫だから」という弛緩した、しかし熱気を帯びた経済行動が蔓延する社会的雰囲気を指す。マニア―パニック―クラッシュという図式は、一九八〇年代後半の日本のバブル、リーマン・ショック前一〇年ほどの米国、二〇〇九年一〇月以降のギリシャ財政危機で混乱したEUなどにもそのまま当てはまる。

キンドルバーガーが同書初版を刊行したのが一九七八年、生前最後の改訂となった第四版（二〇〇〇年）では、「どうも世界は過去の経験から学んではいないようだ。将来も、おそらく学ばないかもしれない」と悲観的である。

似たようなことが歴史上繰り返されるということは目新しいことではない。しかし、近年の世界経済、国際関係の激動を観察していると、「歴史に学ぶ」「歴史は繰り返す」という言葉のいずれに、より確かな真理が含まれているのか、改めて考えざるをえなくなる。

人間（ヒューマニティー）が変わらない以上、似たことが起こるのは不思議ではない。しかし、近代の理性重視の諸科学に深く染まっているわれわれは、理性による合理的思考と教育訓練によって人間の蒙は絶えず啓かれ、輝かしい技術進歩が限りなく豊かで安定的な社会を生み出すと考えがちである。理性が問題をすべて解決するという進歩主義の歴史観は、一つの時代は次の時代の前段階に過ぎず、その限りにおいてしか価値や意味を持たないという考えにも結びついている。

統合と分離の反復？

ここ数年の世界情勢を振り返ると、これまでゆっくり進行してきた「統合と収斂」の動きが大きく後退し、「分離と発散」への傾向が再び顕著になったことに気付く。二〇一六年、英国が国民投票によってEUからの離脱を決め、翌年一月に米国大統領に就任したトランプ氏は「アメリカ・ファースト」を強調、保護主義と排外主義を前面に押し出す諸政策に舵を切った。文明が

「共存の意志」を意味するのであれば、こうした分離・発散の傾向は、文明の進歩とは相反する野蛮への回帰ということになる。

　文明という概念は、人間がいかに他者と共存しうるのかという想像力を必要としている。この点は、文明という言葉が「市民（civil）」という概念と結びついていることにも示されている。市民とは、本来であればバラバラの個人が「共同の利益」で結ばれながら、「反対者とも共存する」公民としての智徳を備えている点を特徴とする。

　反対者がいない社会、同質的な多数派が強い社会的権力にのし上がった社会は、市民社会とはなりえない。オルテガが『大衆の反逆』で指摘したように、反対派を認めつつ共存することが文明の本質なのだ。「文明」の対立概念である「野蛮」は、この「共存の意志」を持たずに、ただ戦闘にのみ集中している状態を指す。野蛮な時代は人間が分散していた時代であり、分離し敵対し合う小集団がはびこる時代であった。

　こうした視点から、国際関係を見ていくと、文明の時代から野蛮の時代へと振り子がもどったのではないかという思いが強まる。通商にも外交にも国家間の「平等主義」の原則が浸透してきたことは、国連やWTOの影響力の弱さ、米国の国際政治におけるリーダーシップの低下にも現れている。TPPが米国の脱退によって規模を縮小し、あまた存在する自由貿易協定が世界貿易体制の中核を占める背景には、WTOの自由で多角的な国際貿易の枠組みが、「分散」の傾向へと転換していると見ることができる。

デモクラシーの平等化の原理は人々をバラバラにして個人主義に陥らせ、自分と家族の私的世界に閉じ込め、共同の利益への関心を薄めてきた。これと類似の分散傾向が、国家間の関係をバラバラにし、「アメリカ・ファースト」といった内向きの自国優先原則にも表れてきている。

1　戦争はいかに起こるのか

トランプ氏が大統領に就任して以来、米国と北朝鮮の間の緊張が高まる一方で、両国の首脳がフェイス・トゥー・フェイスで会見する機会が二度実現したことは、「政治ショウ」の性格が強かったとは言え、一つの前進と考えることができるかもしれない。それにしても、「崩壊寸前」と言われ続けてきた北朝鮮の経済力と技術力はどこから来るのだろうか。北朝鮮の資源・技術・経済構造については、木村光彦『日本統治下の朝鮮』が戦前の朝鮮半島の状況を、現代を視野に入れつつ実証的に検討している。戦時中に半島北部に軍事工業施設が整備され、ウランの採掘も試みられたことが、現代の北朝鮮の核兵器開発につながったという指摘も見逃せない点だ。

現在の北朝鮮経済と貿易の構造については、石炭と鉄鉱石の輸出、密輸ビジネス、労働力輸出（出稼ぎ）などがベースとなっており、南北協力事業「開城《ケソン》工業団地」（二〇一六年二月に中断）での売り上げも大きかったと専門家は推理する。だが中国から輸入する資材と部品の割合が大きいという点を考えると、金正恩《キムジョンウン》委員長が中国と決裂する可能性は低い。中国は、北朝鮮の経済基盤の重要なカギを握っているからだ。

しかし、経済的利害だけが武力衝突の有無を決定づけるわけではない。独裁政権にとって体制の維持が最優先課題となれば、合理的な説明がつかないような事態も起こりうる。長く抑圧されたまま引きずってきた様々な要因が次第にエネルギーを蓄積したところで、運命的ともいうべき出来事が契機となって爆発が起こり、いくつもの国を戦争へと巻き込んだことがかつてあった。

第一次世界大戦の勃発も、当時の欧州の人々には驚きだった。知識人たちは普仏《ふふつ》戦争後の四十数年間、「次の戦争が起こりそうでもあるが、同時にまた絶対に起こるはずがない」と感じていたという。

この矛盾した感覚は、衝突が起こったと知る直前まで続いていたようだ。一九一四年八月四日、フランスの哲学者ベルクソンは『マタン』紙を広げて「ドイツ、フランスに宣戦す」の特号活字を目にした瞬間、「眼《め》に見えない存在が、突如として現前した」ような衝撃を受けたという。「伝説の主人公が、自分のことを物語る書物から抜け出してきて、部屋のうちに音もなく座を占めたかのような具合だった」（『道徳と宗教の二つの源泉』森口美都男訳）と記している。

一般に、戦争が「いかに」起こるのかを解明するには、多くの時間と学問的な努力が求められる。「なぜ」戦争が起きたのかという問いは、歴史を学ぶ者にとって、さらに複雑で難解な課題となる。

善玉・悪玉論では解けぬ複雑さ

学校の歴史の授業では、「なぜ」戦争が起こったのかに触れて、邪悪な独裁者の意図とその結果責任について解説することが多い。開戦へと至る複雑な国際関係や偶然性などについて思いを凝らすことはなく、わかりやすい善玉・悪玉論によって戦争の勃発と進行を説明するのだ。しかし、われわれはこうした単純な歴史観を離れ、戦争に関してさらに広く、深く学ばなければならない。

欧米では戦後、英国の歴史家A・J・P・テイラーの『第二次世界大戦の起源』出版が契機となって、あの大戦の原因について歴史学者の間で激しい論争が巻き起こった。テイラーは、大戦の原因はドイツのヒトラーとその側近たちの意図的な戦争計画にあったという通説（いわゆるニュルンベルク・テーゼ）に強い反論を加えたのである。

英仏を始めとする欧州の指導者たちの錯誤と偶然の重なりに注目したテイラーは、ドイツ以外の国の指導者の責任を回避するような解釈は歴史認識を歪《ゆが》めると問題視した。ヒトラーが膨張主義者であり、危険な反ユダヤ主義者だったことは認めたうえで、彼の対外政策はワイマール共和国時代のそれと特に大きな変化はなかった、と論じた。第二次大戦の原因は、第一次大戦の全責任をドイツに負わせ、ドイツ国民に過重な賠償負担を科したベルサイユ条約（特に二三一条）に胚胎していたとテイラーは指摘したのである。

われわれはなぜ歴史を学ぶのか。細々とした人名や年代を憶《おぼ》えるのも重要だが、それが歴史だ、と思い込んでいる若者は意外に多い。戦争や歴史的事件の原因を現代の道徳的観点から裁断し、関わった人物の道義的責任を追及することが歴史を学ぶ目的だと考える人も少なくない。こうした姿勢や考えは、完全な誤りではないが、歴史の不可思議さと複雑さを学ぶ意義を見過ごすことになる。

かなり昔のことだが、大学受験が終わって合格発表を待つ間に『チボー家の人々』（ロジェ・マルタン・デュ・ガール著）を読んだという読書好きの学生の話が印象に残っている。この本の主要な部分は、第一次世界大戦が始まった一九一四年の夏を背景として進む。その学生はつい数日前まで、受験勉強で大戦前の欧州の同盟・協商関係を憶え、一九一四年の六月二八日にサラエボでオーストリア・ハンガリー帝国の皇位継承者フェルディナンド皇太子夫妻が暗殺されて戦争が勃発した、と暗記していた。だが、『チボー家の人々』を読んで初めて、戦争がどのような経過をたどって起きるのかが、少し現実味を持って理解できたという。自分とは無縁な世界の出来事が、小説というフィクションを通して、多少具体的に理解できた、とわたしに話してくれたのだ。

薄い教科書を丸暗記するという我が国の無味無臭の歴史教育だけからは生まれないような本が、二〇一三年に英国で出版されている。第一次大戦の起源と経緯をたどった『夢遊病者たち』（クリストファー・クラーク著）だ。出版されるやいなや、独仏を始め欧州で次々と翻訳が出て反響を呼んだ。中国でも翻訳出版された。日本では遅れて二〇一七年一月に訳書（みすず書房）が出たが、読書界でそれほど大きく取り上げられてはいないようだ。

著者の大局観と、事実を詳細に物語る力の見事な結合、資料操作の巧みさには舌を巻くばかりだ。「なぜ」ではなく、まず「いかに」という問いに正面から丁寧に取り組むのである。歴史を学ぶのは、ただ性急に陰謀の責任者を探し出すためではないことを改めて教えてくれる。

われわれが最近の朝鮮半島の緊張を考えるとき、戦争はいかに始まったのかという歴史を見る眼が必要とされる。日清戦争も日露戦争も、その本質は朝鮮半島をめぐる戦争であった。朝鮮半島をめぐる対立の性格は、もちろん時代によって異なる。しかし、朝鮮半島が多くの国々を巻き込む複雑な構造を持っていることは変わっていない。そうした状況を学んでおくと、北朝鮮の核・ミサイル開発問題は、単に「邪悪な独裁者を征伐する」という話だけでは終わらないということを知るのである。

2　経済学から見たトランプ氏の通商政策

トランプ氏の二つの論点

米国のトランプ大統領は「分離と発散」の流れに棹さす政策を矢継ぎ早に打ち出している。TPP、パリ協定、UNESCO、イランとの核合意など多国間の（multilateral）協定や合意から次々と離脱し、一対一の（bilateral）力による交渉の枠組みへと米国の位置をシフトさせている。

こうした一国主義、保護貿易主義や排外主義は、「文明」を推し進める力とはなりえない。

トランプ氏は大統領選挙期間中から、中国や日本との貿易収支の赤字が米国の製造業の雇用を奪っていると主張し続けてきた。中国からの輸入を高関税で阻止し、中国との貿易赤字を是正し、米国の製造業の雇用を回復させることが当面の米国の重要な貿易政策だとした。この貿易政策は、一見直観的にわかりやすい内容のように受け取られがちだが、その論理はマクロ経済学的には正しくない。

一国の対外収支は、会計学的に（事後的に）成立する関係（恒等式）によってマクロ経済的に規定される。一国の「民間投資と政府の財政赤字分」をファイナンスするためには結果として同額の「民間貯蓄と経常収支の黒字（財とサービスの純輸出）」を必要とするという関係である。言い換えれば、「民間部門の貯蓄が投資を超過する分は財政赤字と経常収支黒字を足し合わせたものに常に等しい」という会計学的な制約式が事後的に常に成立している。この国際的なマクロ経済の基本的な恒等式が教えるのは、対外収支は一国全体の貯蓄と投資のバランス（消費を抑え十分貯蓄しているかどうか）に依存しているということだ。他の条件を一定とすれば、国内の貯蓄が投資を上回らない限り、対外収支赤字は解消しないことを意味する。

こう考えると、経済学の先進国であるはずの米国の政治家や政策担当者にもマクロ経済学の理解がそれほど浸透しておらず、そして政治家も国民も過去から多くを学んではいないと言わざるをえない。

以上の点を念頭に置きながら、トランプ氏の事実認識と通商政策の論理を検討するために、（１）中国からの輸入急増が米国の製造業の雇用を奪ったという主張はどの程度正しいのか、（２）対外収支の悪化に対して、米国が保護主義的な通商政策に出ることは米国にとって正しい（利益になる）政策なのか、という二点に問題を分けて考えてみたい（以下の貿易構造の数量的把握はアジア太平洋研究所編『アジア太平洋と関西――関西経済白書２０１７』執筆の際、著者が行った作業結果を用いている。詳しくは同書を参照されたい）。

中国の輸出攻勢で米国の雇用はどの程度減少したのか

最初に、米国の国際貿易の状況と製造業雇用について確認しておこう。次ページの図１は、一九九〇年から二〇一六年までの米国の主な貿易相手国との財貿易収支を示したものである。二〇〇〇年以降、米国の対中国貿易赤字額は激増し、二〇〇〇年の八四〇億ドルから二〇一六年の三四七〇億ドルへと、実に四・一倍も増大したことがわかる。

さらに図２で米国の中国からの財輸入額（対ＧＤＰ比）の推移を見ると、一九九〇年から二〇一六年にかけて、〇・二五％から二・四五％にまで増大している。他方、米国の労働力人口に占める製造業の就業者の割合は、同時期において、一四・一％から七・七％へと大きく後退している。

また別の統計で、米国の製造業の商品だけに限って中国からの輸入に対する割合を見た場合、

図1　米国の主要貿易相手国の財貿易収支の推移（1990〜2016年）

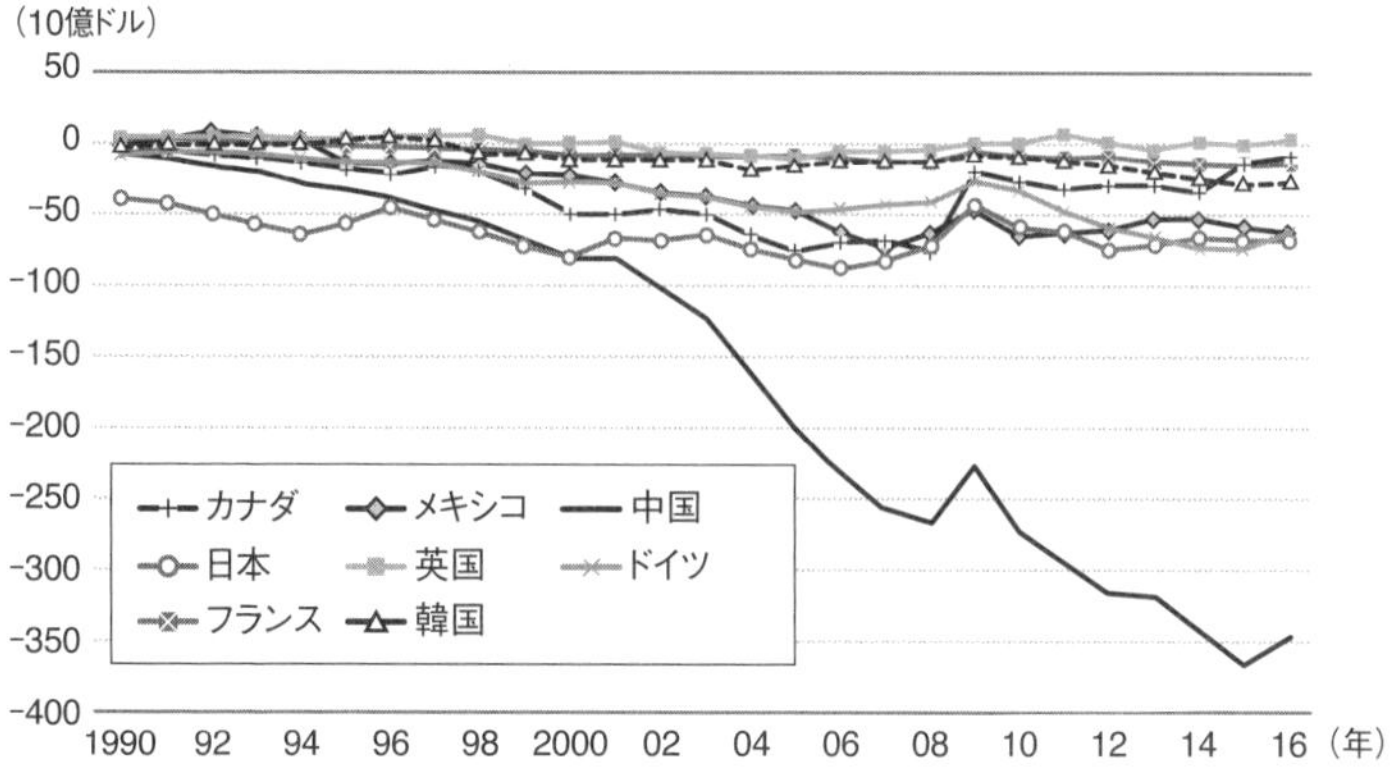

出所）米商務省のデータより作成

図2　米国の製造業雇用と米国の中国からの財輸入額（対GDP比）の推移（1990〜2016年）

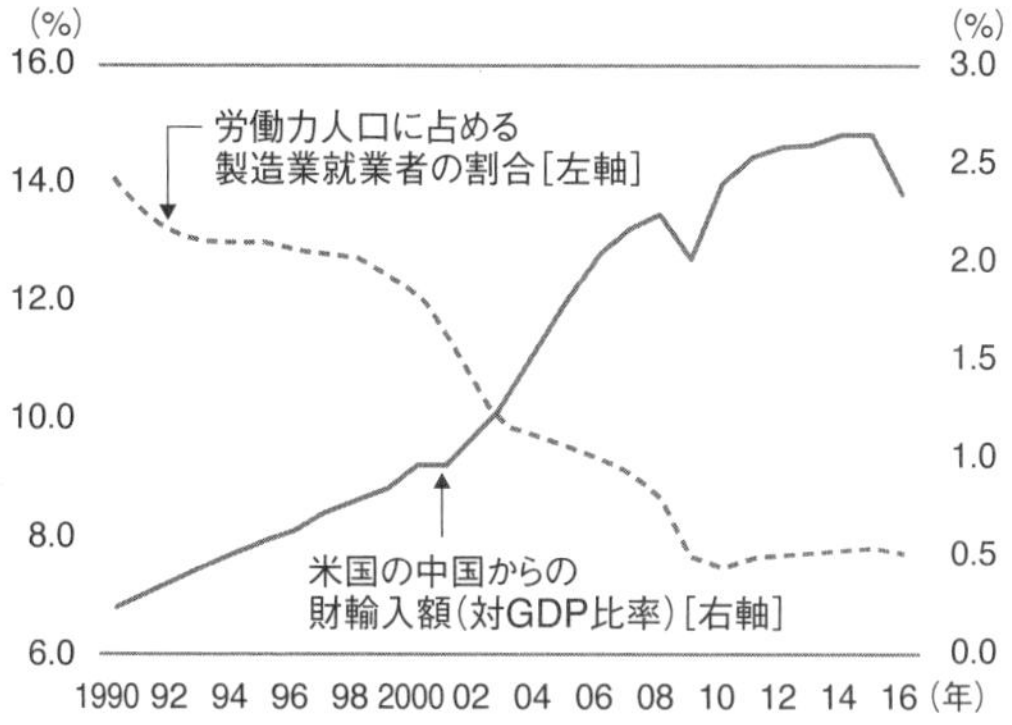

出所）米商務省、米労働省のデータより作成

一九九〇年には三・一％に過ぎなかったが、二〇一六年には二四・二％と全体の四分の一近くにまでに急上昇している。この同じ時期に、米国の製造業の就業者数は一七七〇万人（一九九〇年）から一二三一万人（二〇一六

年）へと五〇〇万人以上も減少し、二〇〇〇年（一七二六万人）以降に限ってみても実に二八・七％もの減少を記録している。

このような数字を見ると、その背後に「因果関係」を読み取り、中国の輸出攻勢「ゆえ」に米国の製造業の雇用は大きく減少したのだと推論したくなる。しかし、この因果関係はそのまま成り立っているわけではない。製造業雇用の低下と中国の輸出攻勢は同時に進行しているが、雇用の低下は製造業のＩＴによる合理化や米国内の産業構造の変化のためかもしれず、その背後に共通の別の重要なファクターが存在するかもしれないからだ。

では、二〇〇〇年以降の米国の製造業雇用の減少はどの程度中国からの輸入増の影響を受けているのだろうか。こうした問いに、米国の経済学者は精力的に取り組んできた。その中のいくつかの分析結果（「ホワイトハウスへのドアをトランプ氏のために開けた」と言われる）を簡単に示しておこう。

まず、中国からの輸入急増によって米国の労働者の賃金と雇用がいかなる影響を受けているのか。この点を分析したオーターやドーンたちの研究は選挙戦中から専門家の間で注目され、論争を生んだ（Autor, David, David Dorn, Gordon Hanson, "The China Syndrome: Local labor market effects of import competition in the United States", *American Economic Review*, 103(6), 2013. Autor, David, David Dorn, Gordon H. Hanson and Jae Song, "Trade Adjustment: Worker-Level Evidence", *Quarterly Journal of Economics*, 129(4), 2014.）。これらの論文の結論の一つは、同時期の米国製造業の雇用減少の約四

分の一が中国からの輸入急増に帰せられるという点である。そして、製造業から排除された労働者を製造業以外のセクターが十分吸収できなかった点も明らかにしている。用いられた手法としては、個々の労働者の就業状況を経年的に追跡したデータ（パネルデータ）を使い、一九九二年から二〇〇七年の一六年間に、中国からの輸入増加が、労働者の平均所得率、勤続年数、勤続一年当たりの平均所得にどの程度影響したのかを統計的に推定している。

さらにアースモグルーやオーターたちは、輸入増が米国経済に及ぼした雇用への影響を、直接効果と間接効果とに分けて分析している（Acemoglu, Daron, David Autor, David Dorn, Gordon Hanson and Brendan Price, "Import Competition and the Great US Employment Sag of the 2000s", *Journal of Labor Economics*, 34(1), 2016, pt. 2.）。直接効果は輸入品の急増が同じ製品を生産する産業に与える効果、間接効果は輸入品の競合品を生産する産業への直撃が、「川下」と「川上」の産業に与えた効果を、全国規模で綿密に計算した。ここではその主要な結論のみを示すに留める。

一九九〇年代初頭と二〇一一年末とを比較すると、中国からの輸入の増加によって、「直接効果」として五六万人の製造業の雇用が失われたという。これはこの期間の製造業における五八〇万人の雇用減少の約一割に当たる。これに「間接効果」を加えると、中国からの輸入増によりこの時期、製造業だけで九八万五〇〇〇人（米国経済全体では一九八万人）の雇用損失が起こったと推定している（同論文は、ある産業が外国からの輸入品の直撃を受けると、国内の他産業の雇用が増大するという現象も考えられるが、この時期、米国内の総需要〔消費と投資〕の減少が大きく、雇用増加へと結びつかなかったとしている）。

「中国ショック」が米国の労働市場に与えた影響の大きさを示している点では、これらの研究は極めて綿密、かつ具体的な数字を算出しており、説得力がある。大まかに言えば、「米国の製造業雇用の減少のうち、中国ショックによるところは一割から二割」ということになろう。

保護主義に走れば解決するのか

続いて第二の論点を見てみよう。トランプ大統領の打ち出した保護主義は、米国経済を利するのだろうか。そして世界経済にいかなる影響をもたらすのか。

確かに米国製造業の雇用減少の「一部」は中国の輸出攻勢によるものであるが、先に指摘したように、マクロ経済学の原理から見て、米国民が消費支出を抑え、民間貯蓄が投資を上回るようにしない限り貿易収支を改善することはできない。保護主義的な高関税で（中国の）輸出攻勢に対抗しても、問題の解決にはならないどころか、保護主義が世界経済に負の効果をもたらすことは、改めて指摘するまでもない。

フーバー時代

二〇世紀に限っても、米国の保護主義政策は国内的な失政であっただけでなく、国際的にも厄災を広げることになった。保護主義の台頭とブロック経済化について、第一次世界大戦後の世界経済はその典型例と考えられよう。

世界大戦中の主要国の政治と経済政策の指導者の多くは、「戦後世界経済は、大戦前の状態に復帰する」と漠然と考えていた。しかし大戦が終わると、世界情勢は歴史的な転換点へと突入するような大きな変化に見舞われる。国際連盟など国際協調のための手段は失敗に帰し、経済は世界的な不景気と混乱に陥るのだ。

その過程で観察された重要な現象の一つは、国際市場の分断とブロック化であった。それには戦争が大きな影響を与えた。交戦国は、戦時中の貿易遮断によって自国の産業を育成せざるをえない状況に追い込まれる。日本でも、第一次世界大戦中に製鉄、染料などいくつかの重要産業の自給体制を進めた。こうした事情はどの交戦国でも起こった。しばしば挙げられる例は、火薬の製造に必要な染料や機械工業である。

ところが、戦争が終結して貿易が再開されると、ドイツから良質安価な鉄、機械、染料などの工業用製品が先進諸国に流入する。その結果、それら産業の育成段階にあった国々は、自国産業保護のための「輸入防遏《ぼうあつ》」の手段として高い関税に訴えざるをえなくなる。こうした手段は、報復関税と呼ばれる「関税戦争」をはじめ、輸入割当などの非関税障壁を設けて、他国の製品の流入を阻止する動きを加速させた。これが保護主義連鎖のメカニズムの一つの形である。

一九三〇年六月、米連邦議会で農産物を中心に高関税をかける「スムート・ホーリー関税法」が成立したことが、高関税政策をとるゴーサインと世界各国にみなされたのであり、「世界史における転換点」となった。当時の米国の経済学者約一〇〇〇人はフーバー大統領に対して、この「関税法」に署名しないよう請願運動を展開したが、大統領は経済学の論理を顧慮することなく、この悪法にサインしたのであった。

アーウィン（「トランプの貿易政策は何を引きおこす――保護主義の連鎖と自由貿易の危機」『フォーリン・アフェアーズ・リポート』No．6、二〇一七年）が指摘するように、スムート・ホーリー関税法の導入は、大不況の一つの原因に過ぎないものの、例えばカナダでは、米国のこの保護主義的な姿勢が、それまで親米的だった自由党政権から保護主義的な保守政党への交代を招き、カナダの通商政策を報復的な関税政策中心の保護主義へと転換させることになった（アーウィン、同四二頁）。これを現代の状況に読み換えつつ、アーウィンは、メキシコからの輸入品への高関税が反米的な大統領の登場を促し、経済ナショナリズムを激化させる可能性があるとしている。さらに、メキシコのナショナリズムはキューバやベネズエラといった中南米の左翼政権との「共闘」を生み出すかもしれないとも論じている。

レーガン時代

実は三〇年以上前の米国で、トランプ氏と同じようにマクロ経済学の基本関係式を無視した議論が横行したことがあった。米国が通商法スーパー三〇一条で日本を「不公正貿易国」に特定し、いわゆる「日本バッシング」を激しく浴びせかけたレーガン政権の時代である。日本が何故たた

図3　米国の主要国別貿易収支の推移（1970～90年）

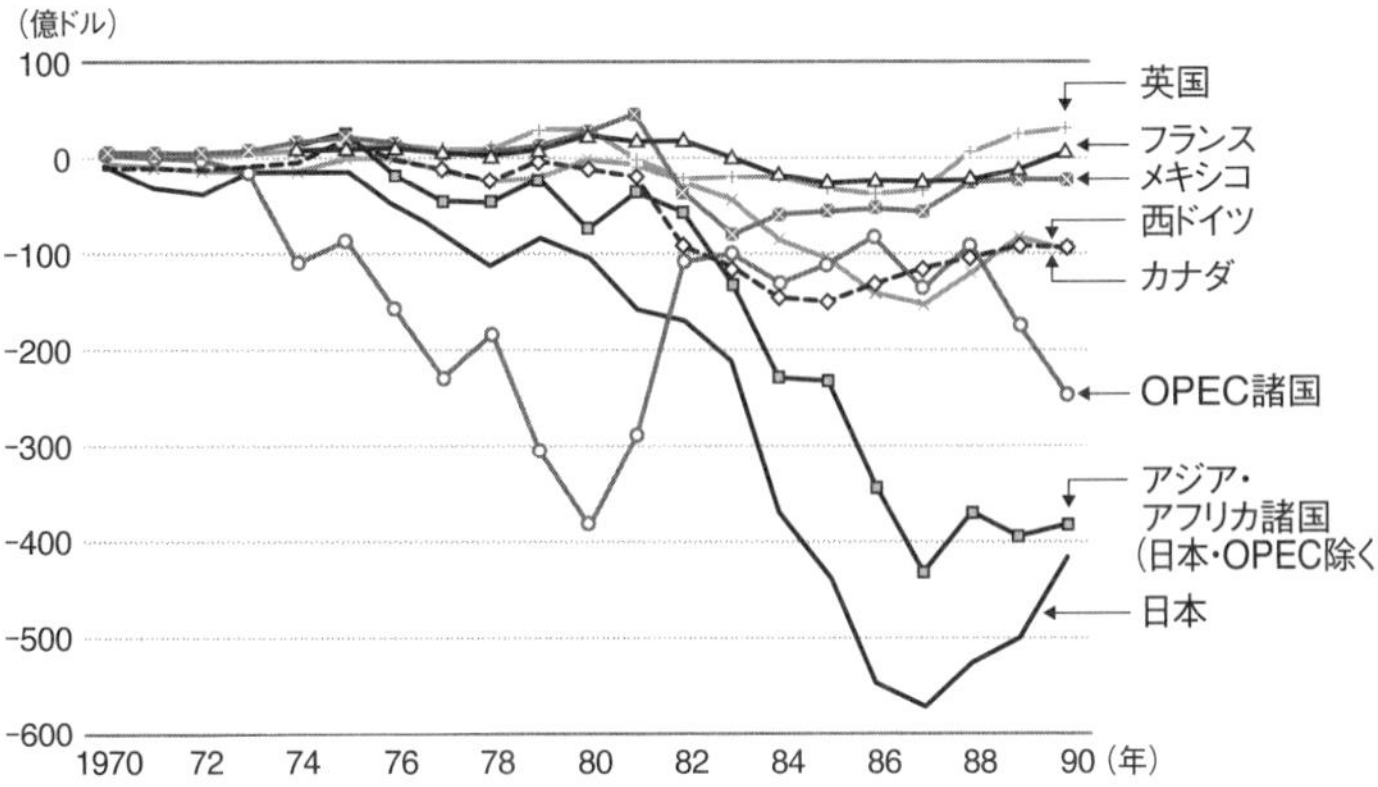

出所）米商務省のデータより作成

かれ始めたのかは、図3を見れば明らかであろう。しかし日本からの輸入を防遏して問題が解決するわけではない。米国の賢明で良識ある経済学者たち（P・サムエルソン、R・ソロー、F・モディリアーニなど）が、レーガンの保護主義的政策がいかに経済学の常識からはずれたものであるかをアピールしたにもかかわらず、一顧だにされぬまま、保護主義は八〇年代の米国の通商政策の中心となった。

はたしてレーガン政権下の貿易障壁を高める政策は必ずしも米国の基幹産業の再生にはつながらず、米国の議会予算局（Congressional Budget Office）の報告書（Has Trade Protection Revitalized Domestic Industries?, Nov. 1986, p. 101）も、「貿易制限は関連産業の国際競争力の上昇というその第一の目標を達成することには失敗した」としている。言い換えれば、米企業の受けた打撃の大部分は貿易とは関係がなく、救済措置によって輸入が減少することはなかったのである。

それでは、何がレーガン政権下での製造業の後退をもたらしたのか（アーウィン、同三六頁）。一つは、インフレの進行に対するFRBの金融引き締め政策である。一九八一年から四年間で四〇％のドル高が進み、米国の製造業の生産物が輸出競争力を失った点が大きい。もう一つの構造的要因も重要だ。鉄鋼業については大型高炉が低コストの電気炉メーカーに市場を奪われ、三大自動車メーカーも高品質で燃費の良い小型車への需要面でのシフトが始まったことに影響を受けた（猪木武徳「第二次大戦後世界における米国の技術的優位」東京大学社会科学研究所編『20世紀システム3　経済成長Ⅱ　受容と対抗』）。

一方で、一九八〇年代初頭にレーガン政権が輸入制限を課したため、日本の自動車の価格は平均一六％上昇し、米国の消費者は大きな打撃を被ったのである。鉄鋼の輸入制限が鉄鋼材を使用する「川下」産業に高コストを強いることとなり、繊維・アパレル製品の輸入制限も物価高を招いて低所得層を困難な状況に追い込んだのだ。

こうして米国は保護主義的な政策で国内産業を保護しようとして、すでに一九八〇年代に大きな失敗を犯している。この点をトランプ政権が認識しない限り、米国経済はなんとか維持してきた「先進国の中の優等生」の地位から滑り落ちる可能性がある。レーガン時代の再来とも言うべきトランプ大統領の貿易政策の最大のリスクは、戦後世界が営々として築いてきたGATT、そしてそれを継承したWTOの多角的かつ自由な貿易体制が崩れ、報復関税の応酬を引き起こしかねないという点にある。

言い換えれば、トランプ氏の通商政策は、高い輸入関税と輸出奨励金によって貿易収支を黒字化して金銀等を蓄積すれば、それが一国の富の形成であると錯覚する（二五〇年前にアダム・スミスが厳しく批判した）重商主義政策と同じなのである。外貨をため込むことが一国経済の主目的ではない。貿易を通して生産と消費を拡大することこそが、富の創造につながるのである。

高関税の効果を弱める原因

いずれにしても、現在の米国の製造業雇用の減少の主たる原因は中国との貿易赤字にあるのではない。技術革新と生産性の上昇によって、米国の製造業の雇用者数が低下し始めたのは一九六〇年代からであって、中国経済の台頭だけによるとは言えない。中国からの輸入を減らせば、米国の雇用が回復するというわけでもないのだ。

むしろ米国が通商政策上顧慮すべきは、貿易構造自体の近年の大きな変化であろう。現代の世界経済の特徴の一つは、直接投資の増加とその浸透である。ＵＮＣＴＡＤのデータによると、世界の対外直接投資残高は、一九九〇年には二兆二五三九億ドルであったが、二〇一六年には二六兆一五九七億ドルへと一〇倍以上に増大した。

そして、この直接投資によってグローバルな事業活動を行っているのが多国籍企業である。米国の製造業は早くから海外に製造子会社を設置して、グローバルな生産・販売体制を布いているのだ。米多国籍企業に関する統計のデータを見れば、二〇一四年時点で、米国の製造業在外子会

図４　世界の生産工程別財貿易の推移（1990〜2015年）

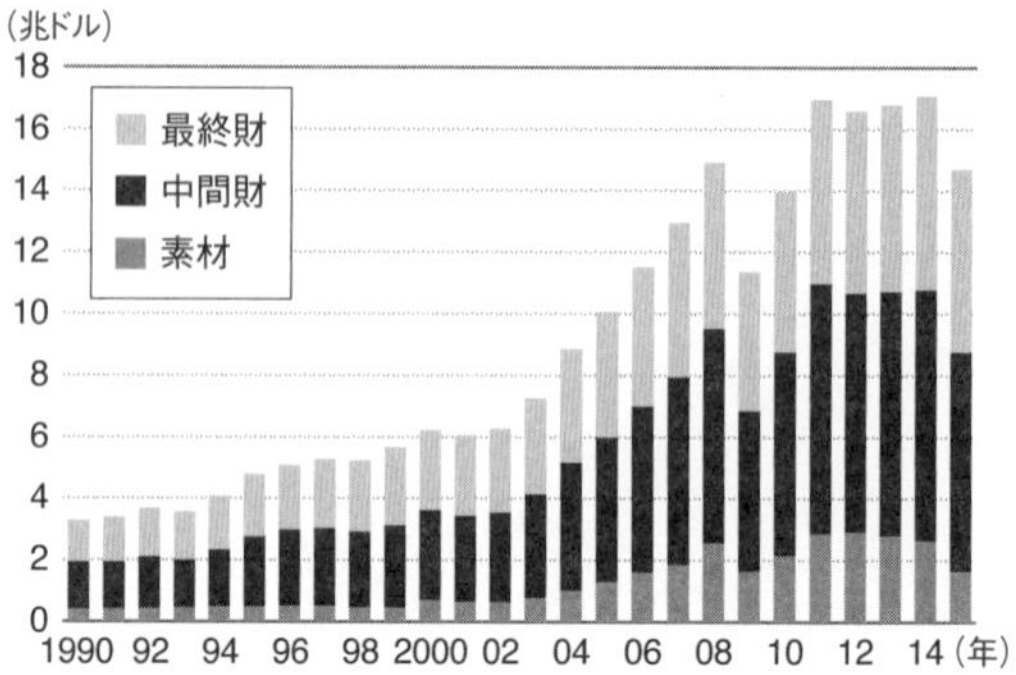

出所）経済産業研究所「RIETI-TID2015」より作成

社の販売額は、実に二兆六五七三億ドルに達している（U.S. Department of Commerce, Worldwide Activities of U.S. Multinational Enterprices, December, 2016）。その額は、米国が世界各国に輸出する製造業製品の輸出額（同年：一兆四〇三八億ドル）の二倍近い。

もう一つの特徴は、貿易財が最終生産物ではなく、その多くが中間財になりつつあるという点である。グローバル化が進むなかで、生産が一国内で完結せず、貿易による「グローバル・サプライ・チェーン」が形成されている。図４で世界の生産工程別財貿易の推移を見ると、中間財の貿易は一九九〇年の一兆四九〇八億ドルから二〇一五年には七兆四三五億ドルへと増大していることが確認できる。この「グローバル・サプライ・チェーン」のなかで取引される中間財は、機械部品であったり加工品であったりと、その形態は様々であるが、いずれもその輸入が滞れば、一国の生産活動に致命的な打撃を与える財と生産物である。

米国の中国からの財輸入のおよそ半分は「コンピュータ・電子機器」や「電気機器・家電製品・同部品」などの品目で、それらのほとんどは最終製品であるが（ただしそれら最終製品は東ア

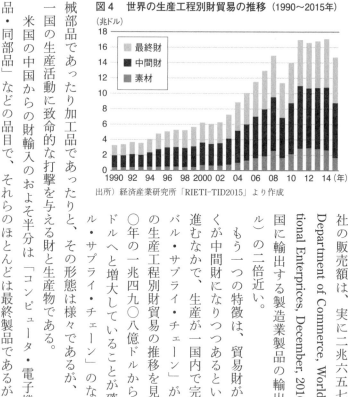

ジア域内の国際分業のなかで生産されている)、カナダやメキシコとの貿易では事情が全く異なる。一九九四年のNAFTAの発効以降、米国とカナダ、米国とメキシコとの間では国際分業が広範に広がっており、直接投資と貿易による経済的な相互依存関係が非常に強くなっている。特に自動車産業などはその典型であり、米国の自動車部品輸入の五割近くは、カナダやメキシコからのものである(Center for Automotive Research, NAFTA Briefing, Jan. 2017による)。

このような国際分業構造が形成されているなかで、保護主義的な関税政策が行われればどうなるのか。米国の「川上」産業の企業は、輸入防遏によって価格を上げられるかもしれない。しかし高関税を課せられた中間財を生産過程で投入する「川下」産業の企業にとってみると、関税による価格高騰で大きな打撃を受け、国際市場で競争力を失うことになる。こうした「川下」産業における雇用は「川上」産業よりも通常大きい。したがって、保護された産業でかろうじて維持(ないしは回復)できた雇用より多くの雇用が、「川下」産業の企業で失われる可能性が高い。自動車産業は「川下」産業の代表でもあるので、その影響は計りしれない。

さらに米国は先進国の中でも例外的に貿易依存度が低い国であるが、それでも貿易量は近年増大しているため、「報復関税」の影響は、先にあげた一九三〇年代、あるいは一九八〇年代よりも大きいと考えられる。

中国が自由貿易を擁護する？

近代以降の世界経済には、覇権を握るリーダー国が存在した。世界で最初の産業革命を成功させた英国は、一九世紀の長い時期、「世界の工場」として最も良質の工業製品を世界に供給しうる立場を確立した。したがって、自由貿易で国を開いても外国の輸出攻勢で国内産業が壊滅的な打撃を受けることはなかった。それればかりか英国はすでに海外投資を行い、世界戦略を展開するだけの十分な軍事力、政治力、経済力をたくわえていた。ただ穀物だけは、自国で生産すると費用が高く、外国からの輸入に頼ったほうが安価であることは明らかだった。安い穀物で労働者が生活できれば、英国が比較優位を持つ工業製品の価格も安く抑えることができ、その国際競争力はますます高まる。ここに、英国が穀物の関税を撤廃して自由貿易を主張する立場を選択した理由がある。自由貿易の利益を論証する理論が、世界市場において工業製品で競争する工業資本家（地主階級ではなく）を代弁する理論として生まれ出たことは、経済学説史の教えるところである。英国の自由貿易論は、英国にとって大きな利益をもたらすからこそ、強く主張されたのであり、決して「貿易からの利益」が理論的に明らかになったから、主張されたものではない。

かくて英国は、一八四六年に「穀物法」を撤廃し、自由貿易を徹底することに通商政策の基本方針を定めた。それは、世界的な経済大国としての確固たる自信の表れであった。その自由貿易論が英国以外の世界に広く行き渡るようになったのは、英国の経験が、比較優位を原則として後発国にとっても同じ論理で成立することに他国も次第に気付き始めたからに他ならない。つまり自由貿易が当該国の利益をもたらすことが明らかになった段階で、多くの国々は自由貿易主義の旗幟を鮮明にし始めるのである。

ここで注目すべきは、自由貿易体制に世界が入る段階で、その体制を管理・監督するリーダーが存在したことである。貿易体制や世界経済秩序を安定的に維持すべき力量を持った国家の存在を必要とするのだ。第一次世界大戦までその役目を果たしたのが英国であり、戦間期の混乱はその英国の指導力の衰退の結果であった。その後、第二次世界大戦後の世界経済体制のアンカーとしての役割を果たしてきたのが米国であったことは言うまでもない。

では今、何が起こっているのか。二〇一七年の一月十七日に、スイスのダボスで開かれた世界経済フォーラム（WEF）の年次総会で基調講演を行った中国の国家主席習近平は「通商戦争に勝者なし」としつつ、グローバル化や自由貿易の重要性を強調した。ステロタイプの政治観にとらわれている者は驚き、「臆面もなく」との思いを持ったのではないか。しかし、彼の用いた「保護主義は自らを暗い部屋に閉じ込めるようなもので、風雨に打たれるのを避けることができるようだが、部屋から光や空気を奪うようなものだ」という譬え、あるいは「他国を犠牲にして自国の利益を追求すべきではない」という言葉に不思議な説得力があったことは確かだ。

この演説をその直後に就任した米国のトランプ大統領の演説と比べると、どちらがどちらの国の代表者の演説なのかを同定しがたいほどの時代の転換に改めて驚かざるをえない。それは端的に言えば、保護主義という「守り」に入った米国に対して、急成長を遂げて「二〇〇年ぶりの復活」と世界経済への「参入」を果たし、自由貿易の擁護者に転じた中国という対照的な構図である。中国が自由貿易を主張し、米国が保護主義に出る。それはこれまでの覇権国の相対的地位の後退が、その国を国際経済秩序から離反させるということを示しているともいえる。

こうした立場の逆転を暗示するかのごとき移行期が安定的に推移するとは思われない。そして二極体制が長期間続くとも考えにくい。とすると米国の保護主義は、単に貿易と経済パフォーマンスの問題に留まらず、米国そのものの政治的・経済的パワー、すなわち覇権の維持の如何にもかかっているということになる。

それでは本章の冒頭に掲げたアポリア、「歴史に学ぶ」「歴史は繰り返す」のどちらにより確かな真理が含まれているのか、にどのように答えればよいのだろうか。一つのカギとなるのが経済学の役割と限界である。知的遺産としての経済学の論理は、政策の意図と結果の不一致を明快に指摘できる。しかし政治はこの不一致をものともせずに動く。一〇〇〇人を超す経済学者の請願書にもかかわらず、スムート・ホーリー関税法にフーバー大統領はサインした。レーガン政権下の場合にも似たようなことが繰り返された。

トランプ政権下でも、政治家や国民の短期的な視野によって経済学の力と経済学者の意見が顧みられることはないのかもしれない。長期的に見れば経済学の教える「保護主義の負の経済的帰結」は間違ってはいない。しかし現実政治はその「通商戦争に勝者なし」という経済史の教えを、選挙で勝つためには「極めて不都合なこと」としてしか受け入れないのだ。

言い換えれば、長期的視野や公共性の自覚なしには、国民が歴史から学ぶということはない。科学の発展、技術の進歩だけに注目していると、人類はますます賢明になっているように見える。しかし人間は「進歩」するどころか、単に歴史を繰り返しているだけで、その過程で賢慮を失っているに過ぎないというキンドルバーガー教授の悲観論もゆえなきことではないようだ。

言うまでもなく、政治は経済的な利得だけで動くものではない。国家間の争いや緊張関係も、すべてが経済問題に起因するわけではない。個人についてと同様、国家にも誇りがあり自尊心がある。子供の喧嘩でもそうだが、国家間の諍いでも、こうした誇りや自尊心がいたく傷つけられたときに暴力（最後の理性）が発動されることがある。

しかしそれでも、経済的な利害関係は内政・外政双方において、あらゆる争いの素地を準備することは間違いない。そうした短期的利害対立を解決する方法として最も弊害が少ないのは、（略奪でも保護主義でもなく）自由な交換と貿易によって相手を知り、変化に向けて徐々に対応していくという道であろう。国際貿易が平和をもたらす重要な手段であることが強調され始めたのは、宗教的対立によって社会が分断され、対立と分離の激しかった一七世紀から一八世紀の西ヨーロッパ社会であったことを改めて思い出すべきであろう。

その意味で、貿易に関する経済の論理を知り、その論理を無視することがいかなる帰結をもたらすのかを振り返る必要がある。われわれが歴史に学ぶことの重要性を、今ほど強調すべき時代はない。

3　戦後の日本論壇は悲観論が支配した

制度と実態、連続と断絶

歴史の一時期を振り返る場合、目立った大事件が常に重要な変化をもたらすと思いがちだ。そして底流にある静かな変化には概して気付きにくい。また、ある時期の変化を、どれほどのタイム・スパンの中に置くかによって解釈や議論の内容は変わってくる。一〇〇年、二〇〇年といった長期的な趨勢（trend）の中で捉えるのか、単なる短期的循環（cycle）の一局面と見るかによって政策的対応は異なってくるだろう。こうした点に留意しつつ、戦後日本経済と社会を振り返ると、いかなる教訓が得られるのかについて考えてみたい。

例えば、かつて日本の高度経済成長の最大の牽引役を果たした活発な民間設備投資は、第一次石油危機以降低迷を続け、長期にわたる貯蓄超過を記録してきた。特に一九九〇年以降の総需要の不足は著しい。これは成熟経済の長期的趨勢の一部なのか、あるいは単なる中期的な循環の下降局面に過ぎず、しばらくすれば増加へと転じうるのか。いずれの立場を取るかによって、現下の日本経済の「成長戦略」への期待度も変わってくる。

また、近年、「地球温暖化」が盛んに論じられているが、五〇年ほど前には「地球寒冷化」が騒がれていたことを忘れがちだ。こうした環境変化も、趨勢的な一方向の現象なのか、循環の一局面なのかは慎重な判断を要する問題となろう。ことほど左様に直近の過去を解釈することは難しい。

戦後の七〇年という歳月は、確かに一つの区切りとして振り返るに値する長さだ。「変化への驚き」と「変わりようのなさへの諦念」の入り交じった気持ちに襲われる人は多いかもしれない。それはかつて親しく付き合ったことのある知り合いに、何十年ぶりかで出会ったときの心の動きを思い起こさせる。幾星霜の隔たりゆえ、まずお互いの容貌の変わりように驚くが、昔と今を重ね合わせつつ言葉を交わしてゆくと、懐かしさとともに、「やはり人は変わらないものだ」という感慨が徐々に湧き上がってくるのに似ている。

したがって変化の議論に少しでも説得力を与えるためには、歴史の流れの中で、何を何と比べて、どれほど、といった具体的な例と数字が必要になろう。戦後七〇年だけを切り取って総括することはできないのだ。まずは戦前との関係を見ておかなければならない。

例えば、戦後GHQの占領政策として断行された労働改革と農地改革は、「外圧」ゆえに「革命」的な成果をもたらしたとされる。しかしこれらの改革は、非連続と断絶を意味する「革命」として日本社会に突然降ってわいたものではなく、また、占領軍から一方的に押し付けられたものでもなかった。両改革とも、戦前から日本政府による準備と調整があり、政府内や議会で議論されていたからこそ、あのような「革命的改革」がかなり平和裡に実施されたと言える。

「労働組合法」は濱口内閣成立（一九二九年）後に、商工省と内務省、労働者側と経営者側との間で組合設立要件を認可主義とするか届出主義にするのかをめぐる対立の調整がつかず、審議未了となった。「農地改革」も終戦の年、幣原内閣の農林大臣松村謙三が農政局長和田博雄に農地改革案の作成を命じ、それから四日後に農林省案が提出されているが、これは三八年に公布された「農地調整法」などが戦後の改革の基礎になったのだ。寄生地主制がいかに農業の生産性の向上を阻んでいるかという自覚は、戦前からすでにかなり共有されていたのである。

それとは反対に、日本側が旧来の制度への問題意識とその解決の準備なしに、単に占領軍の制度をそのまま移植して、改革が根づかなかった例もある。例えば、米国教育使節団の勧告で都道府県と市町村に設置された教育委員会は、米国流の委員「公選制」から、後に（五六年）「任命制」に変わらざるをえなかった。警察制度も、戦後の内務省解体とともに、地方自治の精神を重視して中央集権的な国家警察の原理を解消し、「市町村自治体警察」と、地方の治安維持および自治体警察が処理できない非常事態に対応するための「国家地方警察」との二本立てになった。しかし日本の国情に合わなかったがゆえに、五四年の「警察法」改正によって両者を統合した「都道府県警察」が生まれた。下地のない制度の移植は「国情」によって変化せざるをえなかったのである。

戦後日本の経済と社会の「制度」がどのように変わり、「実態」はどの程度変容したのかという視点から、筆者の専門に比較的近い、労働力、人的資源、そして知識人の経済政策論議の戦後七〇年を、いくつか振り返ってみたい。断片的なデータからではあるが、自衛官、幹部行政官、産業労働者、経営者について、それぞれの労働力としての特質を、今後の動向を意識しつつ取り出す。さらに、筆者自身の職業的関心から、経済学者の診断・処方箋を素材に、過去の論壇のペシミズムから何が学べるのかを考える。

戦後七〇年の変化の内実をわれわれ日本人の精神的な「傾き」という視角から見ると、「同じ精神が異なった状況の中で姿を変えて顕れた」と思われる節がままある。ただし、「あまり変わっていない」ということを筆者は強調するつもりはない。むしろ惰性・慣性による「先祖返り（atavism）」を避けるべきだという点を意識したいと思う。

戦争が遺した要素

日清戦争が始まってから太平洋戦争が終結するまでの五一年間のうち、日本は（直接戦場にはほとんどならなかったが）総計すると実にその半分近くの二十数年も戦争をしていたことになる。したがって一九四五年以後の日本では、戦前と比べて国民の一体感が弱まり、冷戦という過酷な現実はあったものの、政治的な緊張感が弱まったことは確かであろう。それまでの国民教育は戦争と軍隊に密接な関連を持ち、軍事教育を不分離の要素として組織化され、運用されてきたという面がある。

軍事教育、軍隊での経験、あるいは軍人養成機関における教育が、経済社会に与える影響には様々な側面があろう。しばしば取り上げられる例として、軍関係の技術教育と研究の成果として開発された技術が、民生部門に転用されることによって、経済成長に貢献するといった社会経済的影響がある。具体例としては、零戦開発の軍事技術から自動車・新幹線の製造技術へ、軍事光学技術の民生用カメラへの転用、戦艦造船技術と戦後の造船業の発展、あるいは戦時下の通信技術の戦後民生部門への転用などがある。戦争が生命・財産に対する破壊行為であることは言うまでもないが、軍事的先端技術が民生部門で生かされ、それが経済成長につながるという側面は無視できない。

軍隊の中で多種多様な社会的バックグラウンドを持つ人材が接触したことも、人々の自己向上への動機を強く刺激し、戦後の進学競争や企業内競争のベースとなり、戦後日本の「競争社会」を生み出す要因の一つになったという仮説（小池和男氏のいわゆる「接触効果」）がある。学歴のない人は学歴の高い人を見て、「大学卒もたいしたことはない、自分は高等教育を受けていないが、技術に関してははるかに上だ」といった自負や競争意識が強まる。様々な社会階層の人が軍隊という組織の中で接触したことによって、戦後の競争社会の基礎ができたと見るのである。

軍隊や士官学校における道徳教育、あるいは「精神教育」の社会経済的影響（職場での行動規範など）も大きいだろう。さらに軍人としての在外（海外）経験が社会的視野を広げ、本人だけでなく子弟に海外への転進を促すというケースもあったと考えられる。

軍隊経験者の戦後

筆者は以前、軍隊という多種多様な背景を持つ人材が集結する組織が、戦後解体された後どのような影響をいかなるチャネルを通して日本の経済社会に与えたのかという問題を、教育と人材育成という側面から具体的な資料を用いてサーヴェイしたいと思ったことがある。対象とした標本が小さいため、こうした社会集団の転職過程で戦後の日本国民の勤労生活の変化を一般化することはもちろんできないが、当時の労働力の動きの一部を垣間見ることはできた。

用いた資料は『陸士第五一期生（一九三八年卒業）会会員名簿（別冊）』である。一九七九年一〇月に刊行されたものであるが、その時点での会員の総計三一三名についての氏名、生年月日、出身県、出身中学等、詳しい軍（戦）歴、配偶者氏名と生年月日および趣味近況等、子女の状況、そして戦後歴を、年月日、勤務先、所在地、職務内容等まで含めて整理したものである。

筆者の関心は、データとして取り上げられた同期生のどれだけの割合が自衛隊に入隊したのか、戦後ただちに高等教育機関（大学）に入り直し、全く新しいキャリアを選んだ者はいたか、戦後の転職はどのようなものであったか、（自営、農業あるいは無職などを経て）入職した産業とその後の産業の関係、そして子弟の教育・就職にどのような特徴が見られるかなどであった。このデータからわかった、その一部を紹介したい。

陸士第五一期生約五〇〇名のうち、戦後を迎えることができた人々で、名簿に掲載されている三一三名中、警察予備隊、保安隊、自衛隊へ入隊した者は一一六名にのぼる。このうち、自衛隊入隊前に、企業に就職していた者六三名、農業に従事していた者一八名、自営業を営んだ者一二名を数える。データの示すところでは、半数強はすでに大小の企業で職を得てから退職し、警察予備隊、保安隊、そして自衛隊へ入っている。

終戦後、大学へ入り直し、新しい職業人生を歩み始めた者もいる。戦時中、員外学生として（軍歴の一部として）帝国大学の理学部や工学部で研究経験を持ち、戦後、正規学生として同じ大学を卒業した者、戦後新たに大学を受験、入学・卒業し、医師、弁護士などの新しい職業生活に入った者である。

子弟の教育についても、名簿に含まれる「子女の状況」から読み取れる。父親が職業軍人として海外勤務の経験（いわゆる外地での生活経験）を持つ場合、それが子女の職業選択の視野をどの程度広げたのか。興味深いのは、子弟の海外渡航のケースの多さである。これは父親の軍人としての在外体験が、子供たちの教育や就業選択の方向に影響（視野の拡大など）を与えたのだろう。

政治における連続性

戦前と戦後の政治家の出自や経歴の違いを論じるには、これまた膨大なデータが必要となる。それ自体が一大研究プロジェクトとなり、今の筆者のなしうる仕事ではない。ここでは「一国のリーダー」という観点から、一つのエピソードを紹介するにとどめる。

筆者はかつて、戦後の政治家の政界復帰について、日本とドイツの違いに触れたことがあった。ドイツ人の近代史研究者の、「戦前と戦後の政界の人材という面で、ドイツと日本は違う」という発言を聞いて、「鳩山一郎や岸信介の政界復帰はドイツ人としては理解できない現象かもしれない」と書いたのだ。すると親しい日本の近代史の研究者が、「当時の日本人は、ナチスのユダヤ人大量虐殺のような弁明の余地のない悪行をしていないのだから、復権に格別問題はない」とし、「中堅クラスでは多くのナチ党員やSS隊員が戦後ドイツを支えたことから見ても日本は特別ではない。トニー・ジャットの『ヨーロッパ戦後史（上）』に、一九五一年のバイエルンの判事・検事の九四％が元ナチ党員であったという記述がある」と反論した。

このコメントには確かに一理ある。政治体制が変わったからといって、前の統治機構の人材を「総入れ替え」することはできない。旧体制でも、それ相応の優れた人物がそれぞれの要職を占めていたからだ（その意味では、明治維新後、新政府に仕えた旧幕臣の勝海舟を福澤諭吉は「瘠我慢の説」で批判したが、一国の人材という点からすると、福澤の批判は厳しすぎたとも言えよう）。

ただ、それが一国の首相ポストや有力閣僚であった場合はどうであろうか。ベルリンの都市計画でも辣腕を揮い、ヒトラーの片腕として軍需大臣を務めたA・シュペーアは戦後のニュルンベルク裁判で死刑にはならなかったものの、禁固二〇年の刑を受け、一九六六年の出獄の後、八一年にロンドンで亡くなっている。政界の（中堅ではなく）トップクラスにいた者が、戦後また首相まで務めるというのは、ドイツ人にも不思議に見えたのではないか。このあたりの比較は慎重を要するが、日本の政治の「連続性」を示す例として不適切だとは思えない。

官僚機構による防御装置

官僚組織はどの程度変わったのであろうか。戦後の組織再編や、一九九〇年代から叫ばれてきた「官」から「政」へといった掛け声で実態がすぐ変わるものではなかろう。内務省の解体と再編によって、戦前と戦後との間にあたかも完全な「断絶」が存在するかのごとき印象を持ちがちだ。しかし名称や衣は変わっても、実際その組織や集団は完全に解体されるものではない。旧組織の成員が残り、組織内の慣行の痕跡が継続・持続することは多い。内務省が戦後解体されたといっても、人的資源管理の面から見ると、解体後の自治省、厚生省、労働省、建設省、警察庁などと、地方自治体との間で、旧内務省時代と近い「人事交流」は残った。この点は、戦後七〇年経った日本の地方自治を人材の面から検討するとき、一つの重要な論点となるのではなかろうか。

例えば『内政関係者名簿』（地方財務協会編集・発行）は戦後の各省庁の間の人的ネットワークを示す資料として興味深い。一九九三年に発行された版では、一八七六年（明治九）から一九四七年（昭和二二）までの内務省採用者はもちろん、内務省が解体された後の、警察庁、厚生省、労働省、建設省、自治省でそれぞれ採用された幹部職員の名がリストアップされている。一つの巨大省庁が戦後占領軍の力で解体されても、その後に分割された各省庁の幹部職員が「同志としての一体感」を持つ官僚集団として存在していることを示すものだ。分割されても心は一つだという意味で、旧内務省は戦後七〇年経ってもいまだ存在すると考えることができる。

近年でも、幹部行政官ないしその候補者が中央から地方自治体の枢要な管理職のポストに就く。

本庁に戻る人もあれば、そこから副知事・知事のポストに就くことも珍しくない。知事は戦後「公選制」になったものの、地方自治体における人材を、こうして中央からの供給に頼るという傾向は、地方が自前の人材を育成していくという意識がいまだ確立していないからだと言えるのではないか。旧内務省から地方への人材の流れが目立つということは、日本の地方自治が抱えている問題は単なる財源問題にとどまらず、地方自治の条件が統治においても行政においても人材面で十分熟していないということではなかろうか。

また、戦後の官僚機構において常に燻《くすぶ》り続けてきた問題として、「天下り」の慣行がある。もちろん戦前にも官から民への人材の流れは存在した。事実、明治後期から大正にかけて活躍した文学者内田魯庵は、『社会百面相』の中で「天下る」という言葉を官吏の民間企業への再就職の意味ですでに用いている（「濡手で粟の御用商人か、役人の古手の天下ったのか」）。フランスでも、エリート官僚が民間企業に流れるという「天下り」（pantouflage＝スリッパを意味するpantoufleから生まれた言葉）の異動はよく知られている。その頻度は日本の一〇倍に及ぶという推定もある。しかしフランスの場合は、官庁での勤務経験の短い二〇代、三〇代の「天下り」が大部分を占める。いずれにせよ、日本型の「天下り」が、特殊法人、地方自治体、（公務員法の縛りはあるが）民間企業へのシステマティックな「キャリアルート」として成立したのは戦後になってからである。

一国の人的資源配分という観点からすると、日本ではいわゆる「キャリア官僚」が、学歴・学力に優れた秀才層の一部を長きにわたって吸収し続けてきた。この傾向は、一九九〇年代の「天下り」（特に旧特殊法人への異動）への厳しい批判と、公務員倫理を規定する法律の強化まで続いた。ではなぜ、それまで学校秀才たちは、民間のビジネス・エリートの経済的報酬の高さにもかかわらず、幹部公務員の道を選んでいたのか。もちろん、国事に奔走するという「公共精神」もあったであろう。現代の産業社会の人的資源の配分を規定するのは経済的報酬だけではない。社会的威信、職務の達成感の高さ、政治的・経済的な影響力の強さという魅力もあろう。しかし、旧特殊法人などへの「天下り」にも、経済的にそれなりの合理的な根拠があったことは否めない。「天下り」には官僚時代の知識と経験を退官後の職場で生かすというケースもあったが、中には、「渡り鳥」のように異動を重ね、世間の批判を浴びたケースもあった。しかし「天下り」には、行政組織の人事政策上、合理的な側面もあった。それは、定年前の退職を慣行化することによって、若年層へ早い昇進の機会を与えて人事の停滞を防いだこと、そして省庁在職中のパフォーマンスで「天下り」の時期と「天下り先」を決めるという競争と選抜の機能を強化するという役割だ。言い換えれば、「天下り」には一種の「遅れて支払われる報酬」という側面があり、キャリア官僚の「天下り」は、内部の競争と評価に応じた処遇と生涯所得を与える制度であったと見ることができる。

したがって、退職後の処遇を含めた「生涯所得」の保証を考慮せずに「天下り」だけを完全否定すれば、「全体へ奉仕」する公務職へ良質な人材が流れなくなる可能性が生まれる。事実、官僚批判の強まった九〇年代半ばからは、三〇代から四〇代前半の幹部行政官が退職して「実力主義」を売り物とする外資系企業へ転職するケースが多く見られるようになった。近年の民主党政権時代の「官」から「民」へという掛け声のもとに打ち出された諸政策は、幹部行政官への魅力を低下させ、以前のような「立身出世主義」の学校秀才が公務員職を目指す意欲を殺いだと言わざるをえない。

経済競争を左右した生産部門の労働力

これまで、市場機構を支える土台としての人材の連続性に触れたが、市場競争の中で高い生産性を発揮した産業の労働力にはいかなる特徴が認められるのか。高度成長期の日本経済で、人材の育成と選抜のメカニズムはどのように働いたのだろうか。この点の認識を誤ると、闇雲な制度改革の大合唱の中で、「赤ちゃんを盥《たらい》の水と一緒に流してしまう」ことになり、日本経済の生産性の低下への道は避けられなくなる。事実、近年の短期的な「成果主義」に基づく人事政策は、長期的な競争に基づく人材の評価システムを「見事に」突き崩す方向へと進んでいるように筆者には見えるのだ。

戦争が終わって一〇年経った一九五五年の新規学卒入職者の学歴別構成を見ると、労働市場に新規に（フローとして）入った学卒者一一二万人のうち、中卒者は六二・二％を占めた（文部科学省『文部科学統計要覧』）。つまり新規学卒入職者のうち、三人に二人が中学を終えてすぐに入職していたのである。四年制大学卒の新規入職者は全体のわずか六・二％に過ぎなかった。新規学卒入職者数のピークは六〇年代後半に来る。七〇年代に入ると次第に減少し、近年は六〇万人と、ピーク時の半分以下に減少している。加えるに、学歴構成も大きく変わり、最近では大卒（短大・大学院を含む）が四割以上を占め、高度成長期の初めごろ六割以上いた中卒の新規学卒入職者は一％をわずかに上回る程度に減少した。

日本の企業では、こうした若年の新しい労働者を雇い入れ、（大企業の場合は企業内・企業外の中等教育機関で学びながら）現場の仕事を通して技能を高めるというシステムが主流をなした。従業員の資質と実績を長期的な視野で評価し、仕事を遂行する中で技能を向上させるというシステムを築き上げたのである。学歴によって企業内での仕事の割り当てや配置、昇進のルールは異なるものの、八〇年代までの日本の製造業の職場では、現場の組長やフォアマン・クラスの職位にあった人たちの中に中卒で優秀な人材が実に多かった。家庭の経済的事情で高校や大学に進学できなかった潜在能力の高い人々である。

そのような人々が高度成長期の生産現場を支えていた。三人に二人は中卒者である新規学卒入職者の中から優秀な生産現場の責任者が生まれ、さらに職場での教育・管理監督者へと昇進していったのである。労働者が実際に職場の中枢として生産性を向上させるには、製造業の多くの業種では、長期の厳しい企業内競争による選抜と昇進の過程がベースとなる。その過程で技能を高めた実力者たちが職場の生産性上昇と秩序維持に貢献してきたことは、戦後の日本経済の最も重要な特質の一つだと言っても過言ではない。戦前にももちろん実力主義はあったと推量できるが、学歴による人事制度がはっきりしており、高等教育を受けた人が採用・選抜面で優遇されていたことは、昇進のルール、職員と工員がはっきりと区別されていたことからもうかがえる。

戦後の生産現場での人材育成と選抜のシステムは、先に触れた「接触効果」も作用して、多くの従業員が参加する激しい競争となった。競争に参加できる機会が広がり、その競争を通して技能形成と人材育成が進められた。そこに日本経済の生産現場での高い生産性が生まれたのである。

しかしこの慣行も、「脱工業化社会」の掛け声とともに製造業軽視の風潮が生まれ、長期的な視野に立った人材の育成による技能の向上という視点は次第に失われていく。確かに就業者数で見れば、製造業で働く雇用者数は労働力全体の二割程度にすぎない。しかし、製造業が重要なのは、産業連関的に見ると「非製造業には、製造業が生み出したもの（例えば高性能の機械設備など）があってはじめて成り立つ第三次産業の業種や職種が多い」という点にある。製造業の軽視は、サービス産業や公務の生産性自体が、製造業の生み出す技術革新に密接に依存していることを無視しているのである。

マルクス主義と経営者

経営者に関してはどうだろうか。財界のパージがあり、経営者の若返りが高度成長期の企業の革新的な活動を生み出したという説は否定できないだろう。筆者が注目したいのは、マルクス主義の影響が産業界にも影響を与えたという点だ。例えば『日本経済新聞』の「私の履歴書」（主に七〇〜八〇年代）にまとめられた経営者たちの回想を読むと、戦後の混乱期や高度成長期に活躍した経営者の中に、戦前の学生時代に銘柄大学の経済学部でマルクス経済学の演習に参加した人が多いことに気付く。戦前の帝大系の経済学部ではマルクス理論が圧倒的に強かったから、これは当然と言えば当然なのかもしれない。

「私の履歴書」では、学生時代にマルクス経済学を勉強しただけではなく、河上肇から影響を受けた人、底辺問題研究会のサークル活動や社会運動に加わり、その後企業に入り昇進を重ねて人事労務関係の部長職を務めた人が目立つ。こうした人材が、戦後の労使対立の場で労使双方に共通する言葉で交渉に臨んだ例がしばしば見られる。現場で起こった労使の対立の性格を考えると、一定の知的な枠組みの中に収めながら交渉できる人材がいたか否かの違いは大きかったと想像できる。ビジネス・エリートがマルクス主義の洗礼を受けたというのは、少なくともアングロ・サクソン系の国の人から見ると奇異に映るかもしれない。

また日本は、戦後、労働組合の執行部を経験した人が、その企業の重役になる比率が国際的に見て高い国だということを示す数字もある。労働組合の幹部を務めた人が企業の経営に参加するというキャリアルートがあって、それが企業のガバナンスにある程度の安定性を与えたと推測できる。

いずれにせよ、高学歴層へのマルクス主義の浸透は、経済界に必ずしもマイナスの影響を与えるものではなかった。この点は、高度成長以降のエコノミストたちの問題意識についても当てはまるのではなかろうか。マルクス主義の社会科学を通過儀礼的に学んだ者のほうが、モダン・エコノミクスだけを無批判に受容した者より、その問題意識の強さにおいて優っていたという点とも関わっている。

かつて学生運動が大学問題の中心であった時代と、近年のように学生運動が「ガラパゴス化」した静かな時代とを比べると、どちらが社会に活力を与えうるのかは簡単に判断できる問題ではない。しかし若者たちが活発な精神を失ってしまった社会は停滞せざるをえない。社会から批判的精神、抵抗の精神が消えてしまうと、そうした若者の政治や社会への無関心に乗じて、社会を妙な方向へと追い込む力が現れないとも限らないからだ。

デモクラシー自体が、人々の社会的無関心と公的な事柄からの退出を招き、私的世界に人々を追いやるという欠点を持つことを考えると、脱イデオロギーが社会的な紐帯を弱める要素として機能していることは否めない。

知識人にヴィジョンはあったか

マルクス主義者を自称しない知識人の中に、日本経済についての批判的悲観論が強かったことも目立つ。具体的な政策論争において、社会的な信頼の高かった知識人の描いたペシミスティックな将来像と現実の経済成長とのギャップがほとんど常に見受けられるのだ。国際通の知的政治家とて例外ではない。『聞き書 宮澤喜一回顧録』の中の次のような記述はその典型例であろう。一九六四年から始まったケネディ・ラウンドでの乗用車の関税問題で、宮澤氏は、日本は外車を買えばいいと言って、通産省の役人から「冗談じゃない、日本はそのうち乗用車を輸出するんですから、そんなこと大臣は言わないで下さい」とたしなめられたと、現在の自動車輸出王国の日本では考えられないようなエピソードを正直に語っている。

経済学者の間でも、日本の経済成長について「悲観論」が強かった。ＧＡＴＴ加盟問題を契機に論壇で戦わされた「国内開発主義」と「貿易立国論」の対立は、最近のＴＰＰ問題を想起させる。有沢広巳、都留重人らの「国内開発主義」は、「ＧＡＴＴ加盟は時期尚早、日本はまだ保護が必要」というものであり、中山伊知郎らの「貿易立国論」は「日本経済の生きる道は、ＧＡＴＴに加盟して外国貿易を伸展させることによる経済的な自立にある」としている。多くの「悲観論者」の中にあって、国内問題を世界の問題として解決する道を示唆し、「資本主義の時代に属する国々は一般にこの方式によって問題を解決してきた」と主張した中山の慧眼が光る。

また、池田勇人首相のブレーン下村治の経済成長「楽観論」に対して、都留が国際収支の危機、インフレの昂進などで成長が制約されるとの「悲観論」で応じている。それに対して下村は、技術革新を体化した設備投資による輸出競争力強化、生産性向上によってそうした成長の制約要因は克服できると反論した。特に筆者が意外に思うのは、池田内閣の「所得倍増計画」に対して、都留以外の、例えば内田忠夫、小宮隆太郎、今井賢一など、その後の日本の経済研究を牽引した経済学者も、「責任の所在不明」「思想統一なき計画」「目標数値の不適正」「構造変化の過小評価」「計画の非具体性」などと指摘して、強い批判の論陣を張っていることである。

これと似た論争は、一九六〇年代中頃の「転型期論争」でも繰り返されている。その後、持続的な高成長が続いたことから明らかなように、基本的には常に「楽観論」に軍配が上がったのである。その「楽観論」にどれほどの根拠があったのかを証明することは難しい。しかし池田首相をはじめとする政策担当者たちが、日本人の潜在能力を見抜く力があった、と言うことはできるのではないか。事実、技術者・技能者たちが海外の技術動向について情報を集め、新製品工業化のために現場の職人が新しい装置を自ら開発することも珍しくはなかった。労働者が能力を発揮する現場があり、現場を経験した職長クラスの管理監督者がそうした現場の力量と努力を評価しつつ人を育てるという慣行があったのだ。

もちろん、「所得倍増計画」において、政府全体が「一つの目標」を示し、電力、海運、道路・港湾整備などの巨大な設備投資計画を積極的に支援したことは大きい。「所得倍増計画」は政府が経済成長に向けて目的合理的に組織し、インフラストラクチャーなどを整備することによって、当時の日本経済が抱え持った経済成長にとってのボトルネックの克服に挑んだという点も無視できない。社会主義計画経済のように綿密な資源配分や価格と賃金の設定を計画するのではなく、大まかな資源配分の方向付けだけを行う、いわゆる「指示的計画」が見事に成功したケースと言えよう。

自国のよいところを捨て去ってはならない

一九九〇年以降四半世紀が経過したが、日本経済は依然元気がない。かつてのような民間の旺盛な投資意欲もなく、個人消費も「飽和状態」にあるかのごとく停滞している。政権のいらだちはその政策に如実に表れる。現在の安倍内閣ほど、経済政策を前面に押し出し、日本経済の「復活」を推し進めようと悪戦苦闘している経済重視の政権は、おそらく田中角栄内閣以来ではなかろうか。景気対策は次から次へと打ち出されている。しかし良い兆候は表れない。国が何もしないのがベストの政策となることもあるのではないかとの疑問がわくほどだ。

むしろ筆者の懸念は、日本経済の低迷の原因は、生産性を根本的に規定する「人材を育てて、活かす」というシステムが現場で崩れつつあるためではないかという点にある。一国の人材の育成と配分は、短期的な成果に左右されない、長期的な視野に立った評価と報酬の制度を必要とする。しかし現状は、労働力の流動化・非正規化、賃金・給料の短期成果主義への傾斜を強めるばかりである。

一国の経済のパフォーマンスは、人材育成政策が時間差をもって現れるものだ。日本企業は、日本経済を現場で支えてきた国際競争力の源泉とも言える労働者の技能形成・人材育成に対して強いマイナス効果を持つような人事制度に走っているのではないか。日本は、みすみす持てる「宝」を棄てようとしてはいないだろうか。成果主義だ、能力主義だといった短期的な損得勘定に基づく報酬システムには、「人を育てる」という長期的な視点が欠落しており、経済の根幹である人材を劣化させ、日本経済を衰退へと誘い込む政策だと筆者は見ている。米国の経済制度も様々な綻びを見せているため、米国流を頼りにすることはできない。人口をはじめとする「中国の量的巨大さ」に対して、そのまま、むき出しの対抗心を持つことも賢明ではなかろう。

自己の過小評価による「悲観論」は、過大評価による「過信」同様、何の益にもならない。高度成長期が終わるころまでの「悲観論」は、ほとんどすべて現実に裏切られてきた。知識人に特有の悲観論は、「そう思うからそうなる」という、悲観する通りの現実しか生み出さない。悲観論は意外に強い毒素を含んでいるのである。

人類がこれから直面するのは環境・エネルギー問題や従来の経済問題だけではなく、生物（ウイルスも）や戦争や紛争に起因する危機だとする予想がある。この命題の「系」として、日本が今後必要とするのは、新しい現象に対処できる能力を持つ人材が、経済学だけでは解決できない問題に対応できるシステムを作りだすことであろう。これが戦後七〇年の様々な困難を潜り抜けてきた日本社会のこれからの主要課題となろう。

未来は「決定論」によって運命づけられているわけではない。未来の生成にわれわれが参与しているという意識を持ち、政治的成熟と知的自信が認められるときまで、デモクラシーのもとで生きる市民は、常に自らの知性を鍛錬することに熱心でなければならないということなのだ。

第8章　格差と分断

1　格差をどう見るか――富の集中、活力なき経済

二〇一四年年末から二〇一五年にかけて、フランスの経済学者、トマ・ピケティ氏の『21世紀の資本』が大きな話題を呼んだ。一般には不人気な経済学の、しかも原書で一〇〇〇頁近い書籍がなぜこれほど注目を浴びることになったのか。その理由は二つある。一つは、この本がピケティ氏の一五年にわたる研究成果を総括する文字通りの大作であり、著者の問題意識の強烈さと語り口の巧さが大きな魅力となっていることだ。

もう一つの理由は、中心テーマが資本主義の未来であり、資本主義体制によって所得や富の不

平等化が進めば経済成長は今後どうなるのかというビッグ・クエスチョンに挑戦しているところにある。「ウォールストリートを占拠せよ」運動にも見られるように、不平等は、リベラル・デモクラシーの下で生活する人々が敏感に反応する問題の一つだ。ピケティ氏はその不平等を主題としつつ、正統派経済学を根本から批判する。一九世紀の古典経済学を批判したマルクスの再来と言われるのも不思議ではない。

ピケティ氏の目論見《もくろみ》は、経済成長と所得分配の理論を統合しながら、分配の不平等の進行が経済成長にいかなる影響を及ぼすか、主要国のデータを作成しながらその論理を摘出することにある。

資本ストックと所得の比率を長期にわたって観測すると、例えばフランスや英国では一八世紀から二〇世紀の初頭までは、資本は所得の約七倍という安定した数値が読み取れる。ところがこの資本・所得比率は、第一次大戦から第二次大戦後の「黄金時代」と呼ばれる一九五〇年代までの約五〇年間に二か三程度に下落する。そしてその後、再び上昇し始め、二一世紀の最初の一〇年で、五近くに戻る。一九世紀の「古典的資本主義」の時代とほぼ同じ水準に先祖返りしたことになる。

二つの世界大戦を経て、戦後の奇跡的な復興期までの半世紀に、資本・所得比率が大幅に低下したことは、所得分配において資本のシェアが低下し、労働側に有利に働いたことを示している。この時代は、産業資本主義の三〇〇年近い歴史の中では極めて特異な時代であったとピケティ氏は指摘する。

データを基に経済学批判

この時期に資本・所得比率が特異な低水準を示したのは、戦争による物的資本の破壊、インフレによる金融資産の減価、国有化の進行による民間資本の減少、あるいは高額所得者の限界税率（最高税率）や相続税が高まったことが影響したとピケティ氏は見る。

経済成長と所得分配の関係については、工業化初期の段階では所得は不平等化するものの、経済の成長と共に所得分配は次第に平準化するというクズネッツ仮説が有力であった。しかしピケティ氏は、資本主義自体にはそうした所得平等化をもたらすメカニズムは内包されてはおらず、むしろ所得格差を拡大する力が働くことを強調する。

「経済の奇跡」と言われた時代が終わって、一九八〇年代に入ると、高額所得者の限界税率の引き下げ、相続税の廃止や減税などによって金融資産を含む資本は再び増大過程に入る。資本・所得比率が高まれば、資本の収益率は低下するというのが経済の法則だが、むしろ資本収益率は上昇し、労働所得のシェアは低下する。そして先進資本主義国の経済成長は総じて減速する中で、トップ高所得者層の所得シェアの上昇が目立ち始める。これら高額所得者の多くは金融界のスーパー・マネジャー（経営幹部）たちである。金融ビジネスから生まれた所得が高額所得者に高い割合で集中し続ければ、ピケティ氏が言うように、企業家精神にあふれた生産者が産業活動の場から退出し、富裕な資産階級や金利生活者が増えて経済の活力が減退しかねない。富の集中と増殖は、「才能」ではなく「相続」を重視する経済社会を生み出し、教育や才能ではなく、資産の多寡を基準に配偶者を探し出し、あとは悠々自適の生活を送ることを人生の目標にするような人々を増やす。こうした社会現象を、一九世紀のジェーン・オースティンやバルザックの小説を使いながら説明するくだりは、古典文学を引用しつつ資本主義の性格を論じたマルクスを彷彿《ほうふつ》とさせる。

高すぎる金融業の資本収益率を低下させるためには、「グローバルな資本課税を強化すべきだ」というのが彼の政策論である。しかし資本への課税は一国だけでは効果が期待できない。国際的な政策協調がないと、必ず資本流出が起こるからだ。もちろん彼は、自分の政策提言が直ちに実施できるとは考えていない。今後の政策の方向付けとしての提言なのだ。

ピケティ氏と彼の共同研究者たちが作った巨大なデータベースの特徴は、一九世紀以降の多くの先進諸国に存在する租税データを基に、かなり大胆な仮定を置いて高額所得者の富と所得を推定・復元したところにある。そのデータの信頼性は、今後も専門家の間で論争を呼ぶだろう。しかし彼がすべてのデータをネット上で公開しているため、データの改善も徐々に進むはずだ。『21世紀の資本』を読むと、問題意識の確かさ、膨大な統計数字をベースに、歴史的な視野に立って資本主義の将来を見通すという大問題に正面から取り組んだ研究姿勢に学ぶところが少なくない。

ピケティ氏の立論には疑問も投げかけられている。英国と米国の富の集中度に関する氏の計算に対して、英訳が刊行された翌月の二〇一四年五月末に英紙『フィナンシャル・タイムズ』が再計算のうえ批判的コメントを掲載したのは印象的だ。彼の所論に根本的な修正を求めるものではないようだが、英国のメディアが同書の結論部分だけでなくデータそのものに遡って再計算を行い、その推論の妥当性を吟味した姿勢は評価されてしかるべきだろう。

2　『21世紀の資本』をどう評価するか

では、ピケティ氏の大著を学術書として正面から評価するとどうなるのか。歴史、思想、社会科学分野の作品の評価や位置づけには、少なくとも二つの視点が必要だと思う。本自体の洞察の深さと、その本が読者や社会に与える影響力である。深い洞察に満ちた書物が多くの読者を得るとは限らない。他方、影響力は内容そのものよりも読者を取り巻く社会の雰囲気などに左右される。したがってどの視点から評価するのかを自覚することが重要になる。

筆者は二〇一四年五月、『21世紀の資本』の書評を労働関係の専門誌『日本労働研究雑誌』の編集者から依頼された。その厚さにもかかわらず、読ませる経済書として興奮気味に読了した。と同時に、社会科学書としての評価は難しいな、というアンビヴァレントな読後感を持った。そのため、依頼された書評では「評価する点と疑問に思う点」を書き出すに止まった（同誌二〇一四年一一月号）。また『読売新聞』（二〇一四年八月二四日付）では「世襲による富の集中は経済の活力を奪う」という同書の中心的メッセージを紹介する好意的なコメントを綴った。入念な邦訳が刊行されると、日本でもピケティ・ブームが巻き起こった。そのおかげで筆者自身のピケティ理解も進んだので、改めて本書のプラス面とマイナス面を検討してみたいと思う。

「あらまし」と基本作業

同書は著者の一五年余にわたる研究を総括する力作であるから、その問題意識の「持続」と研究成果の「蓄積」からにじみ出る魅力は読者を引きつけずにはおかない。中心テーマは、「資本主義の未来」であり、資本主義体制によって所得や富の不平等化が進めば、経済成長は将来どうなるのか、あるいは低成長下では格差は拡大を続けるのか、という「ビッグ・クエスチョン」である。格差や不平等に、リベラル・デモクラシーの下では人々が最も敏感に反応する。ピケティ氏はその不平等を正面から問うのだ。

この難問に答えるために、資本、産出量、所得分配、資本収益率、物価、相続遺産額などの二〇〇年余りの長期の年次のデータベース（国によって長短の差はある）を二〇以上の国々について作成する（この大作業は経済学の共有財産となろう）。ただ、ピケティ氏が定義する「資本」概念には、機械などの物的資本だけでなく、住宅（これをピケティ氏は重視）、土地、金融資産（現金、債券、株など）、知的財産権、奴隷の価値なども含まれており、「富」の概念に近いことに注意したい。実際、資本、富、資産をピケティ氏はほとんど同義に用いている。

順序として、まず資本／所得比率（β）を長期にわたり観察し、次いで資本収益率（r）と経済成長率（g）の大小関係に注目する。その結果、二つの世界大戦から戦後の復興期までの五〇〜六〇年は、一九世紀の「古典的資本主義」の時代や一九八〇年代以降の新自由主義が強まった時代と比べ、極めて特異な時期であったことを見出す。βは低く、高所得者の限界税率や相続税の税率は高く、所得分配が労働側に有利に傾斜しているのだ。βが低かったのは、戦争によって物的資本が破壊され、インフレで金融資産が減価し、国有化で民間資本が減少したことが影響したためだ。

ところが八〇年代に入ると、高所得者の限界税率の引き下げ、相続税の廃止や減税によって再び資本蓄積が進み、金融資産からの収益が増大して資本収益率（r）も再上昇、労働所得のシェアは低下し、先進資本主義国の経済成長も減速する。トップ高所得者層の所得シェアの上昇が目立ち始めるのだ。トップ高所得者の多くは金融サービス業のいわゆる「スーパー・マネジャー」たちである。彼らの高い所得は投機によって得られたものであり、資本蓄積によって収益率（r）は低下しないで、むしろ高水準を維持し、経済成長率（g）を常に上回る。この「rがgを上回る」という点が、「ピケティの不等式」として資本主義の格差拡大メカニズムの根拠となっている。

だが、この「資本収益率が国民所得の成長率を上回っていれば、格差は拡大する」という命題は理論的にも現実面でも十分議論の余地がありそうだ。

不平等拡大の要因は明らかか

ピケティ氏は、国ごとに高所得者のトップ一％、あるいは〇・一％の所得が全国民所得に占めるシェアを約二世紀にわたって計算し、その経年的なプロファイルを求めた結果、次のような興味深い結果を得ている。米国、英国、オーストラリア、ニュージーランドなどの英語圏では、八〇年代から所得と富の集中と不平等化が進行している。これらの国々では二一世紀の経済は、一九世紀の「古典的資本主義」の時代に回帰していると指摘するのだ。それに対して、大陸ヨーロッパや日本などは、八〇年代以降、所得分配の不平等化はそれほど進展していない。こうした差は何に起因するのか。後者のグループに属する国々は今後どうなるのか。特に明確な仮説が議論されているわけではない。一般化して推論はできないというのがおそらく真実なのではないか。この時点でのピケティ氏はかなり禁欲的に見える。

しかし来日時のピケティ氏の発言をメディアで読むと、かなり大胆に日本の富の集中化（不平等化）を予想している。ただ、税の専門家によれば、二〇一五年から改正法が適用された日本の相続税と贈与税の制度は網羅的で累進性も高いとされる。その日本の相続税体系を国際的な比較の観点から論じない限り、世襲財産（patrimony）がどの程度世代を超えて継承され、「格差の固定化」をもたらすのかを論じることはできない。人口減少下の日本で土地をはじめとする不動産の価値がこれから上昇するとは予測しがたい。土地や住宅が資産の多くを占める日本で不平等化が進むと推論する根拠は希薄なのだ。

加えて、日本の高齢者が保有する資産（ストックとしての貯蓄）は、高齢者層が食いつぶしていく傾向にある。したがって、ピケティ氏のいう「資本」の増加と収益率の高位安定、そして富の集中という変量の連関を想定することは難しい。

格差拡大のメカニズムは説得的か

そもそも格差拡大はいかに進行するとピケティ氏は考えているのか。少し面倒かもしれないが、重要な点なので、彼の論理の連鎖を押さえておきたい。それは次のようなものだ。

資本収益率（r）が経済成長率（g）を常に上回るとすれば（この「前提」にすべてがかかっている！）、全所得のうちの資本のシェア（α）は当然増加する。「古典的資本主義」の時代のように資本／所得比率（β）がこれと同時に上昇すれば、正のフィードバックによってαはさらに大きくなる。つまりαが上昇すれば、資本所有者が富裕度を増すだけでなく、その収益の一部を貯蓄し、再投資する可能性は高くなる。再投資によって資本の成長率は上昇し、経済成長率（g）をますます凌ぎ、βを上昇させるというのだ。ここに資本のシェア（α）の増大とβの間の相乗効果と正のフィードバックが生まれると考えているようだ。

ただ、このメカニズムは言葉で説明されているだけで、厳密なモデル分析が行われているわけではない。少なくともこの推論は、「資本蓄積が進めば、資本の収益率は低下する」と考える標準的な経済学と両立するものではない。

それにしても、rがgを上回れば格差が拡大するという論理は、いかなる成長論と分配論の結合から出てくるのか。この重要な点は『21世紀の資本』で明確に論じられていないのだ。

経済成長率（g）が外生的に与えられるとすれば、g＝rの均衡を回復するためには、資本収益率（r）を下げねばならない。金融サービス業の高い資本収益率を低下させるために「グローバルな資本課税を強化すべきだ」という政策論はここから出ている。

こうした政策を打たない限り、金融ビジネスから生まれた所得は高所得者に高い割合で集中し続ける。その結果、企業家精神にあふれた生産者が経済活動の場から退出し、金融資産の取り引きで高所得を食む者、その富を相続して生活する者が多くなり、経済の活力が損なわれかねない。こうした「遺産」で生活する人々が多くなるのが、「世襲資本主義（patrimonial capitalism）」だとピケティ氏は言うのである。

クズネッツ仮説は冷戦時代のドグマか

先に述べたように、経済成長と所得分配の関係については、これまで一九五〇年代に提示された「クズネッツ仮説」が有力であった。工業化初期の段階では、所得は不平等化するものの、経済成長とともに所得分配は次第に平等化するという仮説だ。これに対してピケティ氏は、資本主義自体にはそうした所得平等化をもたらすメカニズムは内包されていないことを強調、「クズネッツ仮説」は自由主義経済を擁護するための冷戦時代のドグマだったと批判する。ただクズネッツの観察期間（二〇世紀前半のみ）と所得概念の相違を考えると、この批判にはピケティ氏のイデオロギーがかなり強く出ているように思える。

だが方法としては、租税データをベースにして元の所得を推定・復元するというクズネッツの手法をピケティ氏も踏襲している。この方法は、労働所得と資産所得の分離が可能なため、トップ・インカム層に焦点を当てるには都合がよい。しかし計算にはかなり大胆な仮定が必要とされる。

この点について、ピケティ氏は共同研究者（Atkinson, Saez）との論文で、英国の例を用いて具体的な推定方法を説明している。英国の一九一一～一二年の所得税（super-tax）データでは、一万ポンド以上の所得税を納めた者は約一万二〇〇〇人。これは当時の英国の人口を約二〇〇〇万人とすると、人口のわずか〇・〇六％に過ぎない。その他の所得階級の分布状態についての推定はパレート分布の当てはまり方次第ということになろう。これは「家計調査」を用いて「ジニ係数」の動きで所得の不平等度を論じるアプローチ（日本では大竹文雄氏らが用いている）とは問題意識が基本的に異なる。

ピケティ氏は、ジニ係数は「格差について抽象的で生気のない視点を与える」と切り捨てている。確かに彼の用いる「トップ・インカムの割合」は具体的で人の関心を刺激するかもしれない。

しかし人々の嫉妬心と結びつきやすい力を持った概念のように思える。格差や不平等を論じるときは、基本統計量として、まず所得分布の平均と分散が必要であり、社会の安定性に関わる「中間層の厚み」について検証できる手立てが求められるのではないか。トップ・インカム一％の比率の動きだけでその国の格差を論じることは問題を狭めたように思う。

グローバルな資産課税は妥当か

経済成長率（g）が低迷してくると、資本収益率（r）との差は拡大する。資産から所得を得ている人と資産のない人との所得格差が広がるからだ。こうした所得格差の拡大に対して、rを低下させねばならない。そのためにグローバルで累進的な資産課税をピケティ氏は提案する。ただ、一国だけの資産課税では必ず資本流出が起こるため、国際的な政策協調が必要となる。これが難しいことは言うまでもない。

しかし国際協調の難しさ以外に、この提言には重要な視点が欠落している。それは資産の価値の確定が極めて困難だという歴史的事実だ。租税の歴史は、なぜ資産課税が実現しないか、なぜ所得税の導入にこれほど長い時間を人類は必要としたのかを語っている。新しい資産は通常、所得から徐々に形成されていく。その所得への効率のよい課税環境が整ったのは、長い歴史の中でもごく最近のことなのである。所得という概念が極めて面倒な問題を含んでいるからだ（J・R・ヒックス『経済史の理論』第六章参照）。

「所得」を確定するためにはまず利潤を知らねばならない。しかし「有限責任制度」が確立するまで利潤の額は確定できなかった。その理由は、出資者（株主）の責任が有限であるならば、会社への債権者を何らかの方法で保護しなければならないことによる。それは「資本金から配当金を支払ってはならない」という義務を会社に課したことだ。会社が配当できる利潤の額が確定されてはじめて課税が可能になったのだ。

理想的な財産税が実現するためには、その財産が適切に評価されなければならない。財産の保有形態、評価の頻度、インフレーションの調整などを考えれば、この「適切な評価」がいかに困難かは想像がつく。事実、税の歴史は全く機能しなかった財産税の事例に満ちている。一国内でさえ困難を極める財産税が、グローバルに実現できるとは到底思えないのだ。

格差是正のため、ピケティ氏は資産課税の強化を主張し、人的資本への投資（すなわち教育）を最優先の政策としては提言していない。彼が新古典派的な人的資本理論に冷たいことはわかるが、かといって格差が能力の差だけを反映しているという理論を支持しているわけでもない。活力ある社会ではある程度の格差の発生は避けられない。ではどの程度なら許容できるのか。その検討なくして適正な政策の議論は成立しない。

ピケティ評価に際して必要なこと

経済的な活力のない社会を生み出す「世襲資本主義」の典型例として、ピケティ氏はバルザック『ゴリオ爺さん』（一八三五）の世界を引き合いに出している。世襲財産で豊かな生活ができた一九世紀のフランスでは、刻苦勉励してよいキャリアを身に付けるよりも、世襲財産の多い配偶者を見つけるほうが働かないで豊かに暮らせた。地方からパリに出てきた若き貧乏貴族ラスティニャックに、同じ下宿に住むシニカルな前科者ヴォートランが「勉強、才能、努力で社会的成功を達成できると考えるのは幻想に過ぎない」と説教する。金持ちの結婚相手を見つけるか、教育を身に付けて出世をするか、「ラスティニャックのジレンマ」と呼ばれる状況だ。このジレンマの解が、教育重視の「人的資本の理論」の教えるところと大きく隔たっていたことは明らかであろう。

日本にも尾崎紅葉『金色夜叉』のような例がある。学士エリート間寛一の許婚の鴫沢宮が、富豪銀行家の息子、富山唯継に乗りかえて貫一を捨て去る話だ。貫一は復讐心に燃え、高利貸しとなり、宮の結婚も幸せをもたらしはしない。バルザックやジェーン・オースティンと違って『金色夜叉』の場合、金と恋愛の問題を市民的倫理感覚に訴えつつ多くの読者を勝ち得ている。日本においては「世襲資本主義」が一九世紀の英米のように浸透することはなく、「勉強、才能、努力」を重視する姿勢が主流であり続けたのは、資本蓄積が十分ではなかったからだと想像すればよいのだろうか。

ピケティ氏の野心的な試みは、「経済学は大事な問題を扱う学問なのだ」というメッセージを発信する上で大きな効果があった。ただ、科学的著作としての『21世紀の資本』の評価が確定したとは言い難い。筆者も彼の膨大なデータ作成への讃辞は惜しまないが、「格差拡大メカニズムのモデル分析」に成功しているとは考えていない。本節の冒頭で区別した視点からすると、ピケティ氏が、「影響力」という点で二一世紀の民主制社会の多くの読者を魅了したことは確かだ。しかしこの本によって何が新たにわかり、何がわからないのかを、丁寧に、そして慎重に区別しておくことが読者に求められていると痛感する。

3　米国ではなぜ富めるものが礼賛されてきたか

「格差」への姿勢、違い顕著

先に述べたように、二〇一五年は、新聞をはじめ日本のメディアがこぞってフランスの経済学者トマ・ピケティ氏の大著『21世紀の資本』をめぐる論評を取り上げ、一種のブームが巻き起こった年であった。海外でも、原著が英訳された二〇一四年春頃から有力紙と学術専門誌上で激しい議論の応酬が見られた。

前節でみたように、ピケティ氏は、先進諸国における過去三〇～四〇年の経済格差拡大を示す膨大なデータを示した。これを根拠に富裕層への高率課税による再分配を主張する政策家と、それに対抗して自由競争の基盤を守ろうとする論者の対立が改めて人々の耳目を引くことになった。

ピケティ氏の著作が知的関心の高い読者や政策担当者向けの研究解説書であったため、多くの論者が議論に加わって、まさに百家争鳴の観を呈した。経済学は「密教的科学」と呼ばれ、その「知的島国根性」を揶揄されることが多い。そうした現状の中で起きた「ピケティ・ブーム」は、本来日常の経済生活を対象とするはずの経済学への親近感を取り戻す効果を持っていたとも言えるだろう。

その後を振り返ると、日本では「あの騒ぎは一体何だったのか」と思うほどブームは冷却している。一方、英米ではその後も継続的に、ピケティ氏の著書についての論評が専門誌に掲載され続けてきた。

ピケティ氏の粘り強い研究姿勢には一定の敬意を払っても、所得や資本（富）の測定と格差拡大メカニズムの理論構造に懐疑的な論者が多く、ピケティ氏の旗色は概して悪い。英米の議論は、ピケティ氏と共同研究も行った英国の経済学者アンソニー・B・アトキンソン氏の不平等に関する研究成果（山形浩生／森本正史訳『21世紀の不平等』）を踏まえた、より現実的な政策の可能性を探ろうとする方向に動き出している。ただ、現実の政治の場では、経済格差への不満と平等化への欲求を主張する政論の中に、ピケティ氏の研究の影響がはっきりと認められる。

人々は「自由」を獲得することの難しさと「自由」を失うことのコストに無感覚になる一方、「平等」には強い関心を抱く。だからこそ、格差は常に古くて新しい問題であり続ける。この点は、二〇一六年の米大統領選挙にも読み取ることができた。

自由で競争的な経済活動によって富を増加させるべきか、あるいは競争を制限して所得や富の強力な再分配を図るべきか。その際、政府の強制力（つまり富裕者への増税）に頼って、政府支出の内容は議会に任せるのが妥当か。それよりむしろ、激しい競争で勝者が得た富は、成功者自身の自発的な社会還元の哲学に委ねるべきではないのか。大統領選では、こうした点をめぐる候補者たちの政治姿勢の違いが顕著に表れたのだ。

廃れた「富の還元」の美風

二〇一七年一月に米大統領に就任したドナルド・トランプ氏は、純資産が一兆円超だと豪語している。ピケティ氏流に言えば米国の「トップ〇・一％」に入る大富豪だ。移民やイスラム教徒に差別的ともとれる過激発言を繰り返すこの「スーパーリッチ」な人物を支持するのは、主に白人の中高年労働者たちと見られている。この事実をどう読むかは難しい。ほぼ二年間に及ぶ米大統領選の長いプロセスは「お祭り」で、そこでは「ピエロ」もまた必要とされるのだといった説明だけではもはや済まされない現象なのだ。

米国社会には伝統的に、競争の勝者には拍手を送り、嫉妬する者は軽侮されるという美風があった。経済活動というゲームには能力だけではなく、「運」や社会環境という人間がコントロールできない要素があることを人々が認め合ってきたからだ。もし生まれながらの能力や家庭環境だけで競争の勝敗が決まるなら、勝者が特に祝福されることはない。しかし、経済競争には社会環境やそれに左右される「運」の要素も入り込んでくる。つまり、獲得した富は勝者が独力で得たものではない、ということを認める風土があったのだ。

そして激烈な競争で成功した者は富を社会に還元するが、それは決して単なる税金逃れや偽善でなく、一方的な「贈与」でもない。人々がそう考えることによって、成功者たちは憧れの対象となってきた。古くは鉄鋼王アンドリュー・カーネギー、近年ではマイクロソフト創業者ビル・ゲイツ氏などが典型だろう。

米国社会が苛酷な競争を肯定するのは、競争の生み出す果実が大きいからだけではない。競争を勝ち抜いた者が富を独り占めせず、社会還元することによって国全体が豊かになりうるという、富の再分配の哲学を尊重してきたからだ。そして、この富の社会還元が高額所得者への高い税率など政府による強制力ではなく、勝者自らの（私人としての）意思でなされると人々が考える点が重要であった。

トランプ氏は、こうしたカーネギーやゲイツ氏型の富豪ではない。不動産取引にまつわる裁判を多く抱えつつ、社会還元より自らの富を増やすことに熱心な富豪のように見える。富の由来の社会性を意識せず、自己の独占物だと考えるスーパーリッチなのだ。良識的な米国民が、こうした姿勢に心底から共感を覚えるだろうか。

選挙戦を通じてトランプ氏が特定層からの強い支持を得てきたのは、人間の意識下に眠る差別意識をあおり立てたからではないか。保護貿易主義の立場から環太平洋経済連携協定（ＴＰＰ）に反対するなどの強硬姿勢は、低賃金の白人労働者たちが抱える社会的不満をそうした差別意識と共鳴させるためだと指摘されても仕方あるまい。

一方、社会主義者を名乗る民主党のバーニー・サンダース上院議員の政治思想は、「一握りの大金持ち」を問題視するピケティ氏の命題そのものが中核にある。サンダース氏が泡沫でなく、大統領候補指名争いでヒラリー・クリントン前国務長官と競り合うところまで人気を高めたのは、米国社会にあった「富の社会還元」の美風が廃れたことの証しではないだろうか。この点でも、大統領選挙は現代米国社会の姿をのぞかせたということになる。

それにしても、デモクラシーを支える健全な中産階級の生活感覚を持たないトランプ氏のようなスーパーリッチが、国民の差別意識をあおることによってリーダーになってしまった現在、どんなことが起きるのか。内政においても外交においても、国家の舵取りが大きなリスクにさらされることは想像に難くない。米国民が今後どのような選択を見せるのかに注目したい。

米国大統領選挙の予想外の展開を様々な調査が予測しえなかった理由の一つとして、メディアが人々の真意を知ることの難しさが示された。他方、安っぽい率直さが、理念を語ることを無力化してしまった。将来の政治に対する「トランプ現象」の最大の害毒はここにある。

第9章　文明から野蛮へ

1　増える無党派層——連携の弱まり

数々のメディアがいわゆる「民意」を探るための世論調査を行ってきた。その中で「支持政党なし」と答える人の割合が驚くほど高くなっている。日本に限らず、多くの自由主義国家で、「無党派層」と呼ばれる有権者が半数を占めるようになってきている。こうした、どの政党も支持しない、どこにも属そうとしない、「バラバラ」の精神的な構えは何を意味するのだろうか。それはデモクラシーの健全な運営に不可欠な「連携する（associate）」精神の弱体化以外の何物でもない。

調査対象者のサンプリングは無作為となっているが、調査方法（例えば電話）や調査時間の設定自体が、すでに対象者を「その日のその時間帯に連絡の取れる人」に限定してしまうため、純然たる無作為とはみなし難い。だが、そうしたバイアスを認めても、「支持政党なし」の割合が回答者の半数近く（あるいはそれ以上）を占める事実は、政党政治というものを根本から考え直す必要性を示唆しているように見える。政党は「結社（association）」であるから、政党に属さないということは、人々の連携しようとする精神が希薄になっていることを示している。

回答率が五〇％程度で、その回答者の半数が「支持政党なし」であれば、政党や政策に対する真の民意の在処《ありか》を推量するのは容易ではない。確信を持って賛否を表明できないほど、政策内容が複雑になってきていることがあるにしても、世論調査の質問に「わからない」「どちらとも言えない」と回答する人の多さにも驚かされる。

「支持政党なし」と答えるのは、男性より女性、二〇代、三〇代の若者に多い。こうしたグループは政治が自分の生活にさして影響を及ぼすものではないという誤った政治観を持っているのだろうか。一つの政党に肩入れできないのは、特定の組織や集団にコミットしたくないからではないか。

こうした「無党派層」は世の中の動きに無関心なのではなく、懐疑主義を私的信条とし、政党の打ち出す政策のすべてに全面的な賛意を示すことができない人々なのだろう。しかしそうした慎重居士だけでは政治は動かない。「よい私人、必ずしもよい公人にあらず」なのだ。公の事柄に関心を懐《いだ》く市民が多数とならない限り、リベラル・デモクラシーの下での政党政治は共同の利益を実現するための装置としては機能しない。

この傾向は、重要な結社である労働組合にも見られる。毎年暮れに厚生労働省が発表する全国の労働組合の推定組織率（雇用労働者に占める組合員の割合）が二〇一八年に一七％となり、一九四七年の調査開始以来の最低水準を記録したこととも無関係ではあるまい。これまで政党にとって確実な「票田」であった業種や職種の集団や中間団体の多くが、概してメンバー数を減少させている。日本の場合、その典型例が労働組合と農業協同組合なのだ。

政治を見直すとき

労働組合は、労働者の自由な決定によって組織化された労働者の独立組織である。その設立目的は、労働条件に関し「個別にではなく、組織としてのみ」使用者と交渉することにある。一人で使用者と掛け合うには、労働者はあまりにも弱いからだ。この「一人の無力さ」を克服する手段として労働組合は誕生した。

デモクラシーの下では、人々が次第にバラバラにアトム化（孤立化）して私的世界の殻に閉じこもり、豊かな社会のなかで、公益の実現（つまり政治）には無関心になるという問題が夙《つと》に指摘されてきた。それゆえに、人々の身辺の具体的課題に取り組む地方自治体や結社（中間団体）を一国の政治システムに組み入れることによって、単なる「私人」を、共同の利益を考える「公民」へと転換する必要性が強調された。現代の産業社会では、そうした中間団体の代表例が労働組合だった。

政党が直面する問題は、労働組合の抱える問題と極めて近い。今日の政党はイデオロギー性を失い、「共通の政治目的を持つものが組織する団体」という性格を弱めつつある。政党は元来、その理想型としては名誉や徳目による結合を目的としていたが、工業化の進展に伴って、経済的な利益や関心を共にする集団として機能するようになった。その「利益や関心」すら、メンバー間で共有できないとなると、政党の存在意義が弱まることは避けがたくなる。

では、デモクラシーを保持しつつ、統治システムをいかに修正すればよいか。これこそ現代国家が長期的に大所高所から検討すべき大きな課題の一つなのだ。デモクラシーにおける政党政治は、議会、すなわち立法府が強い方向付けを行い、その方向に従って行政府がその政策を実行するのが原則と考えられてきた。

しかし政党の数が多くなると、自ずと合従連衡が起きやすく、政党間の政治取引も盛んになり、方向付けは難しくなる。それだけではない。近年のように、政党ごとの政策や主張に大きな違いが見られなくなると、政党と政策を結びつける論理が不確かになり、イデオロギーで賛否を割り切った時代と異なり、国民の判断力は鈍り、「政治選択からの逃避」を招きやすい。

憲法改正問題でも、古いイデオロギーを掲げる政党は措《お》くとして、「自由」に価値を置く政権与党内でも意見が割れてしまうほどであるから、国民にとっての支持政党の選択はますます難しくなる。そのために無党派層が流動化し、議会に不安定要素を持ち込むだけでなく、予期せぬ方向へと政治を追い込む可能性が高まる。公職選挙で無党派層が国民の人気者に投票することが意図せぬ結果をもたらすことは、歴史が示す通りである。とくに小党が乱立する場合は、議会で相対的多数を占める政権党といえどもリーダーシップを発揮することは難しい。そもそもデモクラシーとリーダーシップの両立は本来容易ではないのだ。民主制社会の人間は、皆、他人は自分とさして変わらない程度の人間だとみなしがちであるから、リーダーへの敬意や憧れは生まれにくい。したがってリーダーは調整型になり、理念で人を強く引っ張るようなカリスマ的指導者は出てこなくなる。

専制ではなしに、強いリーダーシップを実現できる統治体制は、国民の直接投票で選ばれた大統領が強い行政権力を持つフランス第五共和制のような体制だと言われることがある。しかしフランスがこの体制でうまく国家的危機を乗り越えられたのは、ド・ゴールという智徳に秀でた、謎多いカリスマ性のある政治家を頭に戴いていたからである。

「無党派層」と呼ばれる有権者の増加に歯止めをかけるためには、単なるリーダーシップ論や英雄待望論ではなく、国民の側の「連携する精神」の衰弱を問題にすべきではないか。その点を直視しつつ長期的視点から政党政治そのものを根本から見つめ直す必要があろう。憲法改正を討議する国会の憲法審査会で、こうした政党の変質問題についても長い目でじっくり議論されることを望む。

2　過激思想の台頭

個人が連携しようとせずに、バラバラの状態で逼塞していては、議論も討論も生まれない。近年、万事において人々がそれぞれ孤立し内向きになるという傾向が強まったのではなかろうか。孤独を感じること、独りになることも時に大事だが、人と接して自分と人の違いを知り、その違いをどのように理解しながら調整するのかに関心を持たない限り、善き社会への動きは生まれない。筆者が長い教師生活で接した学部学生は、概して繊細で真面目だが、教室でも進んで質問をしようとはしない、控えめな態度の若者たちであった。日本で「学問」と言う場合、「学ぶこと」が重視され、「問うこと」の大切さを意識することはあまりなかったと柳田國男がかつて指摘していたことを思い出す。

知性の成長に重要な「問うこと」を避ける傾向は、近年とみに強まったように感じる。外国の大学で教えた経験と比べても、この点で海外と日本の学生たちとの違いははっきりしている。この受動的な姿勢は、日本の学校教育のどの時点で起こっているのだろうか。誘われるままに高校生の読書会やセミナーに参加する機会が最近増えたが、高校生には、大学生にない知的エネルギーを感じることが多い。大学入学後に、何かが彼らの知的関心を狭くしているのではないか。

こうした問いに「入試問題が暗記本位だ。もっと考えさせる問題を」と答える人は多い。だが、筆者は必ずしもそうは考えない。基礎的な事実や概念を知らずに考えることも問うこともできないから、試験問題が一部暗記に偏るのは避けられない。むしろ、学生を実社会で「すぐ役に立つように」と同じ型にはめ、自由な問いや考えを閉ざそうとする、実用重視の傾向に一因があるように思う。すぐ役に立つことは、やがて役に立たなくなる。「考えさせる」といっても、結局は「同じように考えさせる」ための鋳型にはめてしまおうとして、若者の活力を奪ってはいないか。多数の人から逸脱することを恐れさせるような教育が、暗黙のうちに行われてはいないか。

そんなことを感じていた折、高校生たちと、現代の世界政治の不安定性について話す機会があった。そこで、次のような素朴な、しかし鋭い質問を受けた。

二〇一七年の夏、米バージニア州で人種差別をめぐる途方もない憎悪の衝突があったが、それを戒める米国の知識人たちの意見は、世論に影響力を持たないのか。自由を重んじ、多数に流されることを嫌うといわれる米国人が、あのような感情的な力に突き動かされて衝突を起こすのを不思議に思うが、それはなぜか、と問われたのである。この質問には、知識人の意見は影響力を持ちうるのか、人種間の憎悪や敵対を防ぐ啓蒙は可能なのか、という二つの難しい問いが含まれている。

どう答えればよいのかと迷いつつ、「人間の感情はコントロールできなくなることがあり、自己抑制ができないと極端に走ってしまう。そうした場合、賢明で穏健な意見は、対立する双方の極端派から軽蔑の対象になることが多い」と述べてから、歴史的な例を挙げてみた。

「独立の精神」保つ風土を

一六世紀後半から一七世紀にかけての欧州の宗教戦争は何を教えたか。それは同じキリスト教内の新旧両セクトの敵対は、国家（国民）間より猛烈で、敵対行為は驚くほど残虐になるということだ。

人種や宗教のセクト間の衝突によって熱狂する人々の中にあっても、冷静な判断力と寛容の精神を保持している人はいた。だが、その公正さゆえにいずれのセクトからも排除され、双方の極端な熱狂者たちの軽蔑を買うことが多かった。アダム・スミスが指摘したように、セクト間の争いと熱狂は、人間の道徳感情を最も強力に腐敗させるものであったのだ。

こうした、遠い時代の遠い国の話では、若い人に納得してもらえないかもしれない。そう思って次に、戦前の日本で軍部と左翼勢力の両端から挟み撃ちにあった自由主義者、河合栄治郎の悲劇を例に挙げた。河合は、一九三六年の二・二六事件をめぐって軍部を強く批判する一方、マルキシズムを論難した。教鞭をとっていた東京帝大では、国家主義的な教授たちと大学の自治問題で争った。その結果、彼は、著書の一部を発売禁止とされ、休職処分を受け、出版法違反で起訴されて罰金刑を科される。そして、戦時中は沈黙を強いられたまま、病死したのであった。

慶應義塾の塾長だった小泉信三にも、似たような運命が降りかかっている。小泉については、戦時中、軍部に強い抵抗の姿勢を示さなかったとして批判する人がいる。だが、彼の場合は、ただ抵抗したり、投獄されたりすることによって自己の智徳を証明する道は選ばなかった、ということなのだ。小泉の愛息信吉は、四二年一〇月に南太平洋で戦死している。小泉のその後の時局観は確かに、直截に反戦思想を説くものではなかった。彼は、数千人の若者たちを預かる慶應義塾の長として、戦争という「運命」に踏みつぶされる前に、なんとしてでも塾と塾生たちを守らねばならないという状況に立たされていたからだ。

このような小泉の身の処し方は、戦後日本の思想風土に対する彼の批判とも重なっている。国旗掲揚に尻込みし、国歌斉唱を拒む人々について、理由を問えばもっともらしいことを言うが、要するに何かをはばかり、何かに阿っているだけという場合が多い、と彼は言った。戦前について何でも悪く言っておけば間違いない、と考える処世主義者たちを彼は批判したのだ。

小泉の姿勢は、極端な主張を徹底する者たちには中途半端に見えることだろう。知識人は米国でも結局、世論に何の影響も与えなかったではないか、という先ほどの高校生の疑問につながる印象かもしれない。

しかし人種差別主義や宗教の極端な解釈への同調者を増やさないためには、何が有効か。抑制の効いた粘り強い姿勢こそが、たとえ激しい力は持たなくても必要なのである。多数の人（平均的意見）から逸脱することを恐れる気持ちは、デモクラシーの劣化した形である「ポピュリズム」の流行とも関係している。

デモクラシーは、「他人と違うということは即ふしだらである」という風潮を生み出しやすい。

米国社会は、独立自尊の精神を尊ぶ風土があると同時に、「熱狂する多数派には与しておいたほうがよい」と考える人間たちを生んできたことも確かなのだ。近年云々されているポピュリズムの姿があらわになったのは、二〇〇八年のリーマン・ショック以降の不況期であった。つまりポピュリズムは、経済不況で既成政党の無力さがあらわになると、燎原の火のごとく広がりやすい。

そうした状況で重要になるのは、その社会に「言論・思想の自由」を実践できる気概があるのかである。極端なセクト主義に陥らない、独立した精神を保持しうる風土があるかどうかだ、と言ってもよい。その気概を社会的に封殺しないためにも、筆者が接した高校生のような元気な若者から、お仕着せの教育プログラムで知的活力や勇敢さを奪い取らないことが、これからの日本では極めて重要である。

3　人生一〇〇年時代の国家像とは

問われる現代文明の意味

これまで述べてきたような国家レベルでの分離問題や個人生活における個別化現象は、「人生一〇〇年」の時代にいかなる難題をわれわれに突き付けているのだろうか。この点について最後に問題点を探っておきたい。

世界有数の長寿国日本では今や、「人生一〇〇年」を標準ケースとして生涯計画を立てなければばならなくなった。小児医療の発達は乳児死亡率を大幅に低下させ、生活習慣病の治療法は長足の進歩を遂げた。国民皆保険制度により低コストで良質の治療機会が提供されるようになり、食をはじめとする「生活の質」改善も目覚ましいものがある。

日本で重化学工業化が進んだ一九二〇年代前半の平均寿命は男性四二・〇六歳、女性四三・二〇歳。現在の約半分という短さであった。第一次大戦末期から推定三〇万人の死者を出したスペイン風邪と、約一〇万の人命を奪った関東大震災（一九二三年）の影響を割り引いても、この時期は文字通り「人生五〇年」の時代であったということになる。

寿命の話になると、多くの人は「長寿ばかりがめでたいわけではない。いかに健康な状態で長生きできるかが問題だ」と反応する。いわゆる「健康寿命」が重要と言うのだ。物事への関心や欲望を失ったまま生きながらえるつらさは想像するに余りあるが、われわれは死ぬタイミングを自分で選ぶことはできない。この厳粛な事実に向き合うと、一〇〇年ほどの間に平均寿命を倍に延ばした科学と技術を核とする現代文明の意味を、改めて問わざるをえない。

最近の科学ニュースによると、新しい「遺伝子編集」の技術は人間の生から「偶然」の要素を取り除き、生命をデザインして寿命を大きく引き延ばすことができるようになるという。素人の想像を超えるこうした変化に、果たしてわれわれは精神的・倫理的に適切に対応していくことができるのであろうか。科学と技術が生み出す知的環境の変化に人間が適応していくことの最大の困難は、「文明」の恩恵を享受する人間が理性だけでなく、原始的な心情（本能）を併せ持っているところにある。この二面性はとかく忘れられがちだ。人は概して、理性を信仰し、「自分たちは昔の人間より知的に優れている」と考える傾向がある。そればかりか、人間が誇りとする理性が、生物学的実体（脳）の持つ凶暴さに支配されやすいことを認めようとしない。だが現実には、われわれの考えや行動は、実に不確かで不安定な構造の中から生まれ出ているのだ。

例えば、地下鉄の車中でゲームに没頭している人には、もはや「他者」は意識の内から消え去っているようだ。「ゲーム障害」の子供も大人も、他者の心や立場を想像する心を持てなくなり、機械技術という無機的世界に独り没入してしまうのだ。

孤立の「野蛮」防ぐ理念を

技術が人間の孤立化を促している例は、ゲームやインターネットにとどまらない。かつては教会や劇場で思いを共にする人たちと一緒に聴き入った音楽の世界でも、自室の高性能のオーディオ装置で独りで楽しむことが常態化してきた。人間の行為の多くが、「宴会型」から「独酌型」へと移ってきたと文化人類学者の梅棹忠夫は指摘した。こうした、個人の生に起こっている個人化、紐帯《ちゅうたい》の消失、あるいは分離現象は、広く社会や国家、さらには国際関係においても進行している。

ＥＵのような国家統合を目指す連合体にも、共存の意思を捨て去ろうとする分離の動きが強まっている。米国の環太平洋経済連携協定（ＴＰＰ）離脱に見られるように、自由で多角的な国際貿易の枠組みが二国間の個別交渉へと逆行して、分離の傾向を強めつつある。このような分離や個別化現象は、いくつかの難題を突き付けている。一つは、高度の技術と、それを利用する側の精神のバランスをいかに保つかという問題だ。

人類は技術の進歩から計りしれない恩恵を受けてきたが、科学技術の基底に横たわる合理的なもの、無機的なものによってわれわれの精神が解体されることに不安を覚えていることは否定できない。人間には感覚による経験を超えた「善きもの」への欲求があり、われわれはすべてが物質に還元されて肉体とともに滅びる、という物質主義だけでは満足できないからだ。

実はデモクラシーにも、「野蛮」を生み出す危険性が潜んでいる。平等化は人々をバラバラにして私的世界に閉じ込め、共同の利益への関心を衰弱させる。こうした個人化の傾向は、科学と技術の力でさらに強まる。必ずしも折り合いの良くない「自由」と「平等」という二つの理念を、より高次のレベルで和解させない限り、デモクラシーと科学・技術は「野蛮」を生み出しかねないのだ。それは夏目漱石が「文明はあらゆる限りの手段をつくして、個性を発達せしめたる後、あらゆる限りの方法によってこの個性を踏み付け様《よう》とする」（『草枕』）と述べた懸念とも重なる。

この漱石の予想を回避するためにも、科学と技術がもたらす文明の恩恵が「野蛮」を生み出さないようなバランスの取れた高い理念を、われわれは新たに掘り起こさねばならない。そうした努力があってこそ、「人生一〇〇年」は長生きに値する豊かな時間を与えてくれるのではないだろうか。

結びにかえて――いかなる国家像を描くのか

近年の国際政治の動きの中で、二〇一八年六月にシンガポールで開かれた米朝首脳会談ほど世界のメディアの注目を集めた出来事はなかった。確かに派手な政治ショウであった。だが言うまでもなく、会談の実質的意味や成果がはっきりするのはこれからだ。筆者はむしろ会談場所に選ばれたシンガポールの政治経済体制に関心が及び、われわれ日本人が今後どのような国家像を求めてゆくのかについて、重要な問いが投げかけられているように感じた。

総人口五六〇万余の小国であるが、シンガポールは小国ゆえの軍事・外交上の苦労も多そうだ。台湾、中国、米国、フランス、オーストラリアとの軍事・外交関係も全方位で展開されている。二〇一五年一一月の中台首脳会談でも、シンガポールは仲介国として会場を提供している。

しかし国家として見ると、容易には他国と比較できないような特徴を持つ国であることがわかる。実際、米朝会談の取材に行った日本のジャーナリストも、シンガポールという国家における自由の制限についてほとんど知らなかったと筆者に率直に語ってくれた。会談のための警戒体制だけでなく、情報に関する「報道規制」の強さに驚いたというのである。

「都市国家」シンガポールは、一人当たりＧＤＰでは日本や香港を抜いてアジアでトップの位置を保っている。二一世紀に入ってからも、平均すると五％強の実質ＧＤＰの成長率を維持しているから、その経済的躍進は目覚ましい。ロンドン、ニューヨーク、香港に次ぐ金融センターとしての機能も充実し、海外からの企業進出も盛んである。英語の流通力も強い追い風となって、大学もそうした経済力を梃に世界の優れた研究者を招いて大学評価のポイントを上昇させ、いわゆる「世界の大学ランキング」の上位に顔を出している。

確かに順風満帆そうではあるが、繁栄の光が強ければ影も濃くなる。シンガポールは社会保障などによる所得再分配政策は一応功を奏しているものの、所得分配の不平等度は高所得国の中では際立って高い。そして経済的な豊かさの半面、一党優位の政治体制に対して国民が満足しているのかというと必ずしもそうではなさそうだ。シンガポールの場合、ギャラップが行った二〇一二年版「国民幸福度調査」では一四八の調査対象国のうちで最下位という結果で人々を驚かせた。もっとも、二〇一七年版の同調査では、日本を抜いて中程度にまでランキングを上げている。

このシンガポールを一つの国家像として考える場合、将来の日本にとって参考になる問題の一つとして、国家と国籍保有者との関係がある。人口統計によると、シンガポールの総人口約五六〇万のうち、シンガポール国籍を保持しているのは六割程度にとどまり、残り四割は「外国籍」である。

司法と警察の力が強く治安良好なシンガポールにはめずらしく、五年前、暴動事件が起こった。南アジアの出稼ぎ労働者が劣悪な環境で働かされていたことが背景にあったと報道された。外国人出稼ぎ労働者が低賃金労働を支え、その上での経済的繁栄という構図は、国家としての統合性という点で不安定な要素を含む。その国が経済的価値以外に何を重要価値としているかに、統治の安定性は大きく影響されるのだ。

日本にとってもう一つ示唆的なのは、自由と経済的繁栄をどう位置づけ、両立させるかという問題だ。シンガポールの場合、経済成長が所得格差を広げ、その経済的豊かさが開発独裁型の政治によって報道や表現の自由を犠牲にしつつ達成されたことだ。イソップ物語の「犬とオオカミ」は、「自由を失いながら食べるより、飢えて自由なほうがよい」という教訓を示していた。この寓話は、何かを選び取ることは何かを断念することであるという関係を示す点で真実をついている。

半世紀前の経済体制論は、一党独裁下の社会主義計画経済と、自由なデモクラシーのもとでの市場経済のメカニズムの比較を問題とし、後者の優位性を説く学説が支配的であった。しかしこの比較体制論は現代の政治・経済のレジームを考える場合、もはや十分な分析枠組みとは言い難い。中国やシンガポールのような一党独裁下の市場経済という「ハイブリッド体制」が生まれたからだ。そしてこと経済に関しては、このハイブリッド種が二〇年、三〇年の期間で見る限り、どうやら良好なパフォーマンスを示すことがわかってきたのだ。

だが、世代を超えてそうした良好な成果は持続するのだろうか。所得格差が是正されないまま、一部社会層への富の集積が進むと、独裁的な政治と市場経済の親和性は長くは続かない。そして中国やシンガポールの教育体制を見る限り、その徹底した実利主義と能力主義は、長期的に見て決して国民の潜在的な力を引き出すことにはならないと考えられる。

実利と競争万能の教育を理想とする国家の国民は、幸福感をどの程度味わうのであろうか。日本ではAIをはじめ先端技術のイノベーションへの熱い期待が近年大変な高まりを見せている。技術革新に望みをかける実利と競争の精神は、確かに豊かさを生み出す源泉の一つだ。しかし実利主義と能力主義一辺倒とみなされがちな米国も、よく調べると教育や研究においては技術と人文的知識のバランスを尊重する二枚腰の姿勢を保持している。

先般の米朝首脳会談は、米国と北朝鮮という二国だけでなく、舞台となったシンガポールという国のかたちに思いを馳せながら、われわれがこれからどのような教育理念を持つ国家像を求めるのかを自己確認する絶好の機会を与えてくれたと考える。

東西冷戦の終結がマルタ会談で宣言された一九八九年（平成元年）は、日本でも、以後三〇年の国内政治と経済の進路を左右するいくつかの変化が起こった年であった。同年四月からそれまで何度も頓挫してきた消費税法が施行され、税率引き上げ案をめぐる論議がその後の政局の一つの争点となった。一一月には社会党系総評と民社党系同盟の労働者八〇〇万人が合同して日本労働組合総連合会（連合）が発足し、労働組合運動が穏健化した。そして翌年一〇月には「バブル経済」が崩壊する。

その後の平成の歳月は、阪神・淡路大震災、東日本大震災をはじめ幾多の自然災害に見舞われ、日本人の防災意識の希薄さが問題となり、原発事故は科学と技術への過信の夢からわれわれを覚醒させたと言えよう。

これらを一般的な与件として、日本経済は、世界の相場と比べて不思議な動きを示してきた。経済活動の基本を為す生産も消費も、基本的には企業や家計の予想と心理で動く。したがってこの不思議な動きは，日本国民の精神の内的状況に立ち入って見る必要があろう。それは単に覇気や気概の欠如といった言葉で語れる問題だけではなさそうだ。日本社会がこれまで引きずってきた社会風土に根差した「気質」が関係しているのではないか。

この点についてまず現状を大雑把に描き、今後を見据えつつ「不思議な動き」の原因を、日本のデモクラシーの問題と急速な技術変化という二つの側面に分けて考えてみたい。

デモクラシーと技術革新は人間と社会をどのように変えていくのか

まず世界相場から見た平成の後半部分の日本経済の特異性を、人口、GDP、消費者物価の三面から見ておこう。IMFの *World Economic Outlook*, Oct. 2018 によると、世界的な傾向として、ほとんどの国で人口増加が記録されているものの、その増加率はおしなべて低下している。しかし主要国の総人口の増減を、二〇〇二年から二〇一七年の間の変化率で見ると、減少（マイナス）を記録している国は日本を含めて数えるほどしか見当たらない。

日本のマクロ経済のもう一つの特徴は、二〇〇二〜二〇一七年の一六年間で、実質GDPが一五％しか成長していないという点だ。ギリシャとイタリアを除くと、この日本の数字は主要国の中では目立って低い。

同じことは消費者物価指数についても言える。概して実質GDPが高成長率を示した国は、消費者物価の上昇率も高かった。成長過程においてインフレ圧力が強かったインドネシア、ベトナム、インドはその代表例であろう。この消費者物価についても日本は特異な位置にある。二〇〇二年から二〇一七年の一六年間でわずか三％の上昇を見たに過ぎないのだ。

このように、人口、GDP、消費者物価という三つのマクロ指標のいずれを見ても、この一六年間の日本は、これまで経験したことのないような特異なパフォーマンスを示してきたことになる。この動きが既存の理論では説明できない以上、歴史的な視点からも日本経済の現状を把握する必要がある。


一八世紀の後半から西欧で急速な展開を見せた工業化は、以後二つの現象を相伴いつつ進行してきた。一つはデモクラシー（議会制民主政治）の浸透、いま一つは急速な技術革新である。実はこの二つは、いくつかの点で共通する力を持っていた。

両者とも、それ自体はプラスにもマイナスにもなりうる中立的性格を持ち、誰が、それをどう使うかによって、その価値は決まる。またこの二つは、多数が好むものを最終的に選び取る。デモクラシーは文字通り「多数者の支配」だ。そして新技術が産業に適用されるのも、多くの人々がそれを需要するということを、企業が計算し期待するからだ。

さらにもう一つの共通点として、両者とも、人々をバラバラにして社会の紐帯を弱めるという性格がある。デモクラシーは、人々をアトム化し、公共的なものへの関心を弱め、自分と家族という私的世界に引きこもらせる傾向を持つ。その結果、公的な徳が枯れ、「裸の利己主義」が蔓延しやすくなる。こうした社会を生み出す傾向を持つデモクラシーは、それが高い価値として掲げる「自由と平等」とは全く逆の価値、即ち「専制と不平等」を生み出す危険性をはらむ。それを阻むためには、地方自治が重要な役割を担わねばならない。だが日本において、地域社会という身近なところから自分たちで物事を決めていくという精神は、十分成熟しているのだろうか。

また、技術も基本的に人々をバラバラにする。新技術がフェイス・トゥ・フェイスの接触の機会を奪うという例は、生産現場でも消費者の日常生活においても多く見られる。高層マンションに住めば「向こう三軒両隣」という親近感は生まれにくい。職場でもPCの画面に釘付けになると、同僚と話をする機会は減る。工場へのマイカー通勤が常態化すれば、一日の終わりに同僚と酒を飲みながら雑談をすることもなくなる。こうした傾向が、いかに大きな長期的ロスを生み出すかを強調したのは、情報通信時代の新技術を代表する人物、スティーブ・ジョブズであった。

ジョブズはこうした技術変化と専門化の進行にともなう「知性の断片化」現象の危機を見抜いていた。ジョブズは「技術だけでは不十分だ。リベラル・アーツと結びつかねばならない」と強調し、映像制作会社ピクサーの職場にも専門職種の異なる人材が必ず出くわすような空間を設計した。彼がデルモンテの三つの古い缶詰工場を買い取ってデザインした職場空間は、そうしたフェイス・トゥ・フェイスの出会いを目的としたものであった。彼は、自分がiPodを開発できたのは、ソニーがソフトを開発することができなかったからだとはっきり語っている。リベラル・アーツの弱さが日本にあったと言うのである。この認識は日本の教育と研究に関わる人々の間でもっと注目されてしかるべきだろう。

改めて強く意識すべきは、科学や技術という個別の分野での革新と進歩が、全体としての人類の進歩を必ずしも意味しないということだ。ジグソーパズルの一部を精緻に仕上げても、全体がいかなる絵柄になるのか知ろうとしない限り、われわれは真に進歩したとは言い難い。一つの時代がその前の時代より進歩しているという一九世紀的な進歩史観の呪縛から、われわれは自由にならなければならない。先に指摘した日本経済の不思議な現象を経済学が十分に説明できないという問題も、こうした「知識の断片化」と無関係ではなかろう。

子供が減っている、消費支出が増えない、企業が投資を活発に行わない。こうした閉塞状況は、バラバラとなった人間の心理に何か転換が起こらない限り活路は見出せないのではないか。「楽観主義は道徳的義務だ」とは言っても、目と耳を澄ましながら現況を確認することなしには将来への真の希望も生まれない。ではデモクラシーと技術が生み出した心の空隙を何で満たすのか、多数者の支配の味気無さや不安定性をいかに避けるのか、こう問い直すことがいま求められている。

ある国民が、自国が生み出したいかなる人物を理想的な人間像と考えるのかを問うことは、もはや時代遅れなのだろうか。国民にとって理想や憧れの人間像を語ることは時代錯誤だとの誹りも理解できなくもない。「グローバル人材」という奇妙な言葉が行政の文書に登場するようになると、国が理想的な人間像を国民に押し付けるのに違和感を覚えるのは当然であろう。しかし憧れる人物を自国の歴史や文学の中に見出せないということは、国民としての自尊の精神の喪失につながりかねない。

一九五〇年、作家の遠藤周作は二七歳で文学研究のため、戦後の復興さなかのフランス・リヨンの大学に留学した。その遠藤が同じ大学で教授資格試験の準備をしている同年輩の若者と交わした会話を友人がメモしたもの（『フランスの大学生』所収）を読んで、理想の人間像について改めて考えさせられた。

その会話のごく一部を抜き書きすると以下のようになる。

遠藤がフランス人の友人に「枕頭の書」は何かと尋ねると、彼はカントの『実践理性批判』だと答える。哲学的にはよくわからないが、自分たちフランスの若い世代は、（第二次大戦で）現実の大きな力の前に無力感、宿命感を味わわされた。自分たちの良心の声は結局、無効なのだといいう悲しみを味わった。そんなとき、カントの、よし無償であり、報われることがなくとも、良心の必然命令に従わねばならぬという声は、自分に何か勇気と慰めを与えてくれるという。

さらに遠藤が「古典では何が好きか」と尋ねると、その友人は、ギリシャ悲劇、ソフォクレスは何度も読み返している。一七世紀の古典文学も、と答える。意外に思った遠藤が「君は、その一七世紀のフランス古典文学が現在の君を支えると思うか」と問い返すと、フランスの青年には一七世紀からの伝統的な人間タイプは郷愁なのですよ、特に現在のように人間が分裂してしまっているときには、それは一つの郷愁になるのです、と言うのだ。

この答えによって、遠藤はフランス人の間には一つの理想的人間のタイプが長い文学伝統に存在し、そこから夢やヒューマニズムを養っているのだということに気づくのである。

では日本はどうかと遠藤は自問する。自分たちの世代にはそういう理想的人間のタイプがどこを探しても見当たらない。だから否定の連続ばかりで、肯定という事がなかなかできないのではないか。

筆者には、この何気ない会話の中に、日本の教育が抱え持つ問題の一端が示されているように思われる。遠藤の感慨は、より強く現代のわれわれにも当てはまるのではないか。「個性」の誇示が推奨されたとしても、「個性」がなぜ求められ尊重されねばならないのかを語ることはない。初等、中等、高等教育すべての段階を含む、まさに教育そのものの中に存在すべき「郷愁」「憧れ」といったものの意味を考えさせてくれる機会はほとんどないのだ。

これまで、国家観、教育、歴史観など重い問題をめぐる私見を述べてきた。現在をどう理解するのかという点では、記述のトーンは少し悲観的にも見えるかもしれない。しかしまともな問題意識は悲観的な見通しの中から生まれる。デモクラシーと市場社会を根本から否定するような悲観論は危険であり、デモクラシーと市場経済が人々の自由を尊重しつつ豊かな社会を作り上げてきたという基本的な事実は決して忘れられてはならない。しかしデモクラシーと市場を無条件に礼賛するだけでは、政治学や経済学など「社会科学」と称せられる学問は、単なる疑似宗教になりかねない。

体制（regime）の長所と欠点を正確に理解しつつ、その体制の原理をさらに「善き社会」の生成に結び付くような形で修正し発展させていく努力が必要だと、筆者は自分自身に言い聞かせている。そのためには、社会をバラバラの個人と国家という二項対立で把握するのではなく、個人同士の連携、組織的な連合がもたらす力を生かす方向への努力が今後不可欠になろう。

人文学や社会科学の古典は、このような問題と格闘してきた長い歴史がある。現代社会の問題を考えるとき、問題の巨大さと複雑さゆえに、「幹」ではなく「枝葉」につい目を奪われ、肝心の「幹」から発せられた問いかけを忘れてしまうことがある。しかし問題の基幹的な部分を見失わないためには、歴史的に、そもそも何が問われてきたのかを古典から学び、問題の大小軽重を見定め、そこから勇気や反省の精神を学び取る姿勢を忘れたくはない。未来に向けて少しでも何かを為そうと努力する者は、過去に目を向け、人間にとって変わることのない真実を学び取らなければならない。それは単に個人としての生き方だけではなく、人と社会が、どのように心の平穏を保ちながら成熟していくのかを学ぶことでもあろう。賢者たちが見つめ、静かに語った人間と人間社会の秘密を学び取る姿勢を失ったときこそが、真の危機なのである。危機とは危機意識を忘れることから生まれるのではなかろうか。

参考文献

はじめに

スペンサー、清水禮子訳「進歩について——その法則と原因」『世界の名著——コント スペンサー』46、中公バックス、一九八〇年

レーオポルト・フォン・ランケ、村岡哲訳『世界史の流れ——ヨーロッパの近・現代を考える』ちくま学芸文庫、一九九八年

第I部　デモクラシーと市場の選択

第1章　高齢社会のデモクラシー

オルテガ・イ・ガゼット、アンセルモ・マタイス／佐々木孝訳『ガリレオをめぐって』法政大学出版局、一九六九年

キケロー、中務哲郎訳『老年について』岩波文庫、二〇〇四年

小峰隆夫／日本経済研究センター編『超長期予測 老いるアジア——変貌する世界人口・経済地図』日本経済新聞出版社、二〇〇七年

スウィフト、中野好夫訳『ガリヴァ旅行記』新潮文庫、一九五一年

福澤諭吉「瘦我慢の説」『福澤諭吉選集』第12巻、岩波書店、一九八一年

Atella, Vincenzo and Lorenzo Carbonari, "Is Gerontocracy Harmful for Growth? A Comparative Study of Seven European Countries", CEIS Working Paper, No. 263, 2017

Glaeser, E. L., G. A. M. Ponzetto and A. Schleifer, "Why does democracy need education ?", *Journal of Economic Growth*, vol.12, pp.77-99, 2007
Hayek, F. A., "Economic Freedom of Representative Government", in *New Studies in Philosophy, Politics, Economics and the History of Ideas*, Routledge & Kegan Paul, 1978
Lerner, Max, "Notes on Literature and American Civilization", *American Quarterly*, vol.11, No.2, Part 2, pp.211-224, 1959

第2章　ナショナリズムと経済政策

オルテガ・イ・ガセー、西澤龍生訳「スポーツとしての国家」『傍観者』筑摩叢書、一九七三年
クルーガー、藪下史郎訳『テロの経済学——人はなぜテロリストになるのか』東洋経済新報社、二〇〇八年
ケナン、関元訳『二十世紀を生きて——ある個人と政治の哲学』中公クラシックス、二〇一五年
アダム・スミス、高島善哉／水田洋訳『アダム・スミス　グラスゴウ大學講義』日本評論社、一九四七年
ダントレーヴ、石上良平訳『国家とは何か——政治理論序説　新装版』みすず書房、二〇〇二年
D・ヒューム、小松茂夫訳「貿易をめぐる猜疑心について」『市民の国について』下、岩波文庫、一九八二年
福澤諭吉「瘠我慢の説」『福澤諭吉選集』第12巻、岩波書店、一九八一年
J・ボズウェル、中野好之訳『サミュエル・ジョンソン伝』2、みすず書房、一九八二年
Chen, Sally and Joong Shik Kang, "Credit Booms - Is China Different?", IMF Working Paper, WP/18/2, January, 2018

第3章　メディアの役割と読者の責任

清沢洌「現代ジャーナリズムの批判」『講演』二五九号、一九三四年

清沢洌『外政家としての大久保利通』中公文庫、一九九三年
清沢洌、山本義彦編『清沢洌評論集』岩波文庫、二〇〇二年
トクヴィル、松本礼二訳『アメリカのデモクラシー』第1巻（下）・第2巻（上）、岩波文庫、二〇〇五年・二〇〇八年
ハリス、坂田精一訳『日本滞在記』上・中・下、岩波文庫、一九五三〜一九五四年
トマ・ピケティ、山形浩生／守岡桜／森本正史訳『21世紀の資本』みすず書房、二〇一四年
E・M・フォースター、小野寺健編訳「イギリスにおける自由」『フォースター評論集』岩波文庫、一九九六年
福沢諭吉「西洋事情初編」富田正文／土橋俊一編集『福沢諭吉選集』第1巻、一九八〇年

第II部　教育と学問が向かうところ──高等教育を中心に

第4章　社会研究における人文知の役割

アリストテレス、山本光雄訳『政治学』岩波文庫、一九六一年
猪木武徳『デモクラシーと市場の論理』東洋経済新報社、一九九七年
猪木武徳「正義と平等──経済倫理における知性と適正感をめぐって」『アスティオン』五八号、二〇〇二年
猪木武徳『文芸にあらわれた日本の近代』有斐閣、二〇〇四年
猪木武徳『自由と秩序──競争社会の二つの顔』中公文庫、二〇一五年
クライスト、吉田次郎訳『ミヒャエル・コールハースの運命──或る古記録より』岩波文庫、一九四一年
玄田有史『仕事のなかの曖昧な不安──揺れる若年の現在』中公文庫、二〇〇五年
小池和男／猪木武徳編著『ホワイトカラーの人材形成──日米英独の比較』東洋経済新報社、二〇〇二年
向坂逸郎『資本論入門』岩波新書、一九六七年
スペンサー、清水禮子訳「進歩について──その法則と原因」『世界の名著──コント スペンサー』46、中公バ

ックス、一九八〇年
アダム・スミス、水田洋訳『道徳感情論』上・下、岩波文庫、二〇〇三年
谷崎潤一郎「小さな王国」『金色の死——谷崎潤一郎大正期短篇集』講談社文芸文庫、二〇〇五年
チャールズ・ディケンズ、山村元彦／竹村義和／田中孝信共訳『ハード・タイムズ』英宝社、二〇〇〇年
永谷敬三『経済学で読み解く教育問題』東洋経済新報社、二〇〇三年
J・R・ヒックス、新保博／渡辺文夫訳『経済史の理論』講談社学術文庫、一九九五年
福沢諭吉、松沢弘陽校注『文明論之概略』岩波文庫、一九九五年
マルク・ブロック、堀米庸三監訳『封建社会』岩波書店、一九九五年
ベルクソン、森口美都男訳『道徳と宗教の二つの源泉』I・II、中公クラシックス、二〇〇三年
牧野邦昭『経済学者たちの日米開戦——秋丸機関「幻の報告書」の謎を解く』新潮選書、二〇一八年
J・S・ミル、塩尻公明／木村健康訳『自由論』岩波文庫、一九七一年
山田太一／猪木武徳「変わる家族、変わらない家族」『国際交流』一〇四号、二〇〇四年
Berlin, Isaiah, "The Divorce between the Sciences and the Humanities", *Against the Current — Essays in the History of Ideas*, Oxford University Press, 1981
Leontief, Wassily, "Domestic Production and Foreign Trade: The American Capital Position Re-examined", American Philosophical Society, *Proceedings 97*, pp.332-349, 1953
Schelling, T.C., "Dynamic Models of Segregation", *Journal of Mathematical Sociology*, vol.1, pp.143-186, 1971

第5章　大学の理念とシステム

アリストテレス、高田三郎訳『ニコマコス倫理学』上・下、岩波文庫、一九七一・一九七三年
小池和男／猪木武徳編著『ホワイトカラーの人材形成——日米英独の比較』東洋経済新報社、二〇〇二年

リチャード・R・ネルソン、後藤晃訳『月とゲットー――科学技術と公共政策』慶應義塾大学出版会、二〇一二年
福沢諭吉『学問のすゝめ』岩波文庫、一九七八年
福田恆存『私の幸福論』ちくま文庫、一九九八年
ベルクソン、森口美都男訳『道徳と宗教の二つの源泉』Ⅰ・Ⅱ、中公クラシックス、二〇〇三年

第6章　「大学改革」をめぐって
猪木武徳『大学の反省』NTT出版、二〇〇九年
田山花袋『田舎教師』岩波文庫、二〇一八年
トクヴィル、松本礼二訳『アメリカのデモクラシー』第2巻（上）、岩波文庫、二〇〇八年
夏目漱石「語学養成法」『漱石全集』第三十四巻、岩波書店、一九五七年
福沢諭吉『学問のすゝめ』岩波文庫、一九七八年
森有禮／W・D・ホイットニー、"Education in Japan"『新修 森有禮全集』第2巻、文泉堂書店、一九九八年

第Ⅲ部　文明から野蛮へ？

第7章　歴史に学ぶとは
ダグラス・A・アーウィン「トランプの貿易政策は何を引き起こす――保護主義の連鎖と自由貿易の危機」『フォーリン・アフェアーズ・リポート』No. 6、二〇一七年
アジア太平洋研究所編『アジア太平洋と関西――関西経済白書2017』丸善プラネット、二〇一七年
猪木武徳「第二次大戦後世界における米国の技術的優位」東京大学社会科学研究所編『20世紀システム3 経済成長Ⅱ 受容と対抗』東京大学出版会、一九九八年

猪木武徳『増補　学校と工場——二十世紀日本の人的資源』ちくま学芸文庫、二〇一六年
オルテガ・イ・ガセット、神吉敬三訳『大衆の反逆』ちくま学芸文庫、一九九五年
木村光彦『日本統治下の朝鮮』中公新書、二〇一八年
C・P・キンドルバーガー／R・Z・アリバー、高遠裕子訳『熱狂、恐慌、崩壊——金融危機の歴史（原著第6版）』日本経済新聞出版社、二〇一四年
クリストファー・クラーク、小原淳訳『夢遊病者たち——第一次世界大戦はいかにして始まったか』1・2、みすず書房、二〇一七年
小池和男「戦時経済の『遺産』」飯田経夫ほか著『現代日本経済史』筑摩書房、一九七六年
トニー・ジャット、森本醇訳『ヨーロッパ戦後史』上・下、みすず書房、二〇〇八年
地方財務協会編『内政関係者名簿』地方財務協会、一九九三年
A・J・P・テイラー、吉田輝夫訳『第二次世界大戦の起源』講談社学術文庫、二〇一一年
ベルクソン、森口美都男訳『道徳と宗教の二つの源泉』Ⅰ・Ⅱ、中公クラシックス、二〇〇三年
ロジェ・マルタン・デュ・ガール、山内義雄訳『チボー家の人々』1～13、白水Uブックス、一九八四年
御厨貴／中村隆英編『聞き書　宮澤喜一回顧録』岩波書店、二〇〇五年
『陸士第五一期生（一九三八年卒業）会会員名簿（別冊）』一九七九年
Acemoglu, Daron, David Autor, David Dorn, Gordon Hanson and Brendan Price, "Import Competition and the Great US Employment Sag of the 2000s", *Journal of Labor Economics*, vol.34 (S1), S141-S198, 2016
Autor, David, David Dorn, Gordon Hanson, "The China Syndrome: Local labor market effects of import competition in the United States", *American Economic Review*, 103 (6), pp.2121-2168, 2013
Autor, David, David Dorn, Gordon H. Hanson and Jae Song, "Trade Adjustment: Worker-Level Evidence", *Quarterly Journal of Economics*, 129 (4), pp.1799-1860, 2014

Center for Automotive Research, *NAFTA Briefing*, Jan. 2017
Congressional Budget Office, *Has Trade Protection Revitalized Domestic Industries?*, Nov. 1986
U.S. Department of Commerce, BEA, *Worldwide Activities of U.S. Multinational Enterprises*, December, 2016

第8章　格差と分裂

アンソニー・B・アトキンソン、山形浩生／森本正史訳『21世紀の不平等』東洋経済新報社、二〇一五年
尾崎紅葉『金色夜叉』上・下、岩波文庫、二〇〇三年
バルザック、中村佳子訳『ゴリオ爺さん』光文社古典新訳文庫、二〇一六年
トマ・ピケティ、山形浩生／守岡桜／森本正史訳『21世紀の資本』みすず書房、二〇一四年
J・R・ヒックス、新保博／渡辺文夫訳『経済史の理論』講談社学術文庫、一九九五年
Kuznets, Simon, "Economic Growth and Income Inequality", *American Economic Review*, 45, no.1, pp.1-28, 1955

第9章　文明から野蛮へ

猪木武徳『大学の反省』NTT出版、二〇〇九年
遠藤周作『フランスの大学生』小学館、二〇一七年
夏目漱石『草枕』岩波文庫、一九九〇年
World Economic Outlook, IMF, Oct. 2018

初出一覧

本書収載にあたり、大幅な加筆・修正を行った。

第I部　デモクラシーと市場の選択

第1章　高齢社会のデモクラシー

「デモクラシーの病が経済を混乱させる」(『中央公論』二〇一一年一〇月号)
「政府閉鎖」(「地球を読む」『読売新聞』二〇一三年一一月三日)
「世代間対立はデモクラシーの宿命である」(『中央公論』二〇一六年七月号)
「少子高齢化」(「地球を読む」『読売新聞』二〇一二年二月二七日)

第2章　ナショナリズムと経済政策

「『国家とは何か』を問い直す——スコットランド、香港、そして『イスラム国』」(『中央公論』二〇一四年一二月号)
「国家とスポーツ」(「地球を読む」『読売新聞』二〇一四年二月二三日)
「WTOの病」(「地球を読む」『読売新聞』二〇一三年四月二一日)
「自由貿易論」(「地球を読む」『読売新聞』二〇一八年一一月二五日)
「経済政策の立案」(「地球を読む」『読売新聞』二〇一六年七月一八日)
「影の銀行　膨張」(「地球を読む」『読売新聞』二〇一三年七月二八日)

第3章　メディアの変質とその役割
「メディアの役割分担」（「地球を読む」『読売新聞』二〇一五年一月一一日）
「デモクラシーとメディア――大新聞の抱える問題」（『吉野作造記念館吉野作造研究』13、二〇一七年）

第Ⅱ部　教育と学問が向かうところ――高等教育を中心に

第4章　社会研究における人文知の役割
「国立大改革案」（「地球を読む」『読売新聞』二〇一五年五月三日）
「社会科学における『人』と『人々』」坪井秀人／白石恵理／小田龍哉編『日本研究をひらく』晃洋書房、二〇一九年
「人工知能の限界」（「地球を読む」『読売新聞』二〇一六年一一月二七日）
「憧れを知る中庸の人を求めて」（『アステイオン』61、二〇〇四年）

第5章　大学の理念とシステム
「実学・虚学・権威主義――学問はどう『役に立つ』のか」（『中央公論』二〇一六年二月号）
「山中氏ノーベル賞」（「地球を読む」『読売新聞』二〇一二年一〇月二一日）
「大学と産業の距離について」（『ＩＤＥ 現代の高等教育』575、二〇一五年一一月号）
「高等教育における職業教育重視を考える」（『日本労働研究雑誌』662、二〇一五年九月号）

第6章　「大学改革」をめぐって
「『法人化』後に思うこと」（『ＩＤＥ 現代の高等教育』537、二〇一二年一月号）
「学問の評価」（「地球を読む」『読売新聞』二〇一二年七月一日）
「『国際化』と論文量産によって失われる大学の理念――学問にランク付けなどできない」（『中央公論』二〇一四年二月号）

第Ⅲ部　文明から野蛮へ？

第7章　歴史に学ぶとは

「歴史に学ぶとは」（「地球を読む」『読売新聞』二〇一七年四月二三日）
「歴史から学べるのか、歴史は繰り返すだけなのか――経済学から見たトランプ氏の通商政策（『中央公論』二〇一七年一二月号）
「悲観論を裏切り続けた日本経済の人材力――望まれるのは長期的視点で『人を活かす』システム」（『中央公論』二〇一五年一月号）

第8章　格差と分断

「『21世紀の資本論』」（「地球を読む」『読売新聞』二〇一四年八月二四日）
「『21世紀の資本』が問う読み手の『知』――何がわかり、何がわからないかを区別せよ」（『中央公論』二〇一五年四月号）
「米大統領候補選び」（「地球を読む」『読売新聞』二〇一六年二月七日）

第9章　文明から野蛮へ

「増える無党派層」（「地球を読む」『読売新聞』二〇一四年五月一九日）
「過激思想の台頭」（「地球を読む」『読売新聞』二〇一七年九月一七日）
「人生１００年時代」（「地球を読む」『読売新聞』二〇一八年一月二九日）
「『豊かな小国』の躍進モデル」（「地球を読む」『読売新聞』二〇一八年七月二九日）
「平成の終わりに（1）――『知性の断片化』の危機回避を」（『日本経済新聞』二〇一九年一月四日）

謝辞

本書の編集を担当して下さった高橋真理子さんからは、要所要所で実に的確な助言と提案をいただき、一書としての構成と体裁を整えることができた。深く感謝したい。また、武藤秀太郎さん（新潟大学）と田村太一さん（流通経済大学）からは粗稿の一部にコメントをいただいた。お二人のご助力に心より御礼を申し上げる。

二〇一九年五月五日　新緑の鮮やかな京都の寓居にて

猪木武徳

装幀　間村俊一

カバー・表紙写真　Alamy / PPS通信社

猪木武徳（いのき・たけのり）
1945年、滋賀県に生まれる。68年、京都大学経済学部卒業。74年、マサチューセッツ工科大学Ph.D.大阪大学経済学部長、国際日本文化研究センター所長、青山学院大学大学院特任教授などを歴任。大阪大学名誉教授。専攻は労働経済学、経済思想、現代経済史。著書に『経済思想』（岩波書店、日経・経済図書文化賞・サントリー学芸賞）、『戦後世界経済史』『経済学に何ができるか』（ともに中公新書）、『自由と秩序』（中公文庫、読売・吉野作造賞）、『公智と実学』（慶應義塾大学出版会）、『自由の思想史』（新潮選書）、『増補 学校と工場』（ちくま学芸文庫）、『自由の条件』（ミネルヴァ書房）など。

デモクラシーの宿命《しゅくめい》
——歴史《れきし》に何《なに》を学《まな》ぶのか

2019年6月10日　初版発行

著　者　猪木武徳《いのきたけのり》
発行者　松田陽三
発行所　中央公論新社
〒100-8152　東京都千代田区大手町1-7-1
電話　販売 03-5299-1730　編集 03-5299-1740
URL http://www.chuko.co.jp/

DTP　市川真樹子
印　刷　図書印刷
製　本　大口製本印刷

Published by CHUOKORON-SHINSHA, INC.
Printed in Japan　ISBN978-4-12-005202-6 C1030